Sunday 2pm in Mexico

여행과 생활 사이 · 멕시코 이야기
멕시코 일요일 2시

Sunday 2pm in Mexico

김재호 글·사진

은행나무

Prologue

사실 여행기를 써야겠어, 라는 욕심은
여행과 동시에 접은 거나 다름없었다.
하나의 목적을 가진 여행이 아닌 이상, 말하자면
빌 브라이슨 아저씨처럼 3천 몇 백 킬로짜리 산맥 트레일에 나서서
어제도 오늘도 숲 이야기만 할 수 있는
일관된 여정을 밟지 않는 다음에야
혹은 무라카미 아저씨처럼 위스키 하나만 잡고
위스키 성지 순례를 다니지 않는 다음에야
여행기를 쓴다는 것 자체가 가능이나 할까 자신이 없어졌기 때문이다.

보통의 여행이란 어디로 튈지 모르는 얌체볼 같은 것.
어제는 오늘과 완전히 다른 과거가 되고,
내일은 또 오늘과 무관한 신세계가 펼쳐지는 법이니까.
물론 기록이야 할 수 있겠지만,
그건 뚝뚝 단절된 모스 부호 모음집 같은 것.
몇 시에 밥을 먹고, 몇 시에 버스를 타고,
얼마를 주고 뭘 보고, 누굴 만났는데, 또 누가 나타나고,
그게 다 하루에 일어난 일이고
다음 날이면 전혀 다른 사람이 등장하고,
그런데 이게 또 몇 달이나 반복되고, 그럼 재미 없잖아.

게다가 중남미에 연고가 있는 것도 아니고
전문가도 아니니 책이 다 웬 말이냐.

그럼에도 다시 마음을 고쳐먹은 건
중남미도 사람 사는 곳이고, 한 번쯤 가볼 만한 곳임을
보여주고 싶다는 마음이 들었던 것.
나 또한 떠나기 직전까지도 바들바들 떨었던 곳이기에.
거기에 중남미 다녀온 이야기 해달라는 친구들에게
일일이 반복하기 힘들어서 책으로 써버리자
마음먹은 것도 조금은 이유가 되었다.
말은 할 때마다 감흥이 떨어져 100분짜리 스릴러가
30분짜리, 10분짜리로 댕강댕강 잘려 나가고 마는 것이니까.
공유하고 싶었다.
나 혼자 누리기에는 아까웠던 것들 모두.
쓴다는 건 여전히 쉽지만은 않았지만
나름대로 가이드라인은 일단은 '읽히는 여행기',
이왕이면 '재미있게'.
정보로 보자면 한참 부족하다.
어느 어느 건물이다, 무슨 무슨 음식이다 하며
찍은 사진도 내 앨범엔 많지 않다.
사진은 찍어 무엇 하리, 놀랍게도 그런 마음이 생겼으니까.
그것도 꽤 자주.

이런 변명에도 너그러울 자신이 있다면, 좋다.
그런 당신을 위한, 어느 볕 좋은
멕시코 일요일 오후 2시의 스케치.

Contents

모험으로 부터 · 10

알랭과 안드레, 그리고 찰미타 사람들_Chalmita

내겐 너무 사랑스러운 언니 · 74
엔도 유카소_Mexicocity

그렇지만 이것도 인연 · 110

오카베 야스노부_Mexicocity, Guanajuato

살며 배우며 · 180
쿠에르나바카 사람들_Cuernavaca

봄바람 따라 간 여인 · 224

Oaxaca, San Cristobal de las Casas

캐리의 스탠퍼드 · 258
Guadalajara, Morelia, Ixtapa, Zihuatanejo

어떤 사람은 무모하다 하고,
어떤 사람은 용감하다 하고,
대부분의 사람은 부럽다 했다.

부러움을 받는 누군가가 된다는 것,
왠지 슬렁슬렁 다녀서는
안 될 것 같은 긴장감마저.
불끈 가슴까지 뜨거워졌다.

그 어느 때보다 많이 웃고 울게 될 날들
이 작고 보잘것없는 기록을 통해서라도 전해주고 싶다.
누군가 내게 부럽다 한 까닭이
그것에 있다고 느껴지는
모든 것들을 하나하나 소중히 담아봐야지.

사막과 정글, 도시와 오지, 화산과 빙하, 여차하면 남극까지
그 먼 길을 훌훌 날아다닐
내 작은 운동화.

바짝 신발끈을 동여매는 일은 어머니께 맡겨드렸다.
조금 더 탄탄히 조여본다.
고농축 판타스틱 여행,

시작!

모험으로부터
알랭과 안드레, 그리고 찰미타 사람들

그때 내게, 여행은 유흥이 아니라 치유였다. 광고 회사에 다닌 지도 7년째, '행복하다'의 반대말은 '바쁘다'가 아닐까라는 생각이 들 만큼 바빠서 행복하지 못했다. 생활 반경은 집, 회사, 집, 회사, 회사, 회사, 집, 일주일은 월, 화, 수, 목, 금, 금, 금. 연애란 걸 해본 게 언제더라. 그러다 마음이 고장 났다. 꾸역꾸역 스트레스를 삼키다가 뻥 하고 구멍이 뚫려버린 거다. 그리고 그때부터 밤마다 가슴이 서늘해져 잠을 설쳤던 것 같다. 깨어보면 새벽 3시. 방안에는 눈치 없는 냉장고만 웅웅거릴 뿐, 우주는 공전하기도 멈춘 것처럼 조용하다. 숨을 쉰다는 게 어색했다. 이대로 죽어버리면 어떡하지. 어이없게도 밤마다 나는 그런 공포와 싸워야 했다. 그래서 사표를 냈다. 그리고 주사위를 굴렸다. 정신과 상담을 받을까, 여행을 갈까. 퇴직 처리가 되기도 전에 체코행 비행기에 올랐고, 내게 죽음도 흥미로울 수 있음을 이야기하는 소녀, 나우를 만났던 거다. 가보고 싶어졌다. 죽은 자를 위해 노래하고, 죽은 자를 위해 춤추며, 죽은 자를 위해 축제를 한다는 나라를.

Chalmita 찰미타

총 한 자루를 손에 넣었다.
꽤 묵직한 새카맣고 차가운 고철 덩이.
스칠 때마다 깜짝깜짝 놀라곤 한다.
후, 내가 총을 갖게 될 줄이야.
영화에서나 보던,
이게 과연 사람을 죽일 수 있을까,
여전히 실감나지 않는 무기를 들고
갑자기 모든 것이 낯설어지기 시작했다.
내가 내가 아닌 것만 같고
지금이 지금이 아닌 것만 같은 야릇한 기분.
제발 방아쇠를 당기는 일만은 일어나지 않기를 바라며,
아주 천천히 아메리카 대륙을 내려가기 시작했다.

이 정도의 서문은 써줘야 하는 게 아닌가, 라는 이야기를 나눈 적이 있다. 파리에서 대니와 수니, 내 그리운 친구들은 그렇게 농담 반 진담 반으로 나의 여정을 걱정해 주었던 것이다. 물론 총을 사는 일 따위는 일어나지 않을 것이다. 그러나 멕시코행 비행기를 타기 직전까지도 여전히 떨리고, 설레고, 긴장되었던 것만큼은 사실이다. 살면서 한 번쯤은 중남미 대륙도 밟아봐야 하지 않겠어, 하는 마음과 중남미는 무슨, 거기가 어디라고 함부로 가, 위험할 텐데, 하는 마음이 동시에 마드리드 공항까지 따라오는 것이었다. 나는 부러 중남미로 떠나기 전 두 달간, 워밍업이라도 할 요량으로 유럽을 어슬렁거리기까지 했다. 그래, 라오스도 가고 모로코도 갔는데 중남미라고 못 갈 이유는 없지. 그곳도 사람 사는 곳이고 도시가 있고 마을이 있는 곳인데 뭐가 문제겠어. 마음속으로 끊임없이 괜찮다고 되내어보지만, 그렇게 쉽게 괜찮아질 문제는 아니었다. 어쨌거나 총기를 소지한 사람들이 있고 뉴스에는 연일 총기 사건들이 보도되고 있으니까. 탕, 한 방이면 모든 게 끝나버리는 게, 허망하지만 사실이니까. 더구나 내가 탈 비행기는 멕시코시티가 아닌, 듣도 보도 못한 톨루카Toluca라는 작은 도시로 가는 비행기. 마드리드에서 편도로 싸게 갈 수 있는 방법은 신생 항공사 비행기로 변두리 공항을 이용하는 방법뿐이었으니까.

그러나 그 톨루카는 또 어떤 곳이던가. 네이버에게 아무리 물어봐도 쉽사리 가르쳐주지 않던 그곳을, 어느 날 아주 우연히 뜻하지 않은 장소에서 목격하고 말았다. 영화 〈멕시칸〉에서 브래드 피트는 전설의 총을 찾아 멕시코로 떠난다. 돌아올 때가 됐는데도 오지 않는 브래드 피트를 찾기 위해 이번엔 그의 연인 줄리아 로버츠가 뒤를 따라나선다. 그녀가 멕시코에 도착하여 공항을 나섰을 때, 그곳에서는 정말 영화에서나 보던 장면이 펼쳐진다. 먼지 폴폴 날리는 황량한 허허벌판에, 도대체 그곳에 있을 이유조차 무색한 신호등 하나만이 하늘에 대롱대롱 매달려 있는 풍경. 카메라가 다시 그녀를 정면으로 비출 때 그녀의 등뒤로 '톨루카

국제 공항'이라는 현판이 보이고, 그때의 충격은 한동안 나를 공포에 떨게 하기에 모자람이 없었다. 저곳이 내가 도착할 공항이란 말이렷다.
게다가 마드리드에서 티케팅을 하는 과정은 또 어찌나 까다로운지. 리턴 티켓이 없다는 이유로 리젝트를 당하고 만 것이다. 나, 멕시코에 눌러 살 거 아니거든. 잠깐 여행하는 거야. 금방 다른 나라로 이동할 거란 말이야. 그러나 마드리드 공항 직원들은 당최 말로는 통하지 않는 사람들이었다. 기어이 환불할 작정을 하고 쓰지도 않을 미국행 티켓을 사고, 내가 걱정을 하건 말건 어쨌거나 시간은 흘러가고, 비행기는 버젓이 발 앞에 대기해 있고, 체크인에 들어가고, 보딩이 시작되고…… 비행기에 올라서야 결국 가긴 가는구나, 시간에 내맡긴 안도의 한숨이 내쉬어졌다.
그러나 일이 그렇게 쉽게 진행되지만은 않았다. 안전벨트까지 맸는데 갑자기 탑승 승객 모두 내려달라는 방송이 나왔다. 더러 비행기 출발이 늦어지는 일은 당해보았어도 모든 승객이 보딩을 마친 시점에서 다시 내리게 되는 경우는 처음이었다. 그렇지 않아도 탑승객 중 이방인은 내가 거의 유일했는데. 죄다 스페인어로만 술렁이는 분위기가 여간 난감한 게 아니었다. 항공사 직원들도 무슨 이유인지 모른단다. 그저 기다릴 수밖에.
늦어져 봤자 한두어 시간 기다리면 출발하겠지, 라고 낙관했지만 그건 말 그대로 낙관에 불과했다. 정오에 출발했어야 하는 비행기는 최소한 저녁 8시는 지나야 출발할 것 같단다. 머릿속으로 다시 시차를 따져가며, 도대체 언제 톨루카에 도착해서 멕시코시티까지 가려나 계산하자니 모든 것이 다시 아득해졌다. 공포의 낯선 오지 공항을 깜깜한 새벽에 도착한다는 말이지.
여기저기 사람들이 웅성거리기 시작한다. 사람들은 모두 항공사, 에어 마드리드를 향한 항의서를 작성하기 시작했고, 덩달아 나도 항의서 양식을 받아 들고 주저리주저리 쓰게 되었다. 아수라장이 따로 없다. (실제로 이 항공사는 재정상의 이유로 그해 12월 기어이 망해버렸다. 몇 달만 더 늦었더라면 탈 수도 없었던 것이다.) 그때까지만 해도 솔직히 당혹스러울 뿐이었는데, 어라, 갑자기 어디선가 음악 소리가 들려오기 시작했다. 공항 탑승구에서 라이브로 연주되는 음악이라……. 내 상식으로는 납득하기 어려운 상황이었지만, 진짜로 눈앞에서 예닐곱 명의 멕시코 청년들이 기타 하나씩 옆구리에 끼고 노래를 부르기 시작한 것이다. 더욱 놀라운 것은 방금까지만 해도 호텔을 잡아달라는 둥 해결책을 마련하라는 둥 온갖 항의를 해대던 사람들이 모두 그들이 연주하는 음악에 동참하는 것이었다. 다 아는 노래인지 함께 따라 부르는 건 기본이고, 몇몇은 춤까지 추고 있다. 한 시간이 지나도 멈추지 않는다. 도무지 연착되는 비행기를 기다리는 탑승구의 장면이라곤 믿기지 않는다. 그건 확실히 하나의 축제였다. 만약 이곳이 인천공항이었다면, 멕시코인들이 아니라 한국 사람들이었다면, 우리는 과연 열 시간이 늦어진 비행기 앞에서 노래하고 춤출 수 있었을까?

크레이지 라틴, 정말 못 말리는 사람들이야. 죄다 총이라도 한 자루 품 안에 감추고 다닐 거라고 생각했던 사람들이 막상 노래 한 가락에 순진한 아이들이 되었다. 모르는 사람들끼리도 어깨동무하기를 주저하지 않는다. 그리고 그들의 즐거움이 곧 내게 전염된 건 어색한 일도 아니었다. 거기 어느 순간 활짝 웃고 있는 내가 있었다. 나중에 옆자리에 앉은 안토니아라는 멕시카나에게 들은 바로는, 음악을 연주했던 한 무리의 사람들은 우리로 치자면 스페인에서 열린 일종의 대학가요제 같은 대회에서 일등을 차지한 그룹이란다. 어쩐지 기량이 예사롭지 않았다. 사람들은 노래 한 곡 끝날 때마다 "한곡 더! 한곡 더!" 외쳐댔고, 청년들 또한 끊임

공항 탑승구를
즉석 라이브 공연장으로
바꾸어버린 멕시칸의 힘
- 마드리드 공항

없이 훌륭한 연주를 이어갔다.

어처구니없이 순진한 혹은 순박한 사람들. 그 와중에 당연히 서비스되어야 할 무료 식사에 대한 발표가 있자 박수까지 치는 것이다. 그러면서 "맥주도! 맥주도!" 술을 달라며 아이처럼 다시 외쳐댄다. 여덟 시간이 늦어질지, 아홉 시간이 늦어질지 모르는 승객들이 이래도 되는 건가? 제한된 공간에서 시선만 열 번도 더 마주쳤을 사람들, 괜히 친밀감까지 느껴진다. 멕시코행을 앞둔 두려움이 한결 누그러짐은 말할 것도 없었다. 이건 밖으로 나가고 싶다고 나갈 수도 없고, 뭘 사 먹으려 해도 사 먹을 곳도 없는 꼼짝없이 갇힌 신세. 그나마 제공되는 점심이라도 든든히 먹어둬야겠다고 콩 한 알까지 남김없이 열심히 먹는 와중에, 또 하나의 새로운 모험이 시작되었다. 그가 나를 알아본 것이다.

혼자보단 셋

알랭, 프랑스인, 그러나 정작 자신은 프랑스인보다는 지구인이라 소개하길 좋아했던 사람. 여행을 시작한 지도 어언 35년이라는, 어림잡아 오륙십은 되어 보이는 그에겐 쉽게 거부할 수 없는 뭐랄까, 카리스마랄까, 어떤 힘이 느껴졌다. 마치 히말라야 산맥 어디 즈음에서 인간의 한계마저도 모두 섭렵하고 내려온 도인 같은 느낌이다. 특히 그가 내 속까지 뻔히 꿰뚫어 보는 듯한 눈빛으로 나를 보고 있으면 정말이지 고해성사라도 해야 할 것만 같은 기분이 드는 것이다. 심지어 얘기하는 동안 내내 손 안에 옵시디언obsidian(흑요석)을 만지작거리는 모습마저 적어도 내게는 범상치 않아 보이는 것이었다.

그는 자신의 오랜 친구이자 샤머니스트인 알폰소의 부름으로 톨루카에 간다고 했다. 얼마 후 밤이 새도록 벌어지는 특별한 의식, 비전 퀘스트

Vision Quest가 있다고. 그리고 완벽한 타인인 내게, 특별한 계획이 없으면 함께 가자고 스스럼없이 초대의 손길을 내밀었다. 멕시코시티에 도착하면 어느 호스텔로 가야 하나, 뒤늦게 론리 플래닛 한 권 사 들고 이제서야 숙소 고민부터 시작하고 있는 내겐 진도가 나가도 한참 나간 제안이 아닐 수 없었다. 솔깃한 마음도 없지 않았지만, 두려운 마음 또한 컸다.

그때에 또 한 사람, 안드레가 다가왔다. 안드레는 스페인 사람인데, 샤먼 의식을 통해 작년 봄 알랭을 만나 친구가 되었다고 했다. 제임스 우드를 쏙 빼닮은 그는, 무표정할 때엔 조금 차갑고 고뇌에 차 보이기도 했지만, 일단 말을 트고 나자 어린아이처럼 천진하고 밝은 미소를 보여준다. 카리스마 넘치는 검은 스웨터 안에 귀여운 소녀 그림이 그려진 연보라색 티셔츠를 입고 있을 줄이야 상상도 못 했던 것이다. 물론 나보다 대여섯은 많아 보였지만(실제로는 띠동갑이었던) 노래하기 좋아하고 춤추기 좋아하고 알랭과 마찬가지로 명상과 자기 절제, 샤머니즘을 통한 정제 등에 관심이 많은 친구였다.

딱히 할 일도 없었던 우리는 끝없는 대화를 통해 조금씩 서로에 대해 알게 되었고, 어느새 나는 그들과 동행하기로 해버린 것이다! 물론 '낯선 사람들을 따라서 여행을 시작할 것인가'와 '혼자 어딘지도 모를 곳을 깜깜한 새벽에 도착해 모든 것을 헤쳐나갈 것인가' 사이에서 한참을 망설이긴 했지만 말이다. 그토록 나는 멕시코에 나 홀로 발 딛기를 두려워했던 것이다. 물론 알랭과 단둘이 여행하는 거였다면 쉽게 승낙하진 못했을 것이다. 사실 알랭은 노인에 가까웠고 나를 해칠 사람이라는 생각은 들지 않았지만, 사람 일이란 알 수 없는 것이니 말이다.

불안이 알랭의 첫인상을 승화시켜 주었다. 불안이 알랭을 지혜로 충만한 요다로 보이게 했고, 불안이 나의 머뭇거리는 걸음에 구실을 만들어주었다.

막상 오케이하고 나서도 머릿속이 복잡한 건 솔직히 매한가지였다. 특별한 의식이 있는 마을이라면 적어도 도시 한복판은 아니겠지. 엄청 시골일까? 전기는 들어오는 마을이려나? 내 잠자리가 조금 불편할 수 있다거나 샤워 따위를 며칠 못 한다거나 하는 건 견딜 수 있을 것 같다. 그렇지만 내 짐들은 어떻게 보관할 수 있을까? 노트북이나 카메라나 돈, 여권 이런 모든 것들도 안전하게 지켜낼 수 있을까? 당연한 걱정이긴 했지만, 그런 걱정들로 마음이 분주해지자 그런 물건들을 끌고 다니는 자신이 속상해지기도 했다. 아, 노트북을 괜히 가지고 온 건가?

나는 여전히 사물에 구속되어 있었다. 더 이상 잃어버릴 게 없다면, 더 이상 지키려고 아득바득해야 할 게 없다면, 어쩌면 더 큰 자유에 다가갈 수 있을지도 모르겠다, 그런 생각이 잠시 스치기도 했다. 이래저래 두려움 혹은 불안이 완전히 사라진 건 아니었지만, 내가 만나는 사람 하나하나 모두 믿지 못하고 마음 문을 닫은 여행을 한다면 그 여행이 무슨 의미가 있을까 싶기도 하고, 또 한편으로 이들이 참여할 의식이라는 비전 퀘스트란 게 대체 뭘까, 무진장 궁금해지는 것이었다. 결국 지금이 아니면 언제 이런 경험을 해보겠어, 하는 '기회'라는 못된 단어에 혹하고 만 것이다.

사실 이건 단지 스케줄의 변경 차원이 아니었다. 첫걸음부터 정말이지 상상도 하지 못한 발걸음을 딛는 것이었다. 후-, 며칠 후면 원주민들과 함께 밤새 춤추고 노래하는 의식 한가운데 내가 있는 거구나. 열 시간의 기다림이 만든 낯선 여행이 그렇게 시작되었다.

멕시코 시작

슈우우웅-. 톨루카에 도착한 것은 새벽 4시경, 그리고 칠흑 같은 어두움. 두렵기도 했지만 한편 궁금하기도 했던 황량한 공항 앞 풍경은 너무 깜깜한 탓에 볼 수도 없었다.

톨루카, 해발 2,660미터 멕시코시티보다도 4백 미터는 더 높은 곳. 고산병이 찾아오려나, 내심 걱정했지만, 긴장한 탓인지 몸 안에선 아무런 반응도 일어나지 않았다. 생각보다 쉽게 멕시코 90일 체류 도장을 받았다. 멕시코에서 떠나는 티켓 따위 있는지 물어보지도 않는다. 마드리드 공항에서 부랴부랴 리턴 티켓 마련한다고 쇼한 게 억울했다. 중남미로 들어올 때, 특히 유럽에서 날아오는 경우 이런 일은 비일비재하다. 공항 대합실에서 이제 이 암흑 속에서 무얼 해야 하나 두리번거리던 중에 또 하나의 낯선 목소리가 불쑥 다가왔다.

"당신이 알폰소의 친구인가요?"

예의 그 신비스런 인물, 알폰소가 보낸 지밀이라는 청년이었다. 그는 한눈에 알랭을 알아보고 다가와 우리를 안내했다.

"일단 제 아파트로 가서 쉬다가 아침이 밝으면 떠나는 게 좋을 것 같습니다."

이거 완전 영화잖아! 우리는 모두 지밀의 차에 올라타 어둠 속을 한참을 달려 허름한 카페테리아에 들러 커피 한잔으로 몸을 녹인 후 그의 아파트로 몰려갔다. 이제 낯선 남자가 둘에서 셋으로 늘었다.

뜬눈으로 아침을 맞을 즈음, 지밀이 어딘가를 다녀온다. 카를로스라는 또 한 명의 남자와 함께. 그리고 한손 가득 마리화나를 들고. 단 한 번도 마리화나를 피워본 적은 없었다. 그래서 한 번쯤은 피워보고 싶다는 생각도 했지만, 그게 지금이라니. 이런 식으로 피워도 되나. 모두들 좁은 거실 바닥에 비잉 둘러앉아 마리화나를 돌려가며 뻐끔댄다. 그 자리에 있다는 이유만으로 얼떨결에 마리화나를 피워본다. 휴, 이렇게 못된 짓을 해보는군. 내심 몽롱해진다거나 기분이 좋아진다거나 하는 효능을 기대했건만, 생각보다 너무 말똥하다.
"처음 피워보는 건데, 아무렇지도 않은걸요."
내가 볼멘 소리로 한마디하자, 모두들 내가 마리화나 네 녀석이 나를 얼마나 움직일 수 있나, 하는 두고보자 심산으로 피웠기 때문이란다. 마음을 열고 겸허히 마리화나를 받아들이는 자세로 피워야 한다나 뭐라나. 하긴 어쨌거나 나는 아닌 척하면서도 실은 바짝 긴장하고 있었으니까.

그때 또 한 사람, 아르만도가 찾아왔다. 다소 신경질적으로 생긴 아르만도는 나를 보더니, 이건 또 뭐야 하는 눈빛으로 아래위를 훑는다. 불청객은 이래저래 가시방석에 앉은 기분이다. 우리를 예의 그 신비스런 의식이 벌어진다는 장소로 데려가기 위해 왔으나, 막상 나란 존재가 있을 거라곤 생각지 못하고 트럭을 끌고 온 탓에 좌석이 모자라게 생겼다. 별 수 없이 알랭과 나는 따로 택시를 타고 가기로 했다.
한 시간 남짓한 거리를 아버지뻘은 더 되는 알랭과 콧수염을 기른 전형적인 멕시칸 택시 드라이버와 함께 가려니 왠지 묘한 기분이다. 테낭고Tenango, 테오테낭고Teotenango, 말리날코Malinalco를 지나 찰마Chalma까지. 무슨 마을 이름이 이 모양이야. 수첩에 몰래 적으면서도 내가 제대로 적고는 있는가 싶은 기이한 지명들이다. 나는 일기를 쓴다는 핑계로 사실은 헨젤과 그레텔을 흉내 내고 있었던 거다. 혹시라도 무슨 일이 생길지도 모르니까, 돌아오는 길이라도 알아야겠다는 생각에서 말이다. 목적지 지명조차 모르는 내가 할 수 있는 일이라곤, 그저 표지판 비슷한 거라도 스치게 되면 얼른 받아 적어 기록을 남기는 것뿐이었다. 영화를 너무 많이 본 거지. 그치만 적어도 내가 어디로 가고 있는지는 가늠할 수 있어야 하지 않겠는가. 작은 카페테리아에 들러 커피 한잔을 마시고 크고 작은 마을들을 스치듯 지나쳐 찰마에 도착하기까지 끊임없이 지금 이곳에 내가 있다는 사실이 내내 낯설기만 했다.

택시가 찰마에 도착했을 때, 멕시코의 시골 동네가 이런 모습이구나, 처음으로 주위를 둘러볼 여유가 생겼다. 생각보다 복잡하고 시끄럽고 지저분했다. 산동네나 다름없었는데, 뒷산은 온통 십자가투성이다. 크고 작은 난전들이 펼쳐져 정신없는 가운데 개들이 어슬렁거린다. 개라면 기절을 하는 내게는 결코 반갑지 않은 풍경이었다. 다행히도 목적지는 이곳이 아니라 여기에서도 한참을 더 들어가야 하는 곳이었다. 그 혼잡한 시장통 같은 마을에서 벗어난다는 사실만으로도 마음이 놓였다. 길을 안다고 했던, 그러나 실제로 제대로 알지 못했던 택시 기사로 인해 (이때까지만 해도 모르는 길도 안다고 하는 멕시칸의 천성을 미처 깨닫기 전이었다) 두어 시간을 헤매는 해프닝까지 겪게 되었지만, 놀랍게도 그때엔 생각만큼 무섭지가 않은 것이었다. 해가 떠 있는 낮 동안, 밝음 아래에서 두려움은 발에 차이는 돌멩이처럼 아무런 힘을 발휘하지 못했다. 다행히 너무 늦지 않게, 해가 질 저녁 무렵에는 목적지에 안전하게 도착할 수 있었다.

어라, 이거 생각보다 괜찮은걸. 란초rancho(목장)란 곳, 짚으로 엮은 오두막 따위의 촌락을 생각하고 있었는데, 의외로 현대적인 풍경이 펼쳐진다. 소파도 있고 가스레인지도 있고 오디오도 있다. 한 마디로 전기는 들어오는 곳이다. 지은 지 얼마 안 돼 보이는 깨끗한 건물에 노란 머리, 하얀 피부의 사람들이 다수 눈에 띄었다. 모두들 동양인은 처음이라며

아무리 깊은 산속에도
십자가는 있다
아무리 깊은 산속에도
코카콜라는 있다
그곳이 멕시코

경계의 눈빛과 동시에 미소 짓는 입술로 오묘하게 나를 안아주었다. 그날 밤 내게는 따뜻한 수프와 이른바 도미토리의 투박한 침대가 제공되었다.

비전을 찾아서

내 집 아닌 곳에서는 종종 아침이 밝기도 전에 잠이 완전히 깬 것도 아닌데 이유 없이 눈이 떠질 때가 있다. 그때에 시야에 들어오는 낯선 풍경들, 낯선 천장, 낯선 벽, 낯선 가구들. 순간 내가 어디에 있는 거지, 여긴 어디지, 나는 왜 여기에 있는 거지, 이건 꿈일까, 엄마는 어디에 있는 걸까, 머릿속이 서늘해지는 별의별 생각이 다 떠오른다. 그러다 아, 여기구나, 그래, 지금 난 여행을 떠나온 거지, 자신의 위치에 대한 존재 좌표가 완성되고서야 간신히 다시 잠이 드는 것이다. 어렸을 적 외갓집에서라도 자고 오는 날이면 어김없이 그런 밤을 보냈는데, 그 밤이 다시 반복되고 있다.

찰미타 Chalmita. 지금 내가 있는 곳. '찰마 Chalma'에 '작다'는 뜻의 접미사 '이타 ita'가 붙은, 말하자면 작은 찰마. 내가 어디 있는지 만 하루가 지나서야 겨우 그 동네 이름밖에 알아내지 못한 장소. 여전히 뭐가 어떻게 돌아가는지 정확히 파악이 안 된 미지의 장소. 이런 경험도 참 쉽지 않은 일이긴 하다. 이곳을 미지의 장소라고 생각하는 이유는 그 정체성에 대한 묘연함 때문인데, 하루가 돌아가는 과정으로 보자면 암만 봐도 유기농 농장인데, 이곳의 친구들과 얘기를 하다 보면 종교적인 뭔가도 있는 것 같다.

같은 방을 쓰게 된 줄리와 로사의 경우, 그녀들은 친환경 단체 활동에 참

여하고자 이곳저곳 알아보다가 이곳을 발견해 미국에서 멕시코까지 날아와 벌써 7주를 보내고 있다고 했다. 7주 동안 이곳 농장에서 일을 하고 대신 먹고 자는 문제를 해결하는 식으로. 앞으로도 약 2주 정도 더 머무를 예정인데, 11월 중순에 있는 워터 페스티벌까지 있을 거라고 했다.

추론 하나. 그러니까 이곳은 친환경 단체 중에서도 물에 대해 상당히 관여도가 높은 단체인 것이다. 하긴 내가 도착했을 때에도 당장 친환경 비누가 아닌 기존의 비누, 샴푸는 쓰지 말 것부터 강조했으니까. 심지어 이 단체는 물에도 감정이 있어 좋고 나쁜 상태에 따라 그 결정체의 모양이 달라진다는 걸 과학적으로 증명한 바도 있다고 했다. "우리는 물이야we are water"라는 말도 서슴지 않는다.

여기서 더욱 흥미로운 것은 이 물의 중요성이 이전의 문명과도 결합하여 매우 철학적인 의미로까지 흘러간다는 것이었는데, 비전 퀘스트도 결국 같은 맥락에서 시작된 게 아닐까 싶었다. 인간도 70퍼센트 이상이 물이니 결국 하나의 물, 하나의 흐름인 셈이고, 그 흐름은 나아가 우주 속으로 단절 없이 퍼져가는 자연스런 흐름이 되는데, 대부분의 사람들은 그것을 깨닫지 못하고 살아가고 있단다. 그 흐름을 인지하고 깨닫는 과정은 비전 퀘스트를 통해 가능한 것이라나. 그래서인지 멕시코에 오니 스페인에서 "Como estas(꼬모 에스따스)?" – '안녕? 어떻게 지내?' 영어의 'How are you?' – 하던 표현이 종종 "Que onda(께 온다)?" – 직역하자면 '어떤 흐름이야?' 대략, '어떻게 지내?' –로 표현되나 보다.

비전 퀘스트. 알랭의 설명으론 아직 완전히 이해하지 못한 나는 영어가 통하는 친구들을 만나면 수시로 물어보곤 했다. 도대체 비전 퀘스트가 뭐냐고. 멕시코 소녀 조이의 부연 설명을 통해 이해한 비전 퀘스트란, 한

나의 기대를 가볍게 뛰어넘은
매우 현대적인 찰미타 란초
이따금 과거로 이어지는 뒤안길을
발견하는 즐거움도 있다

마디로 말해 비전vision을 구하는 일종의 의식이었다. 비전이란 것은 말 그대로 보는 것, 단순히 눈에 보이는 것들에 대한 시력이 아니라 사물의 내면, 더 나아가 자기 자신의 내면까지도 꿰뚫어 보는 능력을 말하는 것이란다. 그래서 비전을 갖게 되면 자신이 누구인지, 무엇이 중요하고 무엇이 중요하지 않은지, 이전에는 보이지 않던 것들에 대한 혜안을 가지게 되어 더 이상 두려울 것이 없게 된다나.

옛날 옛날 옛날에 원주민들이 가물어 말라가는 땅을 보다못해 물을 구하러 산으로 갔단다. 그들은 밤낮으로 산속을 헤매며 물을 찾았는데, 그러던 그들이 찾은 것은 물이 아니라 비전이었고, 비전을 찾고 나자 모든 것을 볼 수 있게 되어, 곧 물도 찾고 음식도 찾고 삶에 대한 혜안까지 모두 찾았다 한다. 그리고 그것은 오늘날 의식의 형태로 매년 11월 1일부터 4일까지 이곳 찰미타에도 전해져 내려오는 것이다.

"그럼 구체적으로 어떻게 해야 비전을 얻을 수 있는데?"
조이는 내가 정말 아무것도 모르고 온 게 신기하다는 눈치다.
"음, 우선 비전을 얻으려면 산 위에 나흘 동안 혼자 올라가야 해. 그 기간 동안 음식은 물론 물도 마셔서는 안 되고 누구와도 이야기하면 안 돼. 하긴 주위에 이야기할 사람도 없을 테지만. 물론 노래도 하지 말고, 가능하다면 잠도 자지 말아야 해."
"나흘간 혼자? 잠은 또 왜?"
잠시 조이의 미간에 주름이 잡힌다.
"혹시 모르니까. 네가 잠든 사이에 비전이 찾아왔다가 네가 자는 걸 보고 그냥 가버릴 수도 있잖아."
"그, 그래도. 근데 무섭겠다, 산꼭대기에 혼자 있으면⋯⋯. 산짐승들도 많을 테고⋯⋯."

나의 걱정을 조이는 호탕하게 웃어넘긴다.

"걱정 마. 네 주위에 365개의 버클로 만든 원이 너를 모든 위험으로부터 보호해 줄 테니까."

"……."

수호 버클이라, 그런 게 정말로 신변의 안전을 보장한다고 믿는 걸까.

"너도 산에 올라갈 거야?"

"응, 그렇게 해보려고."

세상에! 이 여자 아인 정말 여간 당찬 게 아니다.

"근데 여기 있는 사람들, 설마 다 가는 건 아니겠지?"

"물론 아니지. 비전 퀘스트, 생각보다 힘들어. 중간에 포기하고 내려오는 사람도 있고. 이건 비밀인데, 예전에 어떤 사람은 도중에 정신이 나가서, 그러니까 미쳐서 내려온 적도 있거든. 쉽지 않지, 비전을 얻는다는 거. 아, 그래도 침낭이랑 담요는 가져가도 돼."

"어? 어……."

말이 쉽지, 나흘간 금식을! 그것도 산꼭대기에서 낮과 밤을 혼자 보낸다는 건 아무나 쉽게 할 수 있는 건 아니니까. 산 위에 올라간 사람들을 제외한 나머지 사람들에게도 과제가 있는데, 비전 퀘스트에 참여한 사람들을 서포팅하는 것, 한 마디로 기도였다. 그들이 비전을 찾게 해달라고, 배고프지 않고 목마르지 않게 해달라고, 티피tipi라 불리는 거대한 천막을 만들어 그곳에 모여 밤새 불 지피며 기도하고 춤추고 노래하며 응원한단다. 그 응원이 절실하다면 산 위의 수행자들에게도 전해질 것이고, 그러면 수행자들이 배고픔이나 피로를 잊을 수 있다고 한다.

내게는 여전히 신화적인 이야기처럼 들렸지만 그런 이야기를 들려주는 조이의 눈빛은 믿음으로 가득 차 빛나기까지 했다. 이제 겨우 스물두 살인 그녀는 뭐든지 할 수 있는 정말 어린 나이인데도, 정작 스스로는 자신의 나이에 상당한 책임감을 느끼고 있었다. 자신의 정체성이랄까, 앞으로의 길이랄까, 자신의 내면에 대해 더욱 알고 싶다는, 그런 물음들의 해답을 찾아 더 강해지고 싶다는 생각들이 그녀를 이곳까지 데려왔다 했다. 나흘간의 비전 퀘스트를 통해 모든 불투명한 것들에 대해 뚜렷한 해답을 얻을 거라는 강한 확신을 내보였다.

알랭과 안드레는 마드리드 공항에서 만난 그 순간부터 내내 나에게 비전 퀘스트를 권유했지만, 정작 나는 비전 퀘스트의 참여 여부를 떠나 그때까지 혹은 물의 축제가 있는 그 주말까지 약 2주를 이곳에서 보내야 할지 어떨지조차 망설여졌다. 서툰 스페인어 때문에도 종종 위축됨을 느끼는 것도 사실이고, 무엇보다 여기서 내가 일상의 시간을 어떻게 보내야 할지부터가 막막했으니까. 사실 여기에 오기 전까지는 그저 종교적인 행사를 경험할 것이라는 기대에 잔뜩 들떠 있었을 뿐인데, 막상 하루를 보내고 보니 유기농 농장에 와서 일하고 있는 거나 다름없었다. 새우잡이 어선에 갇혀 새우나 잡아 올리는 꼴이랄까. 이렇다 할 역할이 없는 나로서는 여간 뻘쭘한 게 아니다.

열매도 사람도 넉넉한 세상

이곳에선 거의 모든 게 자급자족되는 분위기다. 태양 에너지로 물을 데우는 샤워실이 있고, 산에서 내려오는 물을 받아 마시는 수도가 있다. 말이 있고, 소가 있고, 닭이 있고, 마당엔 발로 차면 후두둑 떨어질 듯 빼곡히 열린 아보카도 나무가 좌악 깔려 있다. 아보카도가 이렇게 빼곡한 밀도로 열리는 열매라는 걸 예전엔 미처 몰랐었다. 나는 자연학습장 체험이라도 하듯 신이 나서 아보카도 나무를 툭툭 건드려본다. 아보카도는 사과나 배처럼 나무에 바싹 붙어 열리는 것이 아니라 크리스마스 트리 장식물처럼 늘어져 있어, 열렸다기보다는 매달려 있는 모양새다.

스페인어로 아보카도는 아구아까떼aguacate. 나우아틀어(아스텍 문명의 언어)로 고환을 뜻하는 아우아까뜰에서 유래했다고 한다. 축 늘어져 쌍으로 매달린 모양새가 그럴 법도 해 보였다. 그래도 그렇지, 먹는 과일 이름을. 심지어 아스텍 문명은 아보카도의 이러한 생김새 때문에 최음제의 기능이 있다고도 믿었고, 그래서 아보카도 수확기에는 젊은 여자들이 밖으로 나오는 것조차 못 하게 했다고 한다. 재미있는 나무다. 어찌나 빼곡히 열렸는지, 미친 척하고 몇 개나 열렸나 세어봤다. 298, 299, 300……. 3백 개가 넘어간다. 징하게 열렸다. 많이 열리면 4백 개도 우습게 넘긴다고. 이 다산의 나무가 2백 년을 산다니 할 말이 없다.

그 사이사이 시루엘라 ciruela(키위보다 작고 대추보다 큰 동그란 과일이 빨갛게 익어 물이 오르면 먹음직스러우나 막상 먹으려고 보면 씨가 너무 커서 먹을 게 없다) 나무도 가지가 부러질 지경으로 빽빽이 열려 있다. 레몬, 오렌지, 리마 lima(생긴 건 레몬 판박이인데 레몬처럼 시지는 않다) 따위의 나무들 또한 널렸다. 그중에서도 베스트는 마라쿠야 maracuya다. 시큼하면서도 달콤한 맛은 태국에서 열광했던 망고스틴과 견주어도 손색없는 황홀한 맛이다. 지천이 과일이고, 지천이 야채다. 허브도 한두 종류가 아니다. 잎만 뜯어 더운 물에 띄우면 바로 유기농 허브티가 된다. 샘이 날 만큼 이들의 자연은 참으로 풍요롭다.

그래서 전해 내려오는 이야기도 많다. 각 나라의 정상들이 모여 신 앞에서 왜 멕시코에는 과일이며 자원을 저렇게 왕창왕창 주시고 우리들에겐

애교 뭉치, 마빈

천사의 현신, 키난과 제이미

내 요리 선생님, 피데

맘씨 좋은 알베르타

마멀레이드 퀸, 조에핀

이렇게 박복한 환경을 주셨습니까, 라고 항의를 했다지. 그때 신의 대답이, 그 대신 멕시코에는 (계울러터진) 멕시칸을 주지 않았느냐, 하며 허허 웃으셨단다. 그리고 이 이야기는 그 뒤 아르헨티나에서도, 브라질에서도 나라 이름만 바뀐 버전으로 들을 수 있었다. 라틴은 그렇게 세상의 부러움을 사고도 남을 만큼 풍요로운 나라들이었다.

오늘 내가 한 일. 아침에 일어나 느지막하게 푸짐한 아침을 먹고, 한두어 시간은 그에 대한 노동, 즉 삶은 구아바(여기서는 후아야바 juayaba라 부른다)를 손으로 으깨어 마멀레이드 만드는 일을 했으며, 점심을 먹고 또 한두어 시간 설거지와 청소를 하고, 태양 에너지가 가장 빵빵하다는 오후에 샤워를 하고, 내 손으로 맷돌에 원두를 갈아서 커피를 마셨다. 내가 그러는 동안 다른 친구들(대부분 여자들)은 음식을 만들고 케이크를 굽고 소에게 먹이를 주고, 남자들은 잘은 모르지만 하여간 힘을 쓰는 일을 하러 아침 일찌감치 트럭 따위를 타고 어디론가 유유히 사라졌다. 웬만한 음식은 자급자족으로 충당이 되지만, 여전히 돈이라는 건 필요한 것이기에 하루종일 만든 마멀레이드는 작은 용기에 담겨 시장으로 팔려 간다. 무엇보다 자동차 기름은 주유소에서 살 수밖에 없는 건데, 그 지출이 또한 만만치 않단다. 기름이 많이 나는 땅이어도 기름 값이 싸지 않은 이유는 미국이 바로 위에 붙어서 기름 값을 움켜쥐고 있기 때문이란다. 미국에 대한 혐오가 극을 달린다.

그러고 보니 나 아직 환전도 못 했다. 수중에는 약간의 유로와 달러만 있을 뿐이고, 여차하면 떠나야 하는데 멕시코 페소 한 푼 들고 있지 않았다. 내가 이따금 초조함을 드러낼 때마다 알랭은 그 특유의 느긋한 미소로 서두르지 말라고, 느긋하게 생각하라고 할 뿐이다. 물론 사람들도 모두 친절하고 호의적이긴 하지만, 어딘지 잘못 끼워진 단추처럼 어색한 위치에 있는 기분은 숨길 수가 없다. 상상했던 멕시코스러운 일과와는 거리가 멀어도 한참 먼 하루를 보내고 있다. 마치 인터내셔널 그린 캠프 따위에 온 것 같은 느낌. 유럽 애들, 미국 애들도 워낙 많아 이곳이 멕시코란 느낌도 거의 들지 않지만, 이것도 뭐 사실 그렇게 나쁘진 않다.

멕시코는 10월 27일, 한국은 10월 28일. 집 떠나온 지도 68일째. 동생의 생일날인데 전화 한 통 할 수가 없다. 공중전화 카드도 당연히 없고, 멕시코 돈도 없고, 걸어갈 만한 거리엔 사실 공중전화도 없으니까. 그리고 오늘 공교롭게도 아르만도의 생일이다.
전화도, 인터넷도 수월치 않은 곳에 있어서 그런지 더욱더 멀리 와 있는 것만 같다. 내가 존재해 있던 곳으로부터 멀리, 아주 멀리 와 있다는 느낌이 더욱 강하게 든 건, 늦은 아침 세면대에서였다. 막 세수를 하고 거울을 보는데 하얗게 반짝하는 가느다란 빛이 눈에 띄었다. 태어나 처음 본 흰머리였다. 하얗게 새어버린 부분은 딱 정확히 여행 떠나온 68일의 시간만큼이었다. 허ㅡ. 순간 온몸에 힘이 빠지면서 허탈해졌다. 왠지 하룻밤 사이 폭삭 늙어버린 것만 같은 것이, 엄청난 시간을 떠나온 기분. 정말로 지금 내가 어디에 있는지, 모든 것이 모호해졌다.
멀찌감치 정원 테이블에 앉아 있던 알랭이 나를 알아보곤 손짓을 한다. 안드레를 포함한 남자들이 제법 힘깨나 쓰는 일을 하러 산으로 간 낮 동안 연로한 알랭은 집에 남아 이것저것 일을 돕는다. 내가 절망적인 표정으로 흰머리의 충격을 이야기하자 매우 즐거워한다. 흰머리 따위에는 초연할 수 있는 나이가 되면 웬 호들갑이야 싶겠지. 그도 그럴 것이 알랭은 거의 백발에 가까웠으니까. 내가 알베르타의 심부름으로 뒷뜰에서 채소를 한 광주리 뜯어 부엌에 가져다주고 오는 동안에도 알랭은 내내

같은 자리에 앉아 무언가 쓰고 있다. 다시 또 나를 부르더니 나의 흰머리 이야기를 자신의 책에 쓰기로 했다며 노트를 보여준다. 그러나 온통 흘려 쓴 알파벳들, 게다가 영어도 아니고 불어다. 알아볼 리 만무했지만 'Jenny'라는 이름이 몇 군데 눈에 띄긴 했다.

알랭은 여행을 다니면서 벌써 네 권째 책을 집필 중이란다. 글을 쓴다는 것. 그것이 어쩌면 내가 알랭에게 조금 더 쉽게 다가갔던 디딤돌이 되었는지도 모른다. 언제부턴가 나는 육체적인 노동보다 지적인 노동에 가치를 부여했고, 요리를 하는 시간보다 책을 읽는 시간에 의미를 부여했다. 펜이 땀보다 더 교활할 수 있음을 모르는 것도 아니면서. 여전히 내 안에 지적인 허영은 차고 넘치지만, 그러나 땀 또한 겸허히 받아들여야지. 적어도 이번 여행에서만큼은.

아르만도의 생일날은 그 어느 날보다 분주했다. 그리고 그것은 고스란히 나의 땀이 증명해 주었다. 이곳의 집안일을 도맡아 하는 멕시코 아줌마 알베르타, 그리고 피데와 함께 화장실 청소도 마다하지 않았다.
이곳에 처음 도착한 날 놀랐던 건 화장실에 문이 달려 있지 않다는 것. 물론 남자 화장실, 여자 화장실, 성별은 구분되어 있었지만, 그럼에도 여간 난감한 게 아니었다. 앞이 트인 채로 볼일을 보고 있다가 인기척이라도 들리면 얼마나 당혹스러울까. 불안한 마음에 변비라도 생기는 건 아닌가 걱정할 즈음, 놀랍게도 머리와 달리 몸이 먼저 적응해 갔다. 이런 걸 적응력이라고 한다면 나는 적응력 하나는 타고난 인간인가 보다. 생각해 보면 화장실에 문이 달려 있어야 한다는 것 또한 사회가 정해놓은 하나의 약속에 불과할 뿐. 지금 내가 속한 사회는 다만 그 약속이 조금 다른 것일 뿐이리라.
화장실 청소도 말끔히 끝내고, 내친 김에 도미토리 청소까지 거들었다.

청소라는 게 달가운 일만은 아니지만, 나는 가끔 청소하는 동안 카타르시스를 느끼곤 한다. 쓸고 닦고 정리하는 가운데 지저분했던 곳이 깨끗해지는 걸 볼 때, 지저분한 옷들을 빨아 넌 다음 쨍쨍한 햇볕에 바싹 말라 보송보송해진 걸 차곡차곡 갤 때, 크고 작은 그릇들을 깨끗이 씻어 선반에 엎어두고 식기들이 마르는 동안 마지막 물 한 방울 그릇에서 미끄러져 떨어지는 걸 바라볼 때, 마음은 더불어 씻기고 정갈해진다.

청소가 끝나기 무섭게 부엌이 사람들을 부른다. 다시 설거지를 하고 그릇을 닦으며 요리 준비를 돕는다. 여느 때처럼 오렌지 주스를 만든다. 뜰에 널린 오렌지를 한 바구니 따다가 반을 갈라 즙을 짜내고 작은 구아바들과 함께 믹서기에 돌린다. 구아바 알갱이가 남지 않게 채로 한 번 걸러준 다음 생수와 설탕만 넣어 저으면 그대로 주스가 된다. 오늘은 차야chaya라는 주스도 추가다. 짙은 카키색이 마녀들이나 마실 법한 음료처럼 보이지만, 마셔보면 의외로 달콤하다.

몰레mole라는 소스도 함께 만든다. 보기에는 카레 같기도 하고 짜장 같기도 한데 맛은 오묘하다. 살짝 매콤한 듯도 하다가 시큼한 것이 달짝지근한 맛도 난다. 정들기 쉽지 않을 것 같은 맛. 그러나 실제로 몰레는 멕시코에서는 매우 자주 마주치는 대표 소스 중 하나다. 전해지는 이야기에 따르면 옛 스페인 식민지 시절, 푸에블라Puebla 지방의 한 수녀원 수녀들이 대주교의 갑작스런 방문에 대접할 음식이 마땅치 않아 궁리 끝에 부엌에 있던 온갖 재료를 모두 맷돌에 넣고 갈아 만든 소스가 기원이라고 한다. 임기응변으로 탄생한 것이긴 하나 대접을 받은 대주교는 그 맛에 감동하여 두고두고 애용했다나. 그래서 '몰레르moler', 즉 '갈다'라는 이름이 붙은 것이리라. 물론 내 입은 단박에 감동하지 못했지만.

대체적으로 이곳 찰미타의 음식은 화학 조미료도 사용하지 않고, 자연의 재료를 그대로 쓰기에 신선하고 맛있는 편이지만, 여러 번 시도해도 적응하지 못한 음식들 또한 몇 있다. 무엇보다 노팔nopal(선인장). 사막 하면 등장하는 동글동글한 선인장의 바로 그 동그란 잎을 가시만 쳐낸 상태에서 구워 먹는데, 도대체 무슨 맛으로 먹는지 모르겠다. 게다가 미끄덩하는 점액질의 끈적끈적한 느낌은 어떻게 받아들여야 할지. 건강에는 좋다고 하지만. 옛말 틀린 것 하나 없다. 몸에 좋은 건 입에 쓰다는 말. 옹고hongo라 불리는 버섯 또한 씁쓸한 맛이 마치 한약이라도 먹는 기분이었지만, 이곳 애들은 하나같이 즐기는 편이다.

다행히 오늘의 요리에 노팔과 옹고는 등장하지 않는다. 늘상 먹던 팥, 프리홀레스frijoles는 빠지지 않았다. 설탕 따위를 넣고 팥을 푸욱 삶아 내어 달짝지근한데, 조금만 더 달고 걸쭉하면 단팥죽이 될지도 모르겠다. 메인 요리는 아르만도가 좋아하는 연어 크림 소스 스파게티다. 생선 귀한 내륙인데, 냉동실에는 언제부터 들어 있었는지 꽁꽁 언 연어가 한 덩이다.

언제 부엌에 들어왔는지 알랭이 프라이팬에 뭔가를 구워 낸다. 간식으로 먹자고 마련한 접시에는 구운 두부로 보이는 조각들이 듬성듬성. 염소 우유로 직접 만든 치즈라 했다. 살짝 구워 낸 말캉말캉한 치즈를 한 조각 입에 넣었다. 너무 맛있잖아! 눈물이 앞을 가린다.

찰미타에 머무는 동안 부엌에 오래 있다 보니, 웬만해선 알지 못했을 부엌 스페인어부터 배운다. 알베르타와 피데가 영어라곤 한 마디도 못 하니 내가 배울 수밖에. 떠듬떠듬, 완벽하게 말이 통하는 것도 아닌데 의사가 통하고 웃음이 통한다는 게 놀라울 뿐이다. 오븐에 케이크까지 구워, 마당에서 꽃잎 몇 장 따다 장식해 놓으니, 정말 파티 분위기다. 비록 이방인에 불과했지만, 그 안에서 함께 일하다 보니 어렴풋하게나마 소속

감 같은 게 느껴지려 한다.

밤이 깊어 남자들이 테마스칼temascal(아스텍 시절의 증기 목욕탕. 얼핏 보면 우리의 찜질방에서나 보는 거대 화덕 같다)을 만들고 돌아온 다음 파티가 시작되었다. 화려한 선물 증정식 따윈 없었지만 모두가 모여 따뜻한 말들을 전해주었다. 케이크 촛불 앞에서 아르만도의 조그마한 딸 나야라가 큰소리로 생일 축하 노래를 부른다. 물론 스페인어 버전이다. 그리고 누군가 영어로, 또 누군가 독일어로, 또 누군가 프랑스어로, 그렇게 월드 와이드 버전으로 생일 축하곡이 이어진다. 여러 나라에서 사람들이 모이다 보니 이런 일이 가능하다. 나는 좀 쑥스러웠지만 순간 마음이 동해 나도 모르게 한국어 버전으로 독창을 하고 말았다. 내가 왜 그랬을까. 어쨌든 생일 축하곡을 앵콜 받기도 처음이었다. 한때 나를 경계의 눈으로 바라보았던 몇몇 사람들도 훨씬 내게 누그러진 표정이었다. '네가 감히 비전 퀘스트를?' 하는 시선이 '너도 한번 비전 퀘스트를'로 변해감이 느껴졌다.

생일 파티의 마지막은 작은 공연. 누가 먼저라 할 것 없이 알아서들 악기 하나씩 집어 든다. 테포나츨teponaztle이라는 가로로 누운 북의 소리가 가슴을 두드린다. 우에우에틀huehuetl이라는 서 있는 드럼 같은 북 소리 또한 듣기에 매우 편했다. 아래쪽이 불구멍처럼 열려 소리의 흐름에 막힘이 없었다. 음악이 열기를 더하자 룸메이트 로사가 어린 나야라와 함께 춤을 춘다. 아리따운 스무 살 아가씨와 네 살 꼬마 아가씨의 멋진 무대. 마당에선 마른 장작이 파작파작 소리를 내며 타오른다. 사람들의 웃음소리가 연기를 타고 밤하늘로 올라갔다. 밤이 다하도록 파티가 계속될 것만 같은 분위기다. 그날의 아르만도는 날카로운 이미지는 온데간데없이 그저 더없이 행복한 한 여자의 남편, 두 아이의 아빠일 뿐이었다.

월드 와이드 버전의
생일 축하곡을
한몸에 받고 있는 아르만도

모두가 뮤지션,
모두가 관객 되는 밤

왜 하필 중남미였냐 하면

나는 다만 꾀부리지 않고 일하고 가식 없이 사람들 사이에서 함께 호흡하고 싶었을 뿐이다. 나는 어려운 상황일수록 언제나 진심은 통한다는 낡은 믿음을 되새기곤 하는데 이곳 찰미타의 생활이 그런 것 같다. 사람들이 진심으로 비전 퀘스트를 해볼 것을 권해준다. 그럴수록 귀도, 마음도 쫑긋해지긴 하지만 내심 두려움이 커지는 것 또한 사실이다.

두려움 하나. 내가 중남미를 여행지로 택했던 이유 중에 하나도 사실은 두려움 때문이었다. 나는 중남미가 무서웠다. 체 게바라를 감동 깊게 읽고, 프리다 칼로Frida Kahlo에 매료되고, 마르케스의 《백년 동안의 고독》과 같은 중남미 특유의 마술적 리얼리즘이라 불리는 정서를 동경했지만, 영화 〈부에나 비스타 소셜 클럽〉을 보고 〈모터사이클 다이어리〉를 보면서 적어도 그 순간만큼은 그 어느 영화를 보았을 때보다 마음의 평화를 느꼈지만 정작 멕시코행 비행기를 타기 전까지도 바들바들 떨고 있었음 또한 사실이다. 그래서 서울의 어느 날에는 나 혼자 부르기를 '여행 전야 증후군'에 걸린 것 같다며 마음을 동동 구르기도 하고, 유럽을 여행하는 동안에는 돌연 중남미행을 접고 한국으로 돌아가는 꿈을 꾸기도 했다. 책은 책, 영화는 영화, 현실은 그것들과는 분명 다를 테니까. 건기니 우기니 하는 계절도 짐작이 가지 않았고, 고산병 운운, 해발 어쩌고 하는 고도는 더욱 짐작이 가지 않았다. 한 마디로 무서웠다.

'죽은 자의 날 축제Dia de los Muertos'. 몇 해 전 겨울, 체코를 여행하는 길에 당찬 아이를 만난 적이 있다. 그녀는 민증상으로는 나보다 어려도 한참 어린 동생이었지만, 세계를 내 집 드나들듯 다니는 용기는 언니 해도 무방할 만큼 보통 여아가 아니었다. 프라하에서 체스키 크룸로프까지, 보이는 거라곤 새하얀 눈밖에 없는 그 풍경에서 그녀로부터 듣게 된 중남미의 '죽은 자의 날 축제' 이야기는 여행을 하는 중이면서도 또 다른 여행을 꿈꾸게 할 만큼 매력적인 무엇이었다.
"언니, 걔네들은 죽은 자의 날 축제라고, 난리도 아니야. 알록달록 울긋불긋, 어쩌고 저쩌고."
죽음이 축제가 될 수 있는 나라. 그래, 다음 여행지는 중남미야. 나도 모르게 불현듯 그런 결심이 서는 것이었다. 왜냐하면 나는 죽음이 무서웠으니까. 왜냐하면 나는 혼자 있는 외로움이 무서웠으니까. 왜냐하면 나는 혼자 죽은 것처럼 있는 고독이 무서웠으니까.
그때 내게, 여행은 유흥이 아니라 치유였다. 광고 회사에 다닌 지도 7년째. '행복하다'의 반대말은 '바쁘다'가 아닐까라는 생각이 들 만큼 바빠서 행복하지 못했다. 생활 반경은 집, 회사, 집, 회사, 회사, 회사, 집. 일주일은 월, 화, 수, 목, 금, 금, 금. 연애란 걸 해본 게 언제더라. 그러다 마음이 고장났다. 꾸역꾸역 스트레스를 삼키다가 뻥 하고 구멍이 뚫려버린 거다. 그리고 그때부터 밤마다 가슴이 서늘해져 잠을 설쳤던 것 같다. 깨어보면 새벽 3시. 방안에는 눈치 없는 냉장고만 웅웅거릴 뿐, 우주는 공전하기도 멈춘 것처럼 조용하다. 숨을 쉰다는 게 어색했다. 이대로 죽어버리면 어떡하지. 어이없게도 밤마다 나는 그런 공포와 싸워야 했다. 그래서 사표를 냈다. 그리고 주사위를 굴렸다. 정신과 상담을 받을까, 여행을 갈까. 퇴직 처리가 되기도 전에 체코행 비행기에 올랐고, 내게 죽음도 흥미로울 수 있음을 이야기하는 소녀, 나우를 만났던 거다. 가보고 싶어졌다. 죽은 자를 위해 노래하고, 죽은 자를 위해 춤추며, 죽은 자를 위해 축제를 한다는 나라를.
무서움은 무서움과 정면으로 부딪칠 때 극복된다. 그래서 중남미행 결심이 과제처럼 더욱 다져졌다.

두려움 둘. 찰미타에는 두 마리의 매우 큰 개가 있다. 나는 도착한 첫날부터 거의 기절에 가까운 기겁을 해가며, 지나가는 사람이 있으면 얼른 그 뒤에 붙어 개들을 피해 다녔다. 개도 안다며, 내가 저 무서워하는 줄, 내가 저 싫어하는 줄. 그래서 더 얕잡아보고, 그래서 더 경계한다며. 수도 없이 들었다. 그런데 안 된다. 개와 마주칠 때마다 피하게 되고 마주칠 때마다 심장이 십 분의 일로 오그라든다. 개 주인들은 쉽게 말하지. 이 개 안 물어요. 그게 꼭 물려야 무서운 건가.

이 집의 안주인인 아르만도의 아내 아냐는 말한다. 두려움은 네 안에 있는 것이다, 이 개들은 정말 착한 짐승들이다, 네가 두려워할 이유가 아무것도 없다, 숨을 크게 쉬고 네 안의 두려움을 찬찬히 살펴봐라, 알고 보면 그것들은 아주 작은 것들이다, 네가 충분히 떨쳐낼 수 있을 만큼. 끊임없이 내 두려움에 대해 조언을 늘어놓는다. 물론 아냐의 말대로 그 개들은 매우 온순했고, 나만 겁을 먹지 않으면 사실 내게는 신경도 쓰지 않는 개들이었다. 시간이 흐르고서야 간신히 잠든 개들을 넘어 다니는 놀라운 업적까지 세울 수 있었지만, 아무도 없는 곳에서 개와 나, 단둘이 마주치면 숨이 멎는 건 여전했다.

무서움은 무서움과 정면으로 부딪칠 때 극복된다. 어쩌면 나는 정면으로 부딪치지 않고 있는 건지도 모른다. 개도, 중남미도.

내 안에 두려움이 얼마나 많은지 이곳 멕시코에서 새삼 느낀다. 개에 대한 두려움, 낯선 환경에 대한 두려움, 다른 신념에 대한 두려움, 존재에 대한 두려움, 어둠에 대한 두려움……. 생각해 보니 혼자라고 느낀 이래로는 단 한 번도 강한 적이 없었던 것 같다. 심지어 요즘은 어쩌면 나는 태어날 때에 이미 은숟가락 대신 엄청난 두려움과 함께 태어난 것이 아닌가, 그리고 그 두려움의 존재를 서른 해가 지난 후에야 비로소 느끼고 있는 것이 아닌가, 생각할 정도이니까. 사춘기 무렵 어른이 되면 무서울 게 없을 줄 알았는데, 대실망이 아닐 수 없다. 몸집은 열일곱 때나 별반 달라진 것도 없는데, 두려움은 해가 거듭될수록 초고속 성장이다. 나흘간 속세와의 완벽한 단절이라. 그 지독한 고독의 끝은 과연 어떤 모습일까. 문득 비전 퀘스트가 궁금해지기도 했지만, 이내 깨달았다. 아직 나는 비전 퀘스트를 할 만한 준비가 되지 않았다는 걸.

찰미타의 하루

찰미타의 하루는 더없이 심플하다. 사람들은 모두 욕심이라는 단어를 모르고 사는 것 같다. 누군가 부엌에 둔 돈이 며칠이 지나도 그 자리에 그대로 있다. 여차하면 먼지라도 쌓여 썩을지도 모른다. 그저 일어나 원하는 대로 밥을 먹고, 먹은 만큼 일을 하고, 쉬고 싶은 만큼 쉰다. 게으름을 피우는 사람도 없고 일을 하라고 재촉하는 사람도 없다. 해가 뜨면 해와 함께 일어나고, 해가 지면 해와 함께 잠이 든다.

해보다 늦게 잠이 드는 저녁은 어김없이 노래를 부르고 악기를 연주하며 춤을 춘다. 춤은 거의가 강강수월래 수준이지만 노래는 들을수록 중독되는 맛이 있다. 그것은 내가 여태 들어왔던 노래와는 달라도 한참 다른 노래다. 느닷없이 고음으로 올라간다거나 꺾는다거나 바이브레이션을 준다거나 하는 기교는 아예 존재하지도 않는다. 좋게 말하면 담백하고 나쁘게 말하면 밋밋하다. 매일같이 따라 부르지도 못하고 마냥 앉아서 듣고만 있는 게 안쓰러워 보였는지, 오늘은 안드레가 노래를 가르쳐 주겠단다. 얼떨결에 음악 시간이 됐다.

돌아가야 할 시칸이 있었어
Hubo un tiempo que esta para volver, que esta para volver, que esta para volver
삶에 멜로디가 있는 그런 시간
En que la vida tenia melodia, tenia melodia, tenia melodia
이름을 가지지 못한 것들도 멜로디를 가졌지
Las cosas no tenia nombre pero tenia melodia, tenia melodia
새처럼 날아오를 수 있게 해줘, 새들과 함께 그 아름다운 멜로디를 노래할 수 있게 해줘
Dejame volar come el pajaros y cantar con ellos la bella melodia
이아나 이아나 헤네요 웨이, 이아나 이아나 헤네요 웨이
Ianna ianna heneyo wei, ianna ianna heneyo wei
에이아나 요 이아나 헤레이, 에이아나 요 이아나 헤레이
Eianna yo iahna herei, eianna yo iahna herei

단조롭지만 나도 모르게 따라 부르게 되는 흡입력이 있다. 원주민의 기도문이란다. 이름은 가지지 못한 것들도 멜로디는 가지고 있다는 노랫말이 묘하게 서글펐다.

재밌는 친구다. 안드레. 아침 인사라도 할라치면 영락없는 아이다. "부에노스 디아스"라는 아침 인사가 있지만, 다들 그냥 "올라~" 한 마디로 통일인데, 안드레는 걸핏하면 "올라~ 카라콜라~" 장난을 친다. 카라콜 caracol은 달팽이라는 단어인데, '올라'에 붙이는 건 순전히 비슷한 음운, 좀 유식하게 말해서 각운을 두고 하는 말장난에 불과하다. 우리말로

치자면 '아싸라비아 콜롬비아~' 정도? 마흔이 넘어서 이래도 괜찮은 건가. 좀 주책이다 싶을 때도 있지만, 그게 또 은근히 안드레와 잘 어울린다.
그런데 이제 강적이 나타났다. 제법 키도 크고 번듯하게 생긴 멕시칸 청년, 후얀. 그의 기타와 노래는 정말 일품이다. 하루 종일 제 기분에 취해 흥얼거리던 안드레도 찍소리 못하고 후얀의 노래에 넋을 빼고 있다. 후얀이 기타를 들기 전까지만 해도 안드레가 노래인지 주문인지도 분간이 가지 않는 걸 목청껏 신나게 불렀었는데, 후얀에게 마이크를 빼앗기자 대신 마라카스maracas(애들이 가지고 노는 딸랑이의 일종)를 들고 장단을 맞춘다. 서운해 하는 기색 따위 없다. 어떻게 저렇게 해맑을 수가 있을까.

이곳엔 얼마나 많은 사람들이 머물고 있는 걸까. 매일 아침 처음 보는 얼굴이 늘어난다. 꽤 넓은 부지에 방갈로 같은 집들이 여기저기 흩어져 있다. 사방이 열린 숲이라 별 의미는 없어 보이지만 커다란 철문이 있고, 그 가까이 두 채의 도미토리가 있고, 거기에 내가 묵고 있다. 산장 같은 도미토리는 복층 구조로 아래쪽에 침대 넷, 위쪽에 침대 둘, 책장 같은 선반이 넷, 그리고 전등 둘. 다른 가구는 아무것도 없다. 두 채의 도미토리 옆에 태양 에너지로 돌아가는 샤워실과 세면대를 갖춘 화장실 건물이 있다. 그 안쪽으로 마을회관 같은 본부 건물이 있다. 이곳에 부엌이 있고, 넓은 거실이 있고, 안쪽으로 사무실 같은 공간이 있다. 그리고 경사진 길 아래쪽으로 줄줄이 늘어선 방갈로에 가족 단위의 사람들이 묵고 있다. 누가 묵고 있는 건지, 누가 살고 있는 건지는 모르겠다. 모두가 주인 같기도 하고, 모두가 손님 같기도 하다.
빵이라도 사러 찰마 시장에 내려가면 "찰미타 란초 사람들이구먼" 하고 알아본다. 그리고 묘한 꼬리도 덧붙는다. 찰미타 란초 사람들은 죄다 이상한 사람들이라는. 아닌 게 아니라 범상치 않은 구석도 한두 가지가 아니다.

'빠하로Pajaro(새)'라는 이름의 남자가 있다. '늑대와 함께 춤을'도 아니고. 이름 참 특이하다. '아구아Agua(물)'라는 이름의 천사 같은 꼬마도 있다. 세 살은 됐으려나. 조그마한 아구아가 물 달라고 "아구아, 아구아" 하며 아장아장 걸을 때는 웃음이 절로 난다. 호르헤는 걸핏하면 '하레 크리슈나'를 불렀고, 로키는 '알라'를 불렀다. 누구보다 알폰소가 가장 기묘한 인물이긴 했지만, 그는 웬만해선 얼굴 보기도 쉽지 않았다. 샤머니스트 역할을 하기도 하는 백발의 알폰소의 아내는 놀랍게도 내 또래로 보였다. 그녀는 한때 미국에서 광고 일을 했었다고 했다. 듣자 하니 프로덕션 일을 한 모양이다. 한 마디로 자본주의의 끝에서 일하던 사람이 완전한 자연 한복판으로 돌아선 것이다.

오늘따라 벤저민의 표정이 심상치 않다. 처음 벤저민을 보았을 때 나는 〈해리가 샐리를 만났을 때〉의 그 빌리 크리스털인 줄 알고 하마터면 사인을 받을 뻔했는데, 생각해 보니 빌리 크리스털은 예순에 가까운 나이다. 근데 정말 닮았다. 그래서인지 더 친근하게 느껴졌던 벤저민이 오늘 아침 식탁 앞에선 마치 전혀 다른 사람처럼 생경하다. 밥그릇을 들고는 있지만 먹지는 않고 꾸벅꾸벅 조는 아이처럼, 아니 병든 병아리처럼 고개를 주억거린다. 목도 제대로 가누지 못하는 것이다.
"벤저민, 어디 아파? 왜 안 먹어?"
"글쎄, 좀 이상해. 나는 먹어야겠다고 생각하는데, 내 몸이 음식을 원하지 않아."
기묘한 표정만큼이나 기묘한 대답이다. 아무래도 오늘 벤저민이 안 좋은가 보다. 그리고 그날 오후 정말로 사고가 났다. 조용하던 집안이 갑자기 웅성거려 나가보니 벤저민이 다쳤다. 나무를 베다 사고가 났다는데, 코가 피투성이다. 일을 하다 보면 다칠 수도 있겠지만, 아침의 그 풍경이 오버랩되자 괜히 소름이 쫘악 돋는다. 이곳 사람들은 정말 이상한 걸까.

이웃 마을 말리날코

이따금 나는 알랭과 함께 말리날코로 나갔다. 말리날코는 찰미타에서 30분 가량 떨어진 제법 큰 마을로, 그 어느 곳보다 아스텍 사원의 보존이 잘되어 있는 곳임에도 관광객은 거의 보이지 않는 매우 조용한 동네다. 처음 말리날코에 갔을 때, 나는 그야말로 바짝 긴장하고 있었다. 멕시코에 오긴 했지만, 솔직히 찰미타는 멕시코 같지도 않고, 그에 비해 말리날코는 관광객이 있는 것도 아니고 골목마다 새카만 멕시코 남자들이 죄다 카우보이 모자를 쓰고 있어서 어쩐지 진짜 멕시코 같았기 때문이다. 처음 발 딛는 멕시코라는 생각이 드는 것도 당연하다. 저쪽에서도 낯선 동양 여자에 대해 적잖이 놀라는 눈치다. 외계인 보듯 쳐다본다. 알랭 없이 혼자 10미터를 걷는다는 건 모험이나 다름없었다. 처음엔 그랬다.

그런데 이 동네, 걸으면 걸을수록 편안해진다. 유치하긴 하지만, 학예회라도 할 것처럼 온 골목을 색색의 종이 꽃들로 꾸며놓은 것도 귀여웠다. 그 아래로 아직도 당나귀를 타고 다니는 사람들이 지나다닌다. 마을의 배꼽엔 예전엔 수도원, 지금은 교회인 건물이 서 있고 그 앞에 작은 분수가 있는 광장이 있고 그 주위로 장이 선다. 주말이면 광장까지 온통 물건을 파는 사람들로 붐비는데, 요상한 피리부터 장신구까지, 조악하긴 하

자전거보다 흔한
말리날코 대중교통

멕시코 남자가
갖추어야 할 세 가지
담배와 콧수염
그리고 중절모

지만 구경하는 재미가 나름 쏠쏠하다.

사실 내가 말리날코 나가기를 즐거워하는 건 아스텍 사원이 있거나 말거나, 그저 인터넷을 마음껏 쓸 수 있고, 시장 구경을 할 수 있고, 무엇보다 환상적인 아이스크림을 먹을 수 있기 때문이었다. '말리나이Malinalli'라는 아이스크림 가게는 통째로 배낭에 싸들고 오고 싶을 정도였다. 께소 queso(치즈) 맛에서 딸기, 사과, 너트, 레몬, 심지어 데킬라 맛까지 없는 맛이 없다. 어떤 맛을 선택해도 실패하지 않는다. 쫀득쫀득한 터키 아이스크림 돈두르마와 쌍벽을 이룰 만한 과히 칭찬받아 마땅한 맛이다. 아이스크림 가게 바로 옆의 금, 토, 일만 문을 여는 정말 멋진 '로스 플라세네스Los Placenes' 라는 아늑한 카페도 세트로 사랑해 줘야 한다.

두 번째 말리날코 외출. 오늘은 알랭이 나를 어떤 모임에 데려갈 모양이다. '하레 크리슈나'가 벽면 가득 쓰여 있는 건물. 그곳은 옷이며 장신구를 파는 가게였는데, 진열대를 지나 안쪽으로 들어가니 자그마한 안마당이 나왔다. 그리고 마치 아주 오래전부터 그곳에 앉아 있었던 것 같은 한 흑인 할아버지가 우리를 맞아주었다.

그의 이름은 루터 토머스 데이비드 주니어. 그냥 루터라고 부르란다. 루터 할아버지는 내가 한국에서 왔다는 말이 끝나기도 전에 한국전쟁을 떠올린다. 1951년 당시 통신병으로 참전했다는데, 놀랍게도 애국가 구 버전의 한두 소절과 아리랑의 몇 소절을 정확히 기억하고 있었다. 일본에도 1년여 가까이 머물렀고 일본에서 한국 사이를 배를 타고 건넌 적도 있다고 한다. 치킨 농장에도 14년간이나 일해 보고. 한 마디로 파란만장 인생이다. 멕시코 북부 지역에 '뽀요 뽈리스Pollo Police'라는 치킨 맛집이 있는데, 그곳에 가서 자리를 잡으면 웨이터가 와서 "큰 닭이요, 작은 닭이요?" 하고 묻는단다. 벌써 오래

동해물과 백두산을 부르는
루터 할아버지

전 애기라지만, 치킨 애기에 나는 괜히 말만 들어도 가고 싶어졌다. 얌베이라는 타악기를 흑인 특유의 리드미컬하면서도 감칠맛 나게 연주하는 모습을 보니 일흔이 넘었다는 나이가 믿기지 않았다. 거대한 손이 얌베이를 강약중간약 부드럽게 스칠 때마다 흥겨운 선율이 태어난다. 내게도 연주법을 가르쳐주었지만, 어떻게 해도 어색하다. 일단 손 크기가 절반인 데다, 루터는 얌베이를 쓸어내듯 쓰다듬듯 부드럽게 연주했지만, 나는 누가 봐도 얌베이의 따귀를 짝짝 때리는 꼴이었다. 심지어 그는 조지아 출신답게 그냥 하는 말도 노래처럼 한다.

오우예~, 예~스, 아~핫, 오~케이~. 모든 단어들이 노래가 되는 그 억양은 오랫동안 잊을 수 없을 것 같다.

루터 할아버지 외에도 백발의 미국 할머니 두 분과 멕시코 아줌마가 동석했다. 모두 '하레 크리슈나'를 노래하며 서로가 서로를 축복해 주는, 참으로 바람직한 분위기였다. 솔직히 '힌두교'의 '힌'자도 접해본 적 없는 나로서는 적잖이 당황스러울 수밖에 없는 분위기였지만.

> 하레 크리슈나, 하레 크리슈나, 크리슈나 크리슈나, 하레 하레
> Hare Krisna, Hare Krisna, Krisna Krisna, Hare Hare
> 하레 라마, 하레 라마, 라마 라마, 하레 하레
> Hare Rama, Hare Rama, Rama Rama, Hare Hare

노래라기보다 주문에 가까웠지만, 매우 중요한 노래 같았다. 하도 불러대서 나까지 입에 달게 됐다. 가사랄 것도 없고, 음도 어찌나 심플하신지.

거기까진 좋았는데, 심지어 돌아가며 한 곡씩 노래하는 분위기가 되었다. 알랭은 기도문 같은 노래를 불렀고, 미국 할머니는 《One day at a time》이라는 지금 이 순간의 삶을 살라는 교훈이 담긴, 듣기에도 흐뭇한

노래를 맛깔나게 부르셨다. 드디어 내 차례. 노래방 아닌 곳에서 노래 불러본 게 언제던가. 소양강 처녀를 부를 수도 없고, 내가 귀까지 빨개져서 어쩔 줄 몰라 하는데, 루터 할아버지가 먼저 아리랑을 불러달라고 조른다. 졸지에 외국 할아버지, 할머니 앞에서 아리랑을 부른 것이다.

이 어르신들은 미국에서의 삶의 비용에 한계를 느끼고 멕시코 북부로 내려왔는데, 멕시코 북부 또한 시간이 갈수록 사는 게 녹록지 않자 아래로, 아래로 내려오고 있는 중이셨다. 삶의 물살에 떠밀려 살아간다고는 하지만, 그렇다고 하기엔 루터 할아버지는 참으로 아이 같다. 그는 좀 괴짜 같은 구석도 있어, 무슨 근거인지 몰라도 우리 몸은 7년을 주기로 변한다는 둥, 자신은 말리날코로 와서 오렌지 빛의 UFO를 여러 번 봤다는 둥 믿기지 않는 이야기들을 늘어놓는다. 또한 비전도 보는데, 나의 비전은 자전거를 타고 하늘을 나는 것이란다. 그러면서 나를 빤히 보시더니, 문제가 있다면 해답이 있다, 즉 해답이 없다면 문제도 없다는 선문답 같은 말씀을 한다.

그날 나는 어르신들과 말리날코의 '클라보Clavo'라는 멋진 레스토랑의 라이브 공연을 함께 감상했다. 요 작은 마을에 이런 레스토랑이 있다는 게 신기할 따름이다. 콜롬비아 뮤지션이 연주하는 수준급의 재즈, 탱고, 살사. 골목엔 여전히 당나귀가 지나다니고 가난이 발에 차이지만 그 비좁은 골목 사이를 재즈가 흐른다. 사람들의 웃음이 흐른다.

의식의 밤

자정이 조금 넘자 '티피'라 부르는 거대한 천막에 40여 명의 사람들이 모였다. 찰마 사람들까지 죄다 모인 것 같다. '의식'이라고 해서 살짝 긴장한 나와는 달리 사람들은 마치 캠핑장에 온 듯 침낭이며 담요를 잔뜩 챙겨 들고 저마다 편한 자리를 하나씩 꿰차고 앉았다. 그렇게 사람들이 모이고 모닥불이 어느 정도 지펴지고, 달구어진 숯으로 독수리 문양 따위가 완성되고, 붉은 꽃과 초와 음식 등이 놓여지고 북이 만들어지자 드디어 카리스마 철철 넘치는 알폰소가 입을 열기 시작했다. 조용하고 나지막한 그러나 힘있는 목소리로, 매우 또박또박 그리고 천천히. 사실 위엄이 느껴진다기보다는 동네 단짝 친구에게 얘기하는 것에 가까운 친밀감이 느껴졌다. 물론 무슨 이야기를 하는지 나로서는 도통 이해할 수 없었지만, 그 나지막한 연설은 한 시간 가까이 계속되었다. 아무리 또박또박 이야기한다 해도 모르는 스페인어가 이해될 리는 만무했다. 몇몇 사람들은 이따금 마치 "아멘"이라고 하듯 "아호" 하며 고개를 끄덕이기도 한다.

연설이 끝나자 알폰소 옆에 있던 남자가 북을 치고, 다른 한 사람이 나와 한 손엔 지팡이 따위를 짚고 다른 손으론 마라카스를 연신 흔들어대며 주문 같은 노래를 시작했다. 두어 곡쯤 불렀나, 그러더니 곧 다른 누군가가 나와 다시 두어 곡 부르고, 그러곤 또 다른 사람이 나가 두어 곡 부르고, 마치 노래방에서 순서 기다리며 노래하듯 돌아가면서 말이다. 흥미로웠던 것은 그런 와중에도 열대엿쯤은 아무렇게나 드러누워 자기도 하고, 자다가 깨면 다시 일어나 의식에 집중하고. 바짝 긴장하고 있는 사람은 나 혼자인 것만 같았다. 심지어 새벽녘에는 의식의 집행자인 알폰소마저도 드러누워 눈을 붙이는 것이었다. 이런 자유로운 분위기의 세레모니라, 흥미로웠다.

그 와중에 접시들이 손에서 손으로 전해졌다. 무슨 일이 벌어지는지 전혀 알지 못한 나로서는 그것이 무엇인지조차 가늠할 수 없었지만, 최소한 그곳에 초대받은 것에 대한 예의 차원에서라도 남들이 하는 대로 따라는 해야 했다. 다른 사람들은 어떻게 하나 유심히 관찰했다. 접시를 받아 든 사람들은 내용물을 조금씩 집어 들고 입속으로 털어 넣었다. 드디어 내게 접시가 다가왔을 때 마음의 준비를 하고 있었음에도 당혹스러웠다. 거의 흙에 가까운 형태의 거친 가루가 손에 잡혔다. 이게 과연 먹을 수 있는 건지 아닌지도 알 수 없었지만, 어쨌거나 의식의 흐름을 깨고 싶진 않아 눈 딱 감고 남들처럼 조금 집어 입에 털어 넣었다.
'아, 쓰다. 이거 정말 흙 아니야?'
뭐라 말할 수 없는 쓴맛이 입안을 가득 채웠다. 쓴맛이 채 가시기 전에 또 한 접시가 내 앞에 돌아왔다. 이번엔 동그란 볼 모양의 덩어리다. 순간 내 눈엔 터무니없게도 그것들이 초코볼로 보였다. 초코볼일 까닭이 없는데도 그렇게 믿고 싶었던 모양이다. 나는 거침없이 한 덩이를 삼키고 말았는데, 이번엔 쓰다 못해 눈앞이 아득해지는 것이다. 방금 전 먹었던 그 흙 알갱이 같은 것들을 물로 뭉쳐놓은 것. 결국 똑같은 걸 먹은 것이다. 제법 큰 덩이를 삼키고 나자 머릿속이 아득해지는 것이 귀도 멍해지고 나른해진다.

먹을 땐 몰랐지. 그게 페요테peyote라는 걸. 의식이 끝나고 난 후 줄리가 알려주길, 환각 선인장, 페요테를 먹었다는 것이다. 물론 환각이 보일 정도는 아니었지만, 확실히 머릿속이 멍해지긴 했다. 앉은 자리에서 소주잔을 연거푸 들이키고 벌떡 일어설 때 띠잉- 하는 그런 느낌. 어쩐지 내 옆에 있던 훌리오 녀석 유독 페요테를 많이 먹더라. 그날 밤 무척 추웠는데, 페요테를 잔뜩 먹은 훌리오는 반팔 차림으로도 춥지 않다고 했다. 덕분에 훌리오의 침낭까지 내가 돌돌 말고 있게 됐지만. 볼수록 기이했다. 훌리오는 몸은 바들바들 떨고 있으면서도 입으론 전혀 춥지 않다고 했다. 감각이 마비된 걸까. 환각제의 힘을 처음 본 것이다.

뒤를 이어 옥수수 잎으로 파이프를 만든 굵다란 한 대의 담배가 전해지

한 사람을 위한
하나의 밤

고 물이 전해졌다. 담배가 왔을 땐, 그래, 차라리 담배는 그렇게 쓰지 않겠지, 한 모금 깊게 들이마셨더니, 웬걸, 아직 마르지 않은 옥수수 잎 파이프를 통해 전해지는 기묘한 향이 위 속까지 뒤집을 정도로 지독하게 밀려왔다. 쓴맛, 울렁거리는 맛. 정말 난감했던 것은 담배 하나 피우는 데도 다들 특유의 동작을 취하는 통에 이걸 따라 해야 하나 말아야 하나 곤혹스러웠다. 죄다 성호를 그리듯 파이프를 이리저리 흔들어준다거나 담배 연기를 머리 뒤로 한 번, 자신의 가슴으로 한 번, 주위 사람에게 혹은 땅으로 한두 번씩 쓸어준다거나. 그런 동작은 어설프게 따라 했다간 왠지 저주받을 것 같기도 하고, 그렇다고 마냥 건너뛰자니 무례한 게 아닐까 싶기도 하고. 결국 어둠에 숨어 어설프게 절반만 흉내를 내긴 했지만, 어쨌거나 이건 분명 태어나 처음 경험하는 상당히 이질적인 무엇이었다. 무섭다거나 두렵다 혹은 흥미롭다는 단어와는 다른, 그저 낯설음.

새벽 서너 시쯤 되어 더 이상 노래 부를 사람도 없자, 매우 자유롭게 사람들이 저마다 한마디씩 한다. 그 말에 공감하는 사람들은 예의 그 "아호"를 추임새처럼 덧붙이며 연신 고개를 끄덕인다. 도대체 이들은 지금 무엇을 말하고 있는 걸까. 몹시 궁금했지만, 번번이 물어볼 수도 없는 노릇이다.
물론 며칠 전 이들의 친구 중 한 명이 사고로 세상을 떠났고, 그녀의 죽음을 위한 세레모니라는 건 들었기에 분명 그녀의 죽음에 대한 애도, 삶과 죽음에 대한 이야기이리라 짐작할 밖에. 그러다 어느 코너 즈음에서 한 여인이 목멘 소리로 몇 마디 말을 잇더니 끝내 울음을 참지 못하고 눈물로 이야기를 끌어갔다. 감정이라는 것은 참 기묘한 데가 있어, 비록 언어로 그 의미가 전달되지 않더라도 저 혼자 의미를 갖고 전해지는지, 어느새 그 슬픔이 내 발끝 앞에 서 있는 것이었다. 가슴이 아팠고, 눈시울이 화끈거렸다. 내가 한 번도 본 적 없는 사람이 죽었고, 내가 전혀 알아듣지 못하는 말들이 오가는 가운데서도 감정은 그렇게 처연하게 이방인을 붙잡고 흔들어댔다.

그리고 다시 알폰소가 말을 이어갔고, 어느새 날이 밝아왔다. 숨쉬기도 힘들 만큼 연기로 자욱한 천막 안으로 아침 햇살이 들어오자, 새삼 참 먼 밤을 달려왔다는 기분이 들었다. 거의 여덟 시간이 넘도록 천막 안에 얌전히 앉아 있던 사람들이 하나둘 빛 속으로 걸어 나갔다. 마치 가슴속 뭔가 얹혀 있던 것을 털어버리기라도 한 듯 한결 밝은 표정으로. 그러곤 누가 먼저랄 것도 없이 보이는 족족 환한 미소로 끌어안으며 하는 아침 인사.

"부에노스 디아스(좋은 아침)!"

스페인 사람들은 양볼에 쪽쪽거리더니, 멕시코로 오니 쪽 한 번 하더니 꼬옥 끌어안는다. 아직 스페인과 멕시코 사이에서 머뭇거리고 있던 나는, 자꾸만 끌어안을 타이밍에 반대쪽 볼에 얼굴을 가까이 하는 실수를 한다. 번번이 서툰 인사로 얼굴이 빨개지기 일쑤다.

알폰소가 내게 물어온다.
"어땠어요?"
"무척 새로운 경험이었어요. 근데 뭐라고 이야기하는지 이해를 못 해서……."
"하하, 이해 못 해도 좋아요. 말을 알아듣고 못 알아듣고는 중요한 게 아니니까."
"아, 네……."
그래도 알아듣는 게 중요한 것 같은데. 생각은 그렇게 해도 딴지를 걸 마음은 없었다. 어쩌면 그게 진실일지도 모르는 거니까. 그리고 이번에는 조심스럽게 내가 먼저 물어본다.

하나둘 밖으로 나와
부에노스 디아스,
꼬옥 끌어안으며
아침을 맞았어

"저어, 만약에 혹시라도 제가 여행기를 쓰게 되면 이곳 이야기를 실어도 괜찮을까요?"
"괜찮고말고요. 근데 몇 년 전 알랭과 똑같은 말을 하네요."
옆에서 알랭이 씨익 웃어 보인다. 마치 기다린 말을 듣기라도 한 것처럼.

말도 통하지 않고, 정서도 통하지 않고, 새삼 이방인이라는 걸 느꼈지만, 금세 드는 생각이, 이방인이 이방인임을 느끼는 게 당연한 게 아닌가. 이방인이 단 며칠 만에 이방인이 아닌 존재가 되는 것이 더욱 이상한 게 아닌가. 그런 생각을 하자 한결 마음이 편해졌다.

런어웨이

나는 찰미타를 바람처럼 스쳐 지나왔다. 처음 들어갈 때도 전혀 뜻하지 않은 만남으로 인해, 심지어 그곳이 어디인지도 모른 채로, 어느 칠흑 같은 밤 어둠을 타 불쑥 찾아갔는데, 떠나올 때도 뜻하지 않게 안녕, 인사 한 마디조차 하지 못하고 후두둑 도망치듯 빠져나오고 말았다. 무엇보다 안드레에게 작별인사를 하지 못한 게 마음에 걸리긴 했지만, 어쩌면 그편이 더 나은지도 모를 일이다.

그럴 수밖에 없었던 데는 나름대로 스토리가 있었으니까. 그러니까 그 전날 오전, 갑자기 잉그리드가 혹시 말리날코에 갈 생각이 있으면 차편이 있으니 함께 가자는 달콤한 제안을 하는 것이었다. 와- 인터넷 카페가 있는, 그리고 끔찍하게 맛있는 아이스크림 가게가 있는 말리날코에 갈 기회가 또 생겼다. 무려 네 시간에 가까운 자유 시간을 얻게 된 것이다. 오늘은 알랭 대신 줄리가 동행이 되었다.

독일에서 온 잉그리드는 초등학교 선생님이다. 물의 축제까지 아이들과 함께 머물면서 틈틈이 말리날코의 교사 모임에 나간다. 함께 차를 탄 히메나 또한 교사인데, 그녀들의 아이들 먹거리에 대한 관심은 상상을 초월할 정도였다. 말리날코에 가는 30분 가까운 시간을 내내 단것들에 대한 이야기로 열을 올리는 것이다. 아이들에게 사탕을 주면 안 된다, 할로윈이라고 해서 예외가 될 순 없다, 아이들은 단것에 한번 맛들이기 시작하면 스스로 통제할 능력을 잃어버린다, 이런 시급한 문제는 다른 교사들과 함께 논의해야 한다며 할로윈을 앞둔 두 여자의 신경이 여간 곤두선 게 아니었다. 어쨌거나 개략적인 스케줄은 그녀들이 오늘 교사 모임에 다녀오는 시간 동안 나와 줄리는 자유롭게 말리날코를 구경하고, 모임이 끝나는 7시, 말리날코 골목 어귀에서 만나 함께 차를 타고 돌아오는 것이었다.

같은 도미토리를 쓰긴 했지만 줄리와 개인적인 시간을 보내는 건 거의 처음인 것 같다. 우리는 함께 인터넷 카페에서 신나게 인터넷을 하고, 작은 시장을 돌아다니며 잉그리드가 부탁한 과일들을 사기 위해 부러 못생긴 사과를 찾아다녀야 했다(그녀가 아이들이 먹을 사과를 사달라고 부탁을 하긴 했는데, 절대 농약물 먹고 반짝반짝 예쁜 사과는 사지 말아달라며 신신당부했기에). 사실 처음 나는 줄리의 냉랭한 태도에 지레 움츠러들어 다가가려는 노력조차 하지 않았다. 그런데 막상 찰미타에 여러 날을 머물다 보니, 이제는 내가 이곳에서 이성적인 이야기를 할 수 있는 유일한 사람이 줄리가 아닐까 싶을 정도다. 그렇다고 다른 사람들이 모두 제정신이 아니라는 말은 아니다. 어떤 이는 말만 하면 하레 크리슈나를, 어떤 이는 신의 뜻을, 어떤 이는 초인적인 자연관을, 어떤 이는 지극히 감정적인 이야기만 하니까. 21세기를 살아가는 보통 사람들은 분명 아니다. 그러니까 어제, 오늘 유독 마음에 거슬리는 알랭의 이상한 태도와 안드레의 조금은 거북한 애정 표현과 비전 퀘스트에 대한 부담감 따위를 털어놓을 사람이 줄리밖에 없었던 것이다.

볼에 쪽 한 번 하고 끌어안는 아침 인사를 안드레는 자꾸만 늘리는 것이었다. 쪽이 한 번이 아니라 쪽쪽쪽쪽, 네 번까지 늘어나니 심기가 여간 불편한 게 아니다. 알랭의 경우는 더욱 심각하다. 하루는 아침부터 갑자기 나를 부르더니 이상한 부탁을 하는 것이다.
"저기, 네 침대 밑에 뭘 좀 보관해도 될까?"
"아…… 뭐…… 그러세요."
"근데 아무한테도 내가 이런 부탁을 했다고는 얘기하지 말아줘."
"네? 아, 네."
기분이 썩 유쾌하진 않았다. 도대체 내 침대 밑에 뭘 보관한다는 거야. 그날 이후 나는 잠자리에 들 때마다 신경이 곤두섰지만, 그러면서도 침대 밑의 그 무엇에 대해서는 이상하게 겁이 나서 손도 못 대고 있었다. 하필 그날 로사가 자신의 빅토리아 시크릿 속옷이 아래 위 세트로 없어졌다며 호들갑을 떠는 바람에 괜히 알랭이 이상하게 보이기까지 하는 것이다. 설마 속옷을 숨기진 않았겠지. 사람은 얼마나 간사한지. 지혜가 충만한 요다와 같다고 느꼈던 사람을 어느새 나이 든 변태 영감으로 보려 하다니. 그렇게 변하는 자신이 싫어서라도 떠나고 싶어졌다.

줄리의 대답은 심플했다.
"넌 여기 누구와 계약을 한 것도 아니고, 네가 떠나고 싶을 때 언제든지 떠날 수 있어. 네 마음이 불편하다면 떠나는 게 당연한 거야."
그래, 떠날 때가 된 거야. 오늘 아침 아냐에게 택시를 불러달라고 한 건 잘한 결정이었어. 그렇게 스스로 마음을 토닥이며 잉그리드를 만나기 위해 약속 장소로 갔다.

6시 30분, 말리날코는 벌써 암흑이다. 이렇게 빨리 어두워지다니, 이건 정말 예상 밖의 일이었다. 그리고 그 어둠 속에서 우리는 골목 하나를 잘못 들어가 결국 엉뚱한 장소에서 잉그리드를 기다리고 말았다. 한 시간이 지나도 잉그리드의 차는 보이지 않는다. 모임이 길어지나 보네. 춥고 으슥한 골목 모퉁이에서 줄리가 대뜸 하는 말이, "창녀처럼 보여선 안 될 텐데." 그래도 아직은 농담할 기운이 남아 있었다.

그러나 8시가 가까워지자 조금씩 불안해지기 시작했다. 이제 버스도 끊겼고, 택시도 없다. 그때 작달막한 사내가 다가와서 도움이 필요한지 물어왔다. 자기에게 차가 있는데 필요하면 자기 차를 태워줄 수 있다며. 초경계심에 사로잡힌 우리는 처음엔 그저 근처의 지리만 묻다가 시간이 갈수록 초조해져 결국엔 그를 따라 차를 얻어 탔다. 낯선 사람의 차를 탄다는 건 내키지 않는 일이긴 했지만, 줄리도 함께 있고, 무엇보다 돌아가긴 가야 하는 거니까. 언덕 위에 세워둔 낡은 용달차 앞에서 그는 매우 흡족한 표정을 짓는다. 그러고는 풀쩍 트럭 위로 뛰어올라 창문으로 몸을 밀고 들어가 운전석에 앉는다. 운전석의 문이 고장 나서 아예 열리지도 않는다며. 말리날코의 학교란 학교는 다 뒤졌지만 잉그리드의 차는 보이지 않았다. 결국 엇갈린 것이다. 암울했다. 그때 줄리가 트럭 운전사에게 우리를 찰미타까지 데려다줄 수 있겠냐고 부탁을 한다. 차가 좀 오래되긴 했지만 잘 달린다고, 게다가 기름 값은 회사에서 내주는 거라서 괜찮다고 사내는 흔쾌히 승낙하며 운전대를 돌렸다.

부웅-. 찰미타 가는 방향이 아닌 것 같은데. 이상한 샛길로만 자꾸 차를 몰아간다.

"사실은 지금 집으로 가야 할 시간인데, 만약 이대로 너희들을 찰미타까지 데려다주고 오면 너무 늦어져서 집에 있는 아내가 걱정하거든. 일단은 우리 집으로 가서 집사람에게 찰미타 다녀온다는 얘기부터 하자."

서른둘인데 결혼만 네 번째란다. 네 번째 부인이 얼마 전에 아이를 낳아서 잘해줘야 한다나 뭐라나. 휴대폰도, 전화도 없는 삶이니까. 아내는 분명 걱정할 것이다. 그 흔한 회식 자리 같은 것도 없고, 갑자기 약속이 생길 일도 없는, 그래서 갑자기 늦을 일이란 더더욱 없을 작고 작은 마을이니까. 이상한 건 머릿속으로 이해는 하면서도 몸은 떨게 되더라는 것. 그러면서 나도 모르게 피식 웃음이 새어나왔다. 마드리드 공항에서 나는 생면부지의 두 남자와 동행하겠다고 두려움 없이 따라나서 놓고서는 이제 여기 작은 멕시코 마을에서 위기에 처한 나를 구해주겠다고 도움을 주는 멕시칸을 두려워하고 있다. 내가 마드리드 공항에서 만난 이들이 영어를 쓰는 하얀 얼굴이 아니었어도 동행했을까? 결국 두려움이라는 게 그 속을 전혀 비추지도 못하는 피부 껍질에 좌우되었던 것인가? 부끄러웠다.

깜깜한 샛길을 얼마쯤 달렸을까. 들녘을 지나니 작은 민가 하나가 수줍은 새색시처럼 오롯이 앉아 있다. 그는 다시 창문을 타넘어 차에서 내려 집으로 총총 사라진다. 3분도 되지 않아 돌아온 그는 혼자가 아니었다. 그의 옆에는 매우 앳돼 보이는 아내가 갓난아기를 안고 함께 서 있다. 아내에게 보고를 한다더니 아예 아내를 데리고 나왔잖아. 아내는 낯선, 그것도 외국인인 여자 둘을 멀리까지 데려다준다는 게 불안했던 모양이다. 나라도 그랬겠다.

결국 두 명이 탈 앞좌석에 네 명, 아니 아기까지 다섯 명이 타고 찰미타까지 간 것이다. 그렇게 찰미타에 도착해서 택시비만큼이라도 사례를 하려 하자 한사코 받지 않는다. 사내는 아내 앞에서 좋은 일을 한 자신이 자랑스러운지 더욱 뿌듯해 했고, 아내는 그런 그가 자랑스러워 덩달아 행복한 표정이다. 고맙고 미안했다.

9시 남짓한 찰미타는 조용하다. 새 나라의 어린이라도 된 듯 벌써 모두 잠이 들었나 보다. 전기도 물도 귀한 곳이라 사람의 하루는 자연의 하루를 그대로 따라간다. 해가 누울 때 함께 눕고, 해가 뜰 때 함께 일어난다. 그리고 내일 아침 해와 함께 나는 찰미타를 떠날 것이다. 친구들에게 안녕이라고 인사하고 싶었는데, 차라리 잘된 건지도 모르겠다. 바람처럼 왔으니 바람처럼 가야지. 만날 때 안녕은 참 즐겁고 신나는 말인데, 헤어질 때 안녕은 정말 사람 무안하게 만든다. 그래 잘됐어, 괜히 우울해지지 않아도 되잖아.

다음 날 새벽 6시. 아냐가 부른 택시가 제 시간에 도착했다. 그때 귀신같이 냄새를 맡고 알랭이 다가왔다. 엊그제만 해도 내가 찰미타를 떠나면 함께 멕시코시티까지 따라나서겠다고 해서 곤혹스러웠는데, 오늘 아침엔 떠나는 나를 잡는 것도 포기했는지 잘 가라고 인사를 해준다. 그리고 덧붙이는 한 마디.
"돌아오는 길은 잊지 말아다오."

멕시코시티에 가까워질수록 바람이 매캐해진다.
하, 이제 진짜 멕시코시티에, 진짜 혼자 여행 시작이구나.
론니 플래닛의 지도를 다시 한 번 펼쳐 들고, 돌아오는 길을 잊지 말라던 알랭의 말을 고이 접어 책갈피로 끼워둔다. 버스를 타고, 택시를 타고, 꼬불꼬불 언덕길을 올라 그렇게 다시 돌아올 일은 없을지도 모른다. 그렇지만 언젠가, 몹시 울적한 날에 마음은 그곳에 가 있을지도 모르지.
안녕, 알랭. 안녕, 안드레. 안녕, 찰미타.

그리고 한 달 후. 멕시코의 또 다른 도시 과나후아토Guanajuato에서 나는 찰미타를 보았다. 묵고 있던 호스텔에서 만난 이시하라라는 친구가 보여준 화집에서. 그건 분명 찰미타의 거실에 있던 그림과 같은 종류의 그림이었다. 뱀들이 우글우글거리고(이들은 뱀이 곧 비를 상징한다고 믿었다), 옥수수가 사방에 깔려 있고(마야 문명의 근간은 단위 면적당 수확량이 가장 높은 옥수수였다), 화려하다 못해 섬뜩하기까지 한 오색찬란한 색감까지 모두 그대로다. 그것은 우이촐Huichol이라는 부족의 예술 세계를 다룬 화집이었다. 그들은 매우 자존심이 강한 멕시코 전통 원주민인데, 제의를 올릴 때 담배를 돌려 피우고, 페요테를 먹고, 그때 보이는 환각을 예술 작품으로 옮긴다고 한다. 이시하라는 순전히 우이촐 부족의 작품을 직접 보고 싶다는 이유 하나로 멕시코까지 왔다고 했다. 대단한 정성이다. 내가 그런 의식에 참여해서 담배도 피우고 페요테까지 먹었었다고 하니 몹시 부러운 눈길로 쳐다본다. 혹시 과달라하라Guadalajara에 가게 되면 사포판Zapopan에 있는 우이촐 박물관에도 꼭 들러보라는 당부도 잊지 않는다. 당연하지. 이로써 내가 얼떨결에 가게 된 찰미타에 대한 수수께끼가 또 하나 풀릴지도 모르는 건데. 여행이 왠지 흥미진진해지는 기분이다. 과달라하라에 갈 이유가 또 하나 생긴 것이다.

모든 떠나는 길은 아름답다
– 찰미타를 떠나 멕시코시티로 가는 길

내겐 너무 사랑스러운 언니
엔도 유카소

그녀의 직업은 여행 가이드, 소위 깃발부대의 깃발이 되는 언니다. 그래서인지 그녀가 하는 일본어는 한결 알아듣기 쉽고, 어딘가 유치원 선생님 같은 느낌마저 들었다. 오랫동안 페루의 가이드를 맡아왔는데 이번에 멕시코도 시작할까 한단다. 그리고 그 워밍업으로 멕시코시티에서만 두 달을 보내는 것이다.
산페르난도도 한 달째 머무르는 중이란다. 많이 심심했나 보다. 그녀는 내게 얼마나 있을지, 숙박기간까지 꼼꼼히 체크한다.
"글쎄, 일단 일주일. 더 있고 싶으면 더 있고, 사실 나 계획이 없거든."
유카소의 얼굴에 회심의 미소가 번진다. 그 마음, 왠지 알겠다. 여행이 길어지다 보면, 나는 아직 여기에 있는데 사람들은 정이 들기도 무섭게 너무 빨리 스쳐듯 떠나가버린다. 가끔은 정을 주고도 싶고 받고도 싶은데 시간은 좀처럼 내 편이 되어주지 않는다. 잘 가란 말, 여행 잘하란 말도 이젠 조금 천천히 하고 싶을 무렵, 서로를 만난 것이다. 왠지 좋은 친구가 될 것 같은 예감이다.

Mexicocity 멕시코시티

어르신들이 들으면 혼내시겠지만, 배낭을 메고 여행하는 부류에서 나는 꽤 늦깎이에 속했다. 그도 그럴 것이 배낭여행은 혈기왕성한 대딩의 전유물이 아니던가. 그러니 호스텔에서 만나는 90퍼센트가 연하라는 것도 어색할 일이 아니다. 다만 나로서는 이십대 초반의 파릇파릇한 서양 애들과도 어울릴 수 있는 동양인의 피부를 감사할 밖에. 그런 내게 오랜만에 '언니'와 '오빠'가 생겼다.

시티에 오자마자 짐을 풀었던 '까사 데 로스 아미고스Casa de los Amigos (친구들의 집)'라는 호스텔은 한비야님도 추천한 곳으로, 사실 추천받아 마땅한 참으로 바람직한 곳이다. 멕시코답지(?) 않게 매우 깔끔하고도 쾌적했으며, 넓은 거실과 부엌도 훌륭했고, 옥상엔 작지만 귀여운 빨래터가 마련되어 있고, 앙증맞은 안뜰도 모자라 심지어 도서관과 회의실까지 갖추었다. 무엇보다 기대하지 않았던 무선 인터넷까지 빵빵하게 받쳐주는 덕분에 노트북을 들고 온 보람까지 느낄 수 있는 곳이었다. 그런데 하필 내가 머무는 동안, 하루하루 숙박을 연장해 가던 중에, 1년에 한 번 있을까 말까 한 단체 예약이 있어 방이 없다는 이유로 얼떨결에 쫓겨나는 불상사가 생기고 말았다. 하긴 내심 까사 데 로스 아미고스를 떠나고 싶은 마음도 없지 않았다. 시설이나 위치, 가격은 정말이지 어느 하나 나무랄 것 없었지만, 퀘이커 교도들의 모임에 뿌리를 둔 덕에 유독 연로하신 여행객이 붐볐던 게 내내 서운했던 것이다. 그렇잖아도 멕시코시티와 아직은 서먹서먹 낯을 가리던 시기였는데 방이라고 들어가면 두 할머니가 여간 깐깐하게 구시는 것이 아니다.

"제니, 방에선 음식물 금지인 거 모르니? 그럼 벌레가 꼬인다고."

허기가 져서 비스켓 하나 먹다가 호되게 걸렸다. 마치 가본 적도 없는 수녀원 생활을 하는 것만 같은 갑갑함에 나도 모르게 살짝이 상처를 받고 있었던 것이다.

바로 근처에 '아미고Amigo(친구)'라는 이름의 일본 민박이 눈에 띄었다. 하얀 철제 대문에 빨간 동그라미 하나 달랑. 그 아래 삐죽빼죽 일본 민박이라는 글씨가 보일락말락. 삐그덕 철문을 열고 들어간 숙소엔 해먹에서 카메라 가지고 장난치는 (커플로 보이는) 남녀 한 쌍과, 몇 시간은 족히 한자리에 앉아 있었을 것 같은 아저씨 둘. 안뜰의 모양새는 누가 봐도 중남미라는 느낌이 제대로 밀려오는 분위기다. 나의 쭈뼛쭈뼛한 태도 때문이었는지, 그곳 사람들이 이구동성으로 '산 페르난도 호스텔San Fernando Hostel'을 추천한다. 가격이 조금 더 비싸긴 한데(그래 봤자 천 원) 훨씬 깨끗하고 젊은 애들이 많다며. 친구가 그리웠던 나는 '젊은 애들'이라는 대목에 혹하여 산 페르난도 호스텔로 향하게 되었다.

그리고 딩동~. 신기한 일이다. 장기 투숙객은 장기 투숙객을 알아보는 능력이 있나 보다. 처음 유카소를 만났을 때, 처음 오카베와 마주쳤을 때 나는 거의 직관적으로 편안함을 느꼈다. 그건 분명 오늘내일 정신없이 도시를 돌아보고 다시 바람처럼 짐을 꾸려 금세 떠날 메뚜기족에게서는

나눌 수 있는 것 중
가장 값진 건
웃음이 아닐까

– 까사 데 로스 아미고스의 친구들

世は情け、旅は道ずれ。
세상은 인정,
여행은 길동무

느낄 수 없는 무엇이었다. 사실 유심히 관찰하고 들면 확연히 드러나는 게 있다. 밥을 먹을 때도 감출 수 없는 느긋함, 숙소의 모든 것들을 매우 자연스럽게 사용하는 능숙함, 저녁 시간에도 이들의 수다는 지극히 일상적이며 특별한 이슈가 없다. 이미 여행이 생활이 되어버린 사람들.

내게도 언니가

엔도 유카소, 그녀의 직업은 여행 가이드. 소위 깃발 부대의 깃발이 되는 언니다. 그래서인지 그녀가 하는 일본어는 한결 알아듣기 쉬웠고, 어딘가 유치원 선생님 같은 느낌마저 들었다. 오랫동안 페루의 가이드를 맡아왔는데 이번에 멕시코도 시작할까 한단다. 그리고 그 워밍업으로 멕시코시티에서만 두 달을 보내는 것이다. 일주일도 채 안 될 게 뻔한 단체 관광 프로그램을 위한 예습이라고 하기엔 존경스러울 만큼 넉넉한 준비다.

그녀는 처음부터 내게 다짜고짜 한국에서는 이름을 어떻게 부르냐고 묻는다. 음, 한국은 친구끼리라면 일본의 '○○군'이나 '○○쨩' 대신 '○○야'라고 부른다고 했더니 바로 "제니야~!" 라고 부른다. '제니'보다도 '야'에 강세를 주는 바람에 들을 때마다 웃음이 나긴 했지만, 그럼에도 단박에 친근감이 느껴지는 건 사실이었다. 어쨌거나 일본 민박에서 나는 외국인이었고, 그 이방인에게 이방인으로 느껴지지 않게 나름의 배려를 해준 셈이니까. 나도 덩달아 "네쨩(일본에서 언니를 부르는 호칭)!" 하며 제대로 언니라고 불렀음은 물론이다. 유카소는 내심 즐거워하면서도 인상을 쓴다. 어쨌거나 언니라 함은 곧 나이 든 여자임을 드러내는 말이니까. 실제로 나보다 세 살은 언니였지만, 그러나 아무리 뜯어

봐도 하는 짓은 아이 같다.

산페르난도도 한 달째 머무르는 중이란다. 많이 심심했나 보다. 그녀는 내게 얼마나 있을지, 숙박 기간까지 꼼꼼히 체크한다.

"글쎄, 일단 일주일. 더 있고 싶으면 더 있고. 사실 나 계획이 없거든."

유카소의 얼굴에 회심의 미소가 번진다. 그 마음, 왠지 알겠다. 여행이 길어지다 보면, 나는 아직 여기에 있는데 사람들은 정이 들기도 무섭게 너무 빨리 스치듯 떠나가버린다. 가끔은 정을 주고도 싶고 받고도 싶은데 시간은 좀처럼 내 편이 되어주지 않는다. 잘 가란 말, 여행 잘하란 말도 이젠 조금 천천히 하고 싶을 무렵, 서로를 만난 것이다. 왠지 좋은 친구가 될 것 같은 예감이다.

미술관 나들이

두 달을 한 나라에 머물다 보면 늘어지는 게 당연할 것도 같은데, 유카소는 예외였다. 하루하루 여유는 있었지만 결코 게으르지 않게, 바지런히 계획을 세웠다.

"제니야, 오늘은 프리다 칼로 집에 갈 건데 같이 가자."

"제니야, 뭐 해? 나랑 같이 소우마야 미술관 안 갈래?"

"제니야, 우남대학 가자앙~."

가장 만만한 게 나다. 나는 매일 아침 이런 꼬드김에 못 이기는 척 번번이 넘어가고 만다. 이 여자, 베레모를 좋아하는 만큼 미술도 좋아한다. 다행이다. 나 또한 미술관 가는 걸 좋아하기에 말로는 아, 귀찮은데, 가줘야 하나 하며 선심 쓰는 척 했지만 내심 반가웠다. 일단 둘은 모였고, 아침마다 사람들을 수집한다. 우리 어디어디 갈 건데 같이 갈 사람~! 그러면 으레 한두 명이 더 붙고, 가끔은 대가족이 되어 출발하는 때도 있다.

미술관 나들이. 장기 여행자들은 아무래도 재테크에도 신경을 쓰기 마련. 그래서 가능하면 미술관이 무료인 날을 공략한다. 놀랍게도 멕시코 뮤지엄들은 태반이 일주일에 하루 정도는 무료로 입장이 가능하다. 이거 완전 선진국이잖아. 오늘은 월요일. 그래서 소우마야 미술관Museo de Soumaya이 당첨되고, 상시 무료인 교육부Secretaria de Educacion Publica 건물이 당첨되었다.

거리상 산페르난도와 가까운 교육부가 먼저다. 지하철이 상상을 초월할 정도로 싸지만(환승에 관계 없이 한 번 타는 데 2페소, 약 180원) 그만큼 상상을 초월할 정도로 갑갑하기에 모두 군말 없이 걸어서 가는 것에 동의했다. 우르르 몰려다니는 것도 오랜만에 하니 재미있다. 이달고 거리를 지나, 타쿠바 거리를 지나, 2월 5일 거리에 다다르면 왼쪽으로 꺾어서 두 블록 위. 1600년대 수녀원 건물이 지금의 교육부이다. 멕시코에 오면 프리다 칼로부터 꼬옥 봐야겠다고 생각했는데, 어쩌다 디에고 리베라Diego Rivera부터 보게 생겼다. 하긴 디에고 리베라가 프리다 칼로에게 어디 남이던가. 부부는 일심동체. 게다가 디에고 리베라의 작품에는 종종 프리다도 등장하니까, 잘하면 프리다가 그려진 벽화도 볼 수 있겠다.

교육부 건물은 밖에서 보았을 때의 폐쇄성과 달리 안으로 시원하게 트여 있는 'ㅁ'자 모양의 건물이 여럿 붙어 있는 식이었다. 그리고 그 'ㅁ'자의 벽면을 모두 어마어마한 벽화들이 채우고 있다. 뮤지엄만 50개는 족히 넘을 시티이기에 덕분에 교육부는 관광객의 발길로부터 한가한 편이었다. 사람이 적다고 해서 볼 게 적으냐 하면 그런 것도 아니다. 다른 건 몰라도 디에고 리베라의 벽화를 보고자 한다면 반드시 들러볼 가치가 있는 곳이었다. 참고로 디에고 리베라와 프리다 칼로의 작품을 감상할 곳은 시티에만도 열 군데가 넘는다.

1920년대 멕시코는 벽이 있는 곳이면 어디든 그림을 그렸다. 그때엔 국민의 절반 이상이 읽고 쓸 줄 몰랐기에 그림만큼 좋은 교육 수단도 없었을 것이다. 교육부 장관이 나서서 추진한 벽화 운동으로 디에고를 비롯한 시케이로스David Alfaro Siqueiros, 오로스코Jose Clemente Orozco와 같은 화가들의 그림이 멕시코 전역을 도배했다. 그래서 교육부 건물에 유독 벽화가 많다. 디에고 리베라의 벽화만 120여 점. 과연 보는 것만으로 공부가 된다. 그림의 주제는 어찌나 다양한지. 멕시코 독립 영웅들의 초상을 포함한 각종 전통, 축제, 역사에서부터 노동, 산업, 농경 스케치에 이어 자본주의의 쇠퇴나 프롤레타리아 혁명을 다룬 다분히 정치적인 벽화도 헤아릴 수 없이 많다. 거의 모든 벽화에 제목이 붙어 있었는데, 그 풍자 또한 기발하다. 반어적인 제목, 역설적인 제목. 제목은 달콤한 '꿈'인데 그림은 고달프다. 벽화 하나하나가 마치 문제 같다. 나는 무엇을 말하고 싶어할까요? 알아맞춰보세요~. 사실 대개의 그림은 직설적이다. 침략자들은 빼앗아 배부르게 포식하고 원주민들은 빼앗겨 거리에 나앉는다. 이런 내용들을 그리고 있으려면 없던 애국심도 마구 솟아 적잖이 피도 끓어올랐으리라.

아! 있다. 프리다 칼로. 가슴팍에 별 모양이 새겨진 붉은 셔츠를 입고 총칼을 들고 있지만 영락없는 프리다 칼로다. 디에고의 그림 속에서 그녀는 그렇게 혁명 전사의 모습이었다가, 전통 원주민의 모습이었다가, 때로 알카트라스alcatraz(영어로 calla lily, 하얀 칼라 꽃)의 모습으로 나타난다. 심지어 가끔은 디에고 자신도 그림 속에 숨어 있다. 양복 재킷을 걸치고 중절모를 쓴 퉁퉁한 사내의 모습으로 말이다. 숨바꼭질하듯 프리다와 디에고를 찾는 재미도 쏠쏠하다.

우리는 운수 대박으로 몹시 친절한 직원 아저씨의 안내를 받았다. 이건 어떤 작품이고 이건 뭘 상징하고가 아닌, 여기 이쪽도 와봐, 여기도 그림이 있어, 저 안쪽에도 벽화가 있거든. 사실 그것만으로도 충분히 고마운

멕시코 벽화 맛보기
멕시코 벽화
100만 개 중의 하나
- 교육부 건물 안

가이드였다. 인기척 없는 남의 집에 와서 거실만 둘러보고 갈 뻔한 어린 양을 인도해 준 셈이니까. 자유롭게 둘러봐도 되는 곳이라지만 이상하게 닫힌 문은 열지 않게 된다. 문이 닫혀 있는 데는 그럴 만한 이유가 있겠지 하는 생각에. 다행히 친절상을 주어 마땅한 아저씨 덕분에 감상 한 번 제대로 한다. 컨퍼런스홀 같은 내부 공간으로 안내를 하더니 그 안에 또 숨겨져 있던 벽화들을 보여주신다. 짜잔~ 하고 조명까지 켜주시면서. 무엇보다 메인 건물이 아닌 곳에 있어 놓치기 쉬운 시케이로스의 벽화 또한 볼 수 있어 다행이었다. 일층에서 이층으로 오르는 계단 천장에 그린 그림. 보는 것도 목이 꺾여져라 올려다보아야 하는데 저런 곳에 벽화를 그렸다는 게 놀랍기만 하다. 디에고의 색감보다 훨씬 맑고 강렬하며 구성 또한 과감하다. 열정이랄까, 힘이랄까, 정의할 수 없는 에너지가 마구마구 뿜어져 나오는 벽화. 이곳에서 벽은 더 이상 단절의 상징이 아니었다. 내게 말을 하고 있는 벽, 메시지가 담긴 벽, 아름다운 벽 사이로 그렇게 시케이로스라는 화가 한 명이 머릿속 공간을 비집고 들어왔다.

소우마야 미술관이 있는 산앙헬 지역은 멕시코시티에서도 한참 남쪽. 메트로버스를 타고도 한참을 걸어야 겨우 미술관까지 갈 수 있다. 이렇게 중심에서 멀어져서 불편한 건 지도 또한 무성의해진다는 것이다. 의지할 데라곤 지도가 유일한데, 볼거리가 모여 있는 곳이 아니니 지도도 대충대충 그려놓았을 뿐만 아니라 다른 곳과의 연계성 없이 딱 고 부분만 뽑아놓은 거라 여간 난감한 것이 아니다. 그나마 랜드마크가 되는 로레토 광장 Plaza Loreto에 위치한 곳이라 물어 물어 찾긴 찾았다. 멀티플렉스 영화관도 들어서 있고, 공연 무대도 한 켠에 있고, 멋드러진 분수도 있고, 북쪽 동네와는 사뭇 분위기가 다르다. 오가는 학생들도 제법 부티가 나는 것이 이달고와는 확연히 달랐다. 산페르난도가 위치한 이달고

가 어딘가 종로 뒷골목 같은 분위기라면 산앙헬은 훨씬 강남에 가까운 분위기다. 쇼핑몰의 격이 달랐고, 가격표의 단위가 달랐다.

도대체 여기 이렇게 훌쩍 떨어져 있는 미술관 하나에 어떻게 로댕의 조각품이 70여 점이나, 세계에서 세 번째로 많을 수 있단 말인가(비단 소우마야 미술관뿐만 아니라 솔직히 세계에서 세 번째라는 수식어는 믿을 만한 수식어가 아니다. 첫 번째와 두 번째는 붙박인데, 세 번째는 늘 변한다. 샌프란시스코의 캘리포니아 리전 아너 미술관도 같은 말을 한다. 우리는 로댕 조각품이 70여 점이나 된다고). 로댕뿐만 아니라 드가, 마티스 등등까지. 멕시코를 우습게 보는 건 아니지만 아무래도 믿기지가 않았다. 솔직히 우습게 봤다. 실제로 엄청난 작품이 있었음에도 "이거 진짜 맞아?" 하며 실눈을 뜨고 보게 되는 건 어쩔 도리가 없었다. 그러나 볼수록 기가 죽는 건 사실이었다. 가진 게 많은 나라구나. 그게 아직 골고루 나눠지지 않은 게 문제이긴 하지만. 그리고 그 안에는 미술관 수업을 나온 학생들이 선생님의 설명은 뒷전이고 낯선 동양 여자 둘을 뚫어져라 쳐다본다. 그애들은 낯선 우리가 신기했겠지만, 나는 유럽도 아니고 멕시코에서도 미술 교과서가 아닌 미술 작품이 있는 미술관에서 수업을 하는 그애들이 더욱 신기했다. 사실 신기함이라기보다는 부러움에 가까웠겠지만.

나는 어처구니없게 경비 아저씨에게 "너 맘에 든다. 시간 있으면 연락해라. 내 전화번호는 어쩌구 저쩌구⋯⋯" 하는 쪽지까지 받았고, 유카소는 기회라도 잡은 듯 틈만 나면 놀려댔다. 하필 경비 아저씨람. 과연 멕시코 남자들의 들이대기는 세계에서 둘째 가라 하면 서운해 할 수준이다. 이탈리아 남자들이 느끼하게 접근을 하고 터키 남자들이 황당하게 접근한다면(터키 남자들은 보자마자 난 너를 꿈에서 봤다, 나랑 결혼해 달라는 황당한 말도 서슴지 않는다) 멕시코 남자들은 좀 뻔뻔한 구석이 있다. "난 남자 친구 있어"라고 대답을 하면 저쪽에선 "난 마누라도 있어" 하는 식이다. 누가 있건 말건 그게 무슨 대수냐는 노골적인 뻔뻔함에 어이가 없을 정도다. 그런 말들을 터질 것처럼 빵빵하게 뚱뚱한, 목도 없는 작고 새카만 멕시칸이 하고 있다. 도대체 저 자신감은 어디서 나오는 건가. 한번은 타쿠바 거리에서 어떤 할아버지가 바로 코앞에서 너무나 뚫어져라 빤히 쳐다보는 바람에 얼굴이 다 빨개진 적도 있었는데, 유카소는 그저 놀리는 데 정신이 없다. 제니는 아저씨들이 좋아하는구나. 한 달은 듣게 생겼다.

소우마야에서 나왔을 때가 이미 오후 4시 반. 내친 김에 유카소는 우남 대학도 가자고 한다.
"고3도 아닌데 대학을 뭐 하러 가?"
"엄청난 벽화가 있다니깐."
유카소는 밤마다 가이드북을 밑줄 쳐가며 정독하는 게 틀림없다. 보고 싶은 건 또 왜 그리 많은지. 저만치 앞장서서 걸어가는 그녀. 그쪽이 아닐 텐데. 왠지 잘못된 방향으로 가고 있다는 생각이 들었지만 꼼꼼하게 챙겼으리라 믿고 그 뒤를 따랐는데, 웬걸, 점점 이상한 길로 들어간다.
"저기, 유카소, 이 길이 아닌 거 같은데. 반대로 가야 하는 거 아냐?"
"어? 그래? 그럼 어떡하지?"
"뭐야? 알고 가는 거 아니었어?"
"아니, 나는 그냥……."
"……."
할 말이 없다. 그런데 둘 다 참 어이없게도 절대 왔던 길로 되돌아가자는 말은 하지 않는다. 이 방향으로 왔으니까 이 길로 해서 저렇게 돌아가면 되지 않을까. 어림짐작으로 방향을 잡고 또 한참을 걷는다. 걷기 시작한 지도 한 시간이 넘었다. 이제는 점점 어둑해진다. 차들은 무섭게 달리고 지나가는 행인도 보기 힘들다. 이쯤 되면 우남대 가는 건 포기다. 이제 문제는 우남대가 아니라 숙소로 돌아가는 길이다. 길 잃는 거 순간이다. 유카소의 목소리가 떨리기 시작한다. 처음엔 장난이려니 했는데 울먹이는 목소리가 장난이 아니다. 무섭다는 생각이 사람을 더욱 무섭게 한다더니 유카소는 이미 잔뜩 겁을 먹었다. 그나마 다행인 건 나는 궁지에 몰릴 때 오히려 빠득빠득 살아남는 기질이 있다는 거.
"이런 것도 경험이야. 재미있잖아. 지금이 아니면 언제 이런 일이 있겠어?"
나는 계속 유카소에게 세뇌를 시켰고, 내심 이게 뭔 고생이람 싶었지만, 정말로 희한하게 무섭다는 생각은 들지 않았다. 혼자였다면 분명 무서워했으리라. 무서워 떨고 있는 친구라 하더라도 누군가 곁에 있다는 건 참으로 힘이 된다. 내가 그를 지켜줘야 한다는 마음에서라도 없던 용기가 생겨난다. 고속도로 램프 같은 살벌한 도로를 몇 번 건너고 퀴퀴한 지하도를 지나 얼마나 걸었을까. 번화한 곳으로 나오자 한결 마음이 놓였다. 폭스바겐 매장 따위가 보이기 시작한다. 보이는 사람마다 지하철역이 어딘지부터 물었다. 걸어서는 가기 힘들다는 사람, 금방이라는 사람, 근처에는 지하철역이 없다는 사람. 대답은 늘 그렇듯 제각각이다. 다행히 우남대 학생이라는 여대생의 도움으로 제대로 된 답을 들었다.
"지하철역 냄새가 나!"
기쁨에 찬 유카소가 비명을 지른다. 바글바글 사람들이 보이기 시작하더니 금방 지하철역이 나타났다. 며칠 만에 길을 찾은 사람처럼 환호한다. 그러더니 갑자기 공중전화를 부여잡고 일본으로 전화하는 유카소. 엄마가 보고 싶었나, 했더니 키우던 금붕어의 안부를 묻는다. 갑자기 금붕어가 잘 있는지 너무 걱정이 됐다나 뭐라나. 정말 못 말린다니까. 길 한번 잃고 난 뒤 유카소와 더욱 친해진 건 두 말할 필요도 없지만.

프리다 칼로와의 숨바꼭질

블루 하우스Blue House, 정식 명칭은 '프리다 칼로 뮤지엄'이지만 '파란 집'이란 애칭으로 더 잘 알려져 있다. 너무 한적한 주택가에 자리잡고 있어 찾기 힘들지 않을까 걱정했는데 담벼락부터 파란빛이 여기야, 여기, 하고 발걸음을 재촉한다. 1929년에서 1954년까지 25년간 프리다와 디에고가 함께 살았다는 글귀가 파란 벽 한쪽을 채우고 있다. 프리다만큼 기구한 삶을 산 여인도 없으리라. 어렸을 때 이미 소아마비로 오른쪽 다리가 불구였다. 꽃다운 열일곱, 전차 사고로 등뼈, 골반, 한쪽 발이 으깨지는 참상을 당했다. 거기에 세상 모든 여자를 좋아라 하는 디에고를, 스물한 살이나 연상인 디에고 아저씨를 만나 결혼을 했다. 첫 임신에선 건강 악화의 이유로 중절 수술을 해야 했고 두 번째, 세 번째 임신 모두 유산이 되는 고통을 겪었다. 디에고는 프리다의 친구는 물론 심지어 프리다의 친동생과도 내연의 관계를 끌고 갔는데, 육체적 고통도 모자라 정신적 고통까지, 프리다가 겪었을 고통의 크기란 말로는 표현할 수도 없으리라. 그런 디에고를 두고도 프리다는 천연덕스럽게 말했다 한다.

"다른 여자에게 매력적이지 않은 남자를 어떻게 사랑할 수 있겠어요?"
뭐 이런 여자가 다 있어. 프리다의 미술관을 찾아간다는 것은 프리다의 작품을 찾아간다는 의미보다 프리다라는 그 자체로 이미 작품인 세계를 찾아간다는 것과 동의어일 것이다. 그녀의 모든 고통과 정열과 에너지가 고스란히 담긴 그림을 본다는 건 그래서 더욱 가슴 뛰는 일이었다.

파리 로댕 미술관에서 카미유 클로델의 〈중년〉이란 작품 앞에 넋 놓고 30분을 앉아 울었던 기억이 있다. 삼각관계의 조각상. 클로델을 사랑했지만 결국은 오랜 동거녀인 로즈 뵈레에게로 돌아서는 한 남자 로댕이 있고, 그를 향해 처절한 애원의 손길을 보내고 있는 클로델이 있다. 천재적인 재능을 가졌지만 사랑 앞에서 클로델은 그저 힘없는 여자일 뿐이었다. 그녀의 설움이 조각에서도 느껴지는 것만 같아 나도 아팠다. 나를 떠나가버린 모든 사랑들을 향한 대변 같아서 가슴이 아팠다. 그런데 프리다의 그림 앞에서 나는 감히 울 수가 없었다. 그건 헤아릴 수 있는 수준의 감정이 아니었다. 〈두 명의 프리다〉와 같은 그림들은 가슴을 울리는 게 아니라 먹먹하게 했다. 수박을 그린 그림에 〈삶이여, 만세Viva, la Vida〉라는 제목이 아무렇지 않게 붙어 있다. 마치 삶 또한 비록 칼로 여기저기 잘려 핏빛이지만 그 맛은 달콤한 수박과도 같은 게 아니냐고 묻기라도 하는 것처럼.

감정을 꼼짝없이 옭아맨 것들은 비단 그림뿐만이 아니었다. 그녀의 부서진 척추를 고정시켰을 석고 붕대들이며, 온갖 종류의 빼곡한 약통이며, 누워서도 자화상을 그릴 수 있게 천장에 거울을 붙인 침대까지, 거기 그녀의 고통까지도 고스란히 진열되어 있는 것이다. 이 집에서 그녀는 뜨겁게 사랑을 하고, 때로 무섭게 좌절하고 아파했으리라. 네모난 연못 옆에서는 하루 종일 프리다에 관한 비디오를 틀어준다. 사람들의 표정이 자못 진지하다. 함께 간 유카소도, 에리카도 모두 눈물을 닦아내느라 정신이 없다. 세상에서 가장 슬픈 뮤지엄을 그렇게 두 친구들과 다녀왔다. 들어갈 때 블루 하우스의 느낌은 그저 신선하고 파릇한 느낌이었는데, 나올 때엔 그 블루가 오히려 가슴 서늘할 만큼

블루는 차가운 열정
때로 소름이 끼칠 정도로
무섭게 타오르지

뜨거워 보였다. 블루는 차가운 열정, 때로 소름이 끼칠 정도로 무섭게 타오르지.

내친 김에 아옌데 거리를 따라 프리다 공원까지 내려갔다. 아옌데 공원 앞 시장에서 절대 소화되지 않는 코미다 코리다comida corida(전채에서 수프, 주요리, 디저트, 음료까지 3천 원도 안 되는 가격으로 푸짐하게 먹을 수 있으나 이상한 건 괴로울 정도로 포만감이 오래간다는 것)도 처음으로 먹어보고, 이달고 광장에서 관객이 있거나 말거나 기타 연주에 여념이 없는 거리의 시인에게도 잠시 귀를 내어주고, 낡은 교회 하나 외롭게 덩그러니 놓여 있는 콘치타 광장을 지나 프리다 공원까지. 공원은 폐허에 가까운 느낌이다. 허물어놓은 벽 더미가 멀리 보이고, 바닥까지 말라붙은 분수대 가운데엔 웅크리고 앉아 있는 여인상이 외로워 보인다. 그 와중에 뛰어노는 아이들은 천진하기만 하다. 그 모습을 초연한 표정으로 프리다가 내려다보고 있었다.

지금은 연인들의 밀어가 넘쳐나는 코요아칸. 코요테 동상들이 둘러싼 시원한 분수대 사이사이를 오후의 햇살이 간지럽힌다. 코요아칸이란 코요테의 마을이란 뜻. 그래서 코요테 동상이 무수하다. 그림을 파는 상인들, 그 사이를 비집고 들어오는 노천 카페의 음악, 조금은 한적하고 조금은 여유로운 풍경이다. 프리다가 태어난 동네, 코요아칸을 한참을 서성이다 돌아왔다.

돌로레스 올메도 파티뇨 미술관Museo Dolores Olmedo Patino. 사실 작품 수는 이곳이 더 많다. 보슬비 내리는 화요일, 공짜라고 부러 화요일에 유카소의 손에 이끌려 왔다. 소치밀코에서도 서쪽으로 2킬로미터, 찾아가기 쉬운 위치는 아니었지만 기대했던 것보다 훨씬 많은, 약 130여 점에 가까운 디에고의 (벽화가 아닌) 그림들이 수고한 걸음을 보상해 주었다. 프리다의 작품 또한 많음은 물론이다.

돌로레스 올메도 파티뇨라는 발음하기도 힘든 긴 이름은 디에고를 후원한 사교계 명사의 이름이다. 그녀는 심지어 프리다와 디에고의 저작권까지 가지고 있었는데, 그녀가 죽기 전 영화 〈프리다〉가 제작될 수 있도록 허락한 건 참으로 다행이었다. 사교계 명사의 미술관답게 정원도, 별도의 소장품 전시실도 모두 훌륭했다. 건물과 건물 사이 이동할 때 비를 피하라고 입구마다 어김없이 우산도 구비해 놓았다. 그 세심함에 살짝 기가 죽었다. 블루 하우스와는 게임이 안 될 정도로 넓고 크다. 한나절 통으로 보내도 모자랄 만큼. 유카소는 미술관에 들어서자마자 한가로이 거니는 공작들에 환장을 한다.

먼저 디에고의 그림부터 보았는데, 뜻밖이다. 이념적인 벽화들만 봐왔던 터라 담백하고 몽환적이기까지 한 그림들이 되려 어색하다. 여자를 좋아했던 만큼 여자를 그린 그림들이 무수했다. 엄청난 다작, 엄청난 에너지다. 이 사람이 배 나온 건 이렇게 많은 그림을 그리느라 많이 먹어서일 것이라는 엉뚱한 생각이 들고도 남을 만큼 참 부지런히도 그려댔다. 그의 그림에서는 프리다의 그림 속 고통 같은 건 없다. 〈아카풀코 해변의 선셋〉 시리즈를 보고 있자니 더더욱.

그리고 프리다의 전시실. 유카소도 나도 사실 프리다의 그림에 기대를 하고 있었다. 그런데 거기엔 청천벽력 같은 공지가 붙어 있었다. 당분간 그림 일부가 베라크루스Veracruz, 정확히 말하자면 할라파Xalapa라는 지역의 전시회에 가 있다는 것이다. 전부가 가지 않은 걸 다행으로 생각해야 하나. 그러나 속이 상한 건 숨길 수 없는 사실이었다. 외유를 나간 그림의 자리에 덩그러니 걸려 있는 원본 사진, 맨들맨들 프린트된 그림에서 원본에서 느낄 수 있는 에너지 따위가 느껴질 리 만무했다. 유카소

디에고 아저씨와
프리다 아줌마의 그림이
오손도손 살아가는 곳
- 돌로레스 올메도 파티뇨 미술관

는 완전 대성통곡이다. 이만저만 실망이 아니다. 제대로 된 프리다 그림을 보겠구나 기대했는데, 화보집만 못했다.
그날 이후 유카소는 틈만 나면 할라파에 같이 가자고 조른다.
"새벽 일찍 갔다가 그림 보고 그날 돌아오면 되잖아."
"유카소, 할라파는 가는 데만 다섯 시간이야."
그리고 어느 날 내가 매우 느긋한 늦잠을 자고 일어난 아침, 유카소가 보이지 않는다. 저녁에도 보이지 않는다. 보통 늦어도 8시엔 돌아오는데 10시가 다 되어서 헐레벌떡 뛰어 들어오면서 한다는 말이, "제니야! 나 오늘 할라파 갔다 왔어. 가서 프리다 그림 다 보고 왔어. 우하하하하!"
프리다는 알고 있을까. 저렇게 자신을 찾아주는 열정이 있음을.

시로 집을 짓는 사람, 루이스 바라간

여행은 장소의 여행임과 동시에 사람의 여행이다. 그리고 그 사람은 비단 그곳에 사는 사람뿐 아니라 길 위에서 만나는 사람도 포함된 것이다. 여행길에서 꼭 만나게 되는 사람, 그중 하나가 건축 공부하는 사람이다. 그건 꽤 일리가 있는 여행이다. 건물은 그림처럼 빌려와서 전시할 수 있는 것도 아니고, 그곳에 가야만 볼 수 있는 것이니까. 그곳에 있는 그 건물을 보기 위한 여행, 왠지 숙명적인 느낌이다. 그리고 운이 좋아 그들과 마주칠 때, 그들이 곧 나의 선생님이 됨은 두 말할 것도 없다. 덕분에 내 머릿속 건물들이 풍성해진다.
쓰토무는 건축을 공부하는 늦깎이 학생이다. 멕시코는 학비가 거의 들지 않아 공부할 만하단다. 생활비는 까사 데 로스 아미고스 호스텔 아르바이트로 충당한단다. 그곳에 묵었던 일주일이 인연이 되어 종종 마주친다. 그 친구가 예약을 도와 루이스 바라간Luis Barragan의 집으로 가기로 했다. 유카소와 에리카, 사토루와 히로후미도 함께. 사토루와 히로후미는 쓰토무의 친구다. 쓰토무가 멕시코에 있다는 이유로 일본에서 부러 놀러 왔단다. 친구네 집에 놀러 가듯 스스럼 없이 멕시코까지 온 거다. 외국에 공부 나온 친구에게로 찾아온 그 우정이라는 게 부러웠다.
바라간의 집은 입장료만 100페소(약 9천 원), 다른 웬만한 미술관의 배는 넘는 금액에, 그것도 최소한 하루 전에는 예약을 해야 갈 수가 있다. 사진 촬영은 절대 금지다. 까다로운 조건 때문인지 찾는 사람도 드물어 보였다. 덕분에 소수정예 인원만이 안락하게 가이드의 설명을 들으며 집안을 둘러볼 수 있었다. 방 하나를 둘러보고, 설명을 듣고, 문을 열고 다음 방으로 옮기고, 문을 닫고 설명을 듣고, 둘러보고, 다시 또 문을 열고 다른 방으로, 미로 속에서 미션을 하나하나 풀어가듯 방 하나하나 옮겨간다. 방은 크기도 다양했지만 높낮이도 제각각이라 오르락내리락을 반복한다. 게다가 방과 방 사이의 통로는 한 사람만 겨우 지나갈 수 있는 좁은 복도로 되어 있어 하나의 집이라기보다는 수수께끼의 성과 같다는 생각마저 든다.

건축사에서 루이스 바라간의 위치는 매우 의미 있어 보인다. 가이드의 설명보다 쓰토무의 보충 설명이 훨씬 귀에 쏙쏙 들어온다. 그 자신이 감성적인 건축을 주창했던 것처럼 그의 건물은 한결같이 자연과 문명의 조화, 간결함, 세련됨, 시詩적인 멋, 강렬함과 같은 수식어에 가까이 있다. 바라간의 집이 그러했다. 집이라는 건물 하나만 오롯이 서 있는 것이 아니라 마당의 조경, 작은 연못 따위에도 그의 세심함이 깃들어 있다. 실제로 그는 건축가인 동시에 조경가이기도 했다. 우리는 모두 마당의 풀밭을 걸어보기도 하고, 나무 넝쿨 아래를 걸어보기도 했다. 연못 옆의

(바닥 뚫린 장식용) 장독대 주위도 어슬렁거려본다. 그가 스스로 자신의 피난처라 일컬은 그의 집안을 새로운 세계라도 발견한 듯 이리저리 탐험했다. 차가운 기능의 편리함을 구현하는 대신 건축적인 감성을 표현한 그 시적인 집안을 말이다. 누구보다 쓰토무의 눈빛이 가장 빛났음은 말할 것도 없다. "정말 멋지지 않아?" 걸음마다 감탄사의 연발이다.
그러나 이상했다. 지구상에 가장 아름답다는 집 중 하나에 와 있으면서도 나는 오히려 한기를 느꼈고, 머릿속은 온통 집이란 무엇인가, 집이란 어떤 공간인가, 집이란 어떤 공간이어야 하는가, 하는 끊임없는 질문들로 가득 찼다. 아무리 위대한 건축가가 설계한 집이라 해도 더 이상 사람이 살지 않는 집은 온기를 잃은 것만 같았다. 높은 천장, 높은 탁자, 높은 세면대(바라간은 혼혈 멕시칸이라 키도 매우 컸다). 거기 있는 것은 빈 집, 주인 없이 저 혼자 훌쩍 커 있는 집뿐이었다. 더없이 심플한 가구들과 조명, 난간 없는 계단, 피카소의 책들이 유난히 많이 꽂혀 있던 서재며 마당의 정원이 훤히 들여다보이는 통유리벽, 모든 게 다 그가 살아 있을 당시의 모습 그대로일 터인데 말이다. 어쩌면 나는 'house'와 'home'을 혼동하는 건지도 모르겠다.

건축학도가 아닌 평민들이 한결같이 말한다.
"멋있긴 한데, 살고 싶지는 않아."
"혼자야 살겠지만, 가족과 살 공간은 아닌 것 같아."
"여기 살기엔 좀 불편해 보이지 않아?"
"왠지 추워 보여. 여름엔 좋겠지만. 그래도 난 따뜻한 느낌이 좋은데."
바라간이 독신으로 살았음을 눈치라도 챈 걸까(물론 그에게는 많은 여자 친구들이 있었겠지만. 식탁 테이블엔 의자만 일곱 개가 있었다).
재미있었다. 알고 보면 모두들 저 혼자 떠나온 사람들. 그들이 혼자인 삶을 쓸쓸하다 말한다. 떠날 때에 혼자라고 살아갈 때에도 혼자인 건 아니다. 어쩌면 누구보다 혼자인 것이 싫어서 혼자 떠나온 사람들. 누구보다 가족을 그리워하고, 산다면 함께 살아야 한다고 생각하는 사람들. 바라간의 집을 나와 콘스티투엔테스 역까지 걸어 내려오는 길, 모두 별 말이 없다. 또 모르지, 저마다 머릿속에 가족과 함께 살 따뜻한 집들을 그리고 있을지도. 삶은 역시 함축적이고 정제된 시라기보다는 조잘조잘, 아옹다옹 산문散文에 가까운 건지도 모르겠다.

우남대, 우리는 남쪽의 대학으로 갔다

유카소는 정말로 가이드북을 하나하나 체크해 가고 있었다. 저 한 권을 완전 정복할 요량이 틀림없다. 아닌 게 아니라 오늘은 아침부터 우남대 노래를 한다. 오늘 가지 않으면 내일 또 저 앓는 소리를 들어야 한다. 이제 나는 누가 봐도 유카소의 밥이다. 그런데 그게 싫지만은 않다는 게 나로서도 신기할 따름이다.

정식 명칭은 멕시코국립자치대학교Universidad Nacional Autono ma de Mexico, 약칭 우남UNAM이다. 중남미에서 가장 큰 대학. 멕시코 역대 대통령의 대부분이 이 대학 출신인, 한 마디로 전교 일등만 간다는 명문대다. 캠퍼스 안을 도는 버스 노선만 다섯 개다. 학생만 26만 명이 넘고, 교수가 3만 1천 명이 넘는단다. 이런 숫자들이 나오면 머릿속이 아득해지긴 하지만, 대략 무지 크다는 말이구나, 짐작은 가고도 남았다.
셔틀버스를 타고 한참 들어가 문제의 벽이 있는 중앙도서관으로 갔다. 십층 높이의 창문 없는 이 건물 외벽은 후안 오고르만Juan O'Gorman의 모자이크 작품으로 도배되어 있다. 수많은 천연석이 만든 십이궁, 식민

라틴아메리카에서
가장 크다는 UNAM 대학
유카소가 그토록 노래를 불렀던
중앙도서관 벽화

시대의 모습, 아스텍 문화, 현대 멕시코의 모습 등으로 사면이 제각각 채워져 있다. 목이 꺾이도록 쳐다봐야 시야에 들어올까 말까다. 이런 곳이 도서관이라면 그 규모의 위압감 때문에라도 내가 가진 지식이 더욱 보잘것없는 것으로 느껴질 것만 같다. 거, 되게 폼나네. 사무국 건물에는 예의 그 시케이로스의 진취적인 벽화가 펼쳐져 있다. 캠퍼스를 빠져나오면 바로 옆에 1968년 멕시코 올림픽의 메인 스타디움이 있는데, 그 경기장 또한 디에고 리베라의 벽화로 장식되어 있다. 이제 벽화 없는 멕시코는 상상할 수도 없을 것만 같다.

이곳에 카메라를 들고 관광하러 온 사람은 유카소와 나밖에 없는 것 같다. 수많은 학생들이 책을 잔뜩 들고 이 건물에서 저 건물로 오가고 있다. 도서관 건물 앞에서는 한 무리의 미대생들이 나란히 서서 그림을 그리고 있고, 학생회관쯤으로 보이는 건물 앞에서 학생들은 연극 연습에 열중이다. 한쪽에선 액세서리 따위 팔기도 하고, 또 한쪽에선 숨막혀 죽도록 키스 삼매경이다. 짓궂은 유카소는 키스하는 커플마다 다가가 사진을 찍어대지만 아무도 아랑곳하지 않는다. 우리는 농담 삼아 이십대의 젊은 엑기스를 왕창 받아 가야 한다고 학생 식당까지 찾아갔다.

출출하기도 했거니와 어느 나라건 빈약한 주머니 사정 이해해 줄 줄 아는 건 학생 식당이니까. 실제로 우남대는 학비도 거의 공짜나 다름없다고 한다. 한 학기 학비가 20페소, 2천 원도 안 되는 돈이다. 부러울 따름이다. 멕시코 혁명 헌법에 따르면 모든 국민은 무상교육을 받을 권리가 있기 때문에 교육이 거의 무상으로 이루어지고 있다나 뭐라나. 학비를 현실화해서 받고자 했던 시도도 학생들의 데모로 무산됐다 하니 대단한 학생들이다.

학생 식당은 학내 그 어느 곳보다도 활기가 넘쳤다. 그래도 일류 대학인데, 생각보다 영어가 통하지 않는다. 그만큼 라틴에 대한 자부심이 빵빵하다. 미국 아래에 붙어 있는 것도 질색하는 눈치다. 관광객을 상대하는 사람들이 아니라 느리게 또박또박 말을 해주며 봐주는 것도 없다. 별 수 없이 남들은 어떻게 하나 주도면밀히 관찰할 수밖에. 붐비는 틈을 타 재빨리 줄을 서서 앞 사람이 하는 대로 쿠폰을 사고 냉큼 빈 자리부터 잡고 앉아, 이제나 저제나 내 밥 나오나 호출 소리에 귀 쫑긋하고 기다리다가 밥이 나오기 무섭게 후딱 해치우기. 밥 한 끼 해결하는 별것도 아닌 일이 은근 스릴 넘친다. 책에 코를 박은 채 밥을 먹는 이가 있는가 하면 시종일관 연인과 붙어 앉아 서로 떠먹여주는 닭살 커플도 있다. 학교는 학교구나 싶다. 학교 다닐 때가 언제더라, 까마득하다. 매번 그러지만, 오고 나면 오길 잘했다는 생각이 든다. 정말로 대학의 엑기스라도 받아 왔는지 느닷없이 책이 읽고 싶어지고 공부가 하고 싶어진다.

소풍

모처럼 산페르난도 친구들과 소풍이라는 걸 가보기로 했다. 푸른 숲이 있고, 그 숲을 닮은 물이 있는 소치밀코Xochimilco로. 소치밀코에 운하라는 단어를 붙여야 할까 말까. 동그란 호수는 아니고, 그렇다고 흐르는 강도 아니고, 굽이굽이 잔잔한 물길에 화려한 쪽배를 띄워놓은, 말하자면 유원지. 아주 오랜 옛날 멕시코시티는 섬이었대. 그런데 어느 날 지구가 쿨럭 하고 제대로 재채기를 하는 바람에 그 섬이 우뚝 솟아버린 거지. 섬을 둘러싼 물은 쑤욱 빠져나갔는데, 여태 남아 있는 곳이 바로 오늘의 소치밀코라는 말씀. '소치밀코'는 나우아틀어로 '꽃이 자라는 마을'이라는 뜻이다. 푸른 수로 덕분에 화훼업이 발달했던 것이리라.

중세의 도시 사이를 유영하는 베니스처럼 낭만적인 분위기는 아니다. 그렇다고 방콕의 수상시장처럼 시끌벅적한 분위기도 아니다. 분명 관광지이긴 하지만 어딘가 일상적인 느낌. 총천연색의 화려한 쪽배들이 정신없는 가격 흥정으로 여행객들을 유혹한다. 일단 배를 타면 언제 그랬냐는 듯 고요한 숲 속 호수로 미끄러져 들어간다. 가끔 마리아치(멕시코의 거리의 악사)가 탄 배가 옆을 스치며 노래 한 곡 해줄까(물론 돈 받고) 운을 띄워본다. 멕시코에선 마리아치 없는 곳 찾기가 더 힘들 것이다. 간단한 먹거리와 기념품, 혹은 꽃 따위를 파는 배와도 마주친다. 이럴 줄 알고 미리 슈퍼에 들러 맥주며 간식거리를 사두었지. 시원한 맥주 한 모금에 초록 물길 한번 바라보고, 또 한 모금에 파란 하늘 한번 올려다본다. 지금 나는 장난기 많은 유카소와 애교 많은 에리카, 든든한 오카베와 함께다. 혼자였다면 조금 쓸쓸했을 법도 한 곳이라는 생각. 친구들이 있어 쓸쓸함은 설 자리를 잃는다.

조금 특별한 바나나

못 말리는 유카소. 하루는 방 구경을 시켜주겠다고 하길래 속으로 피식 웃었는데, 그렇잖은가, 같은 숙소에서 침대 하나 달랑 있을 방을 무얼 구경시켜 주겠다는 것인지. 그러나 정작 방문이 열렸을 때, 까아악! 내 입에서도 그런 소리가 절로 나왔다. 말로만 듣던 오타쿠의 방을 보는 것 같았다. 이 여자, 여행하는 거 맞아? 여기 사는 거 아냐? 그녀의 방을 본 사람이라면 누구나 같은 말을 한다. 침대 옆 작은 협탁과 방 한구석의 널찍한 테이블 위를 빼곡히 채운 크고 작은 인형들, 오만 가지 열쇠고리, 갖가지 코카콜라 병, 온갖 장식품들. 그대로 가게를 내어 장사를 해도 될 정도다. 그녀는 이 정도는 우습다는 듯 어깨를 으쓱해 보인다.

"언니, 이걸 일본에 다 가져가긴 할 거야? 유리병도 한두 개가 아니구먼,

그녀를
흥분하게 하는 차

유카소라는 시간

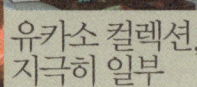

유카소 컬렉션,
지극히 일부

이걸 어떻게 가져가?"
"그래두, 뭐. 다 가져갈 거야."
그 결심이 가상할 정도다.
유카소는 정말이지 뭐 하나 버리지 못하는 여자였다. 그중에서도 가장 광적으로 모으고 있었던 건 코카콜라 병이었는데, 뚜껑도 포함해서 말이다. 그러고 보니 우리나라에서는 구경조차 한 적 없는 미니 사이즈 코카콜라 병들이 멕시코에는 있었다. 그것도 모양이 제각각 다른. 여태 참외처럼 세로가 볼록볼록하고 가운데 허리가 잘록한 병만 있는 줄 알았더니 어깨가 봉긋 솟은 녀석, 맨들맨들 민무늬 녀석, 롱다리인 녀석, 얼핏 보아도 대여섯은 넘는 종류였다.
"이건 아주 클래식한 디자인이야. 일본에선 쉽게 구할 수 없거든."
병들을 바라보는 유카소의 눈이 반짝인다. 그러나 정작 그녀는 콜라는 물론 탄산음료는 한 방울도 아니 마신다는 거. 순전히 내용물이 아닌 용기만 좋아라 하는 것이다.
한술 더 떠 한쪽에는 코카콜라 뚜껑만 한 바구니다.
"아니, 언니, 그 뚜껑은 또 어디서 모은 거야?"
"응, 이거, 요 앞에 치킨 집에서 버리려구 하는 걸 냅따 받아 왔지."
"……"
그리고 나는 보았다. 매일같이 그녀가 치킨 집을 지나치며 "아미고(친구)~" 하면서 인사하는 것을. 코카콜라 병 뚜껑만으로 친구를 만든 것이다. 그러나 정작 그 치킨 집에서 닭 한 번 안 먹어줬다는 거. 물론 귀국하기 며칠 전, 기어이 산페르난도 사람들 죄다 끌고 치킨 집에서 그동안 입은 은혜에 보답을 하긴 했다. 정말 그 집에서 치킨만은 먹고 싶지 않았는데. 우리는 모두 팔려 가는 소처럼 눈만 끔뻑끔뻑하며 아무 말도 못 한 채 유카소의 부탁을 들어줘야 했다. 참으로 대단한 유카소다. 그리고 그

옆집 약국 아저씨도 그녀를 매일 알아보곤 인사를 한다.
"오늘도 그 병은 안 들어왔어."
유카소가 매일같이 출근 도장을 찍으면서 찾는 코카콜라 병이 좀처럼 입고가 되지 않는 모양이다. 그녀와 붙어 다니는 통에 나까지 동네 사람들 죄다 알게 됐다. 여긴 친구의 친구도 친구고, 모르는 사람도 친구고, 일단 한번 친구 하면 다 친구 되는 동네니까. 인사도 보통 요란하게 해야지, 지하철역까지 50미터의 진도가 날마다 더뎌져갔다.
"올라~, 아미가~, 오늘은 또 어디 가?"
얘네는 묻고 싶은 것도 많고, 얘기하고 싶은 것도 많다.

심지어 유카소는 아침식사 때마다 나오는 바나나에 붙어 있는 콩알만 한 스티커까지도 모았다. 그건 참 사소하고도 유치하며 특이한 행각으로 보였으나, 그러나 결코 사소하거나 유치한 것에 그치지 않았다. 그녀가 멕시코를 떠나고, 내가 멕시코를 떠나고, 그녀는 일본으로 돌아가고, 나는 다시 멕시코로 돌아와, 다시 산페르난도에서 아침을 맞으며, 다시 그 바나나를 잡았을 때, 나도 모르게 울컥 눈시울이 뜨거워졌다. 그때에 함께 머물렀던 사람들은 모두 돌아가고 아무도 그때의 기억을 말하지 않는데, 그때에 있었던 일들은 이미 일기장 속 어느 페이지에서 고이 잠든 지 오래인데, 불현듯 바나나 하나가 사람을 울린다. 이 여자, 참 나쁘군. 사람을 이런 식으로 울리다니. 그리고 깨달았다. 무엇 하나 버리지 못하는 유카소. 나 또한 그녀를 쉽게 버리지 못할 것이라는 걸.

치킨 집 식구들은 유카소의 친구다
유카소는 내 친구다
고로 치킨 집 식구들은
내 친구다, 라는 논리가
매우 권장되는 나라

Coca-Cola

Coca-Cola

그렇지만 이것도 인연
오카베 야스노부

기억이란 시간 앞에 흐려지기 마련이지만, 어떤 기억은 시간이 지날수록 더욱 또렷해지기도 한다. 어떤 장면이나, 상황, 이야기보다도 그 모든 것들의 바닥에 깔려 있는, 그때엔 미처 깨닫지 못했던 어떤 감정, 본질에 가까운 기억.
나는 그때 그 모든 아름다운 순간들을 단 하나도 빠짐없이 영원히 기억해낼 것처럼 몇 번이고 되뇌곤 했었는데, 카푸쉰 거리에서 생드니 거리를 지나 몽토르궤이 거리로, 다시 위셋트 거리까지, 토요일 밤 우리가 함께 걸었던 그 길을 다시 몇 번이고 되돌아가 서성였는데, 다시 또 시간이 흐른 지금에는 그 아름다운 시간 속에 웅크리고 있던 어떤 진실의 존재를 어렴풋이나마 느끼고, 행여 내일 또 내일 즈음에는 알고 싶지 않은 진실과 마주치지나 않을까 미리부터 겁을 먹고 있다. 이를테면 그때 그는 나를 사랑하지 않았다. 더욱 슬픈 것은 나 또한 그러했음을……과 같은 진실.

Mexicocity, Guanajuato 멕시코시티 그리고 과나후아토

오카베 야스노부, 처음 그와 눈이 마주쳤을 때, 푸하핫, 나는 보자마자 실례를 하고 말았다. 앞모습은 멀쩡했는데 잠을 어떻게 잤는지 뒷머리가 제대로 뻗어서 하늘을 날고 있었던 것이다. 산페르난도에서 2만 년은 살았을 것 같은 느낌이 물씬 밀려온다. 무릎이 튀어나와도 한참은 튀어나온 트레이닝 바지에 소매 끝이 닳아 더욱 늘어져 보이는 스웨터. 도무지 여행객으로는 보이지 않는다. 나는 괜히 호기심이 발동해서 이것저것 꼬치꼬치 캐묻기 시작했다. 백수 하숙생과 같은 외모와 달리 실은 동경대학원생이라고. 국제사회과학을 전공하는데, 멕시코 정치경제 연구차 여기까지 왔단다. 세 달 일정인데 벌써 절반이 지났다며 앞으로 한 달 반은 더 있어야 한다고 했다. 어쩐지, 맞구나, 장기 체류자. 듣고 보니 공부 잘하게 생긴 것도 같다. 무지하게 착한 범생이 스타일. 어쨌거나 오래 머무를 친구니까, 잘 지내야지.

두 살 위라는 얘기에 바로 "오니짱(일본에서 오빠를 부르는 호칭)~!" 하고 불러줬더니 단박에 얼굴이 빨개진다. 참, 범생이지. 낯선 한국 여자애가 언제 봤다고, 오빠~ 하고 부르면 나라도 놀라겠다. 사실 나도 평소 같으면 웬만해선 '오빠'란 말 죽어도 못 한다. 대학교 다닐 땐 다 '형'이라고 불렀으니까. '형'이라고 하면 화내는 형들에겐 '선배'라 부른다. '오빠'는 아무래도 닭살이 돋아 입 밖으로 내지도 못했는데, 외국어는 가끔 그런 게 편하다. 닭살의 뉘앙스까진 아직은 요원하니까.

오카베는 어쨌거나 매일같이 연구소로 출퇴근을 해야 했기에 유카소와 내가 쏘다니는 낮엔 끼지 못했다. 대신 저녁만 되면 어김없이 나타나 어느 순간부터 늘 저녁밥을 같이 먹는 멤버가 되었다. 저녁밥이라고 해봤자 길거리에서 천 원도 안 하는 타코를 사다 먹거나, 중국집에서 2인분 같은 1인분의 볶음밥을 포장해 와서 먹거나, 그것도 아니면 편의점에서 마루짱 또는 닛신 컵라면을 사다 먹거나, 이다. 아, 그리고 반드시 맥주 한 병 추가. 사실 요즈음 나는 매일같이 밥이다. 여행 시작한 지 세 달째까진 괜찮았다. 밥이 특별히 먹고 싶다는 생각도 들지 않았고, 심지어 배낭에 라면이며 고추장을 바리바리 챙겨 다니는 걸 민망하게 생각하기도 했었다. 그러나 여행 3개월차에서 4개월차로 접어들자 얘기가 달라졌다. 더 이상 타코가 먹고 싶지 않은 것이다. 느글느글 치즈도 부담스럽고, 할 수만 있다면 김치를 만들어 먹고 싶은 맘이 굴뚝같아지는 것이다.

김치까진 무리였지만 쌀은 흔했다. 가장 만만한 반찬은 역시 불고기. 고기는 싸고 설탕과 마늘, 간장은 비교적 구하기 쉬운 재료였다. 거기에 가끔 감자나 호박, 양파 따위의 반찬을 곁들인다. 부에나비스타 역 근처 월마트엔 정말 없는 게 없다. 오뚜기 라면도, 신라면도 있다. 어쩐 일인지 락앤락 용기엔 죄다 메이드 인 코리아가 찍혀 있어 가슴이 짠해지기도 한다. 치즈도 많고 소시지도 다양하다. 빵도 맛있고 고기도 싸다. 해발 2천 미터가 넘는 내륙이라 생선은 귀하다. 과일은 생각보다 종류가 많진 않다. 찰미타에서 먹었던 다양한 과일들 대신 흔하게 보던 사과, 바나나, 멜론, 키위, 자몽, 포도 정도. 아, 아보카도는 무지 싸다. 무엇보다 데낄라는 기절할 정도로 싸다. 심지어 산페르난도 사람들 중엔 귀국하기 전 월마트에 들러 데낄라를 사 들고 돌아가는 사람도 있다.

나는 음식을 만들 때는 손이 큰 편이라 한 끼 먹을 불고기를 해도 꼭 3~4인분이 되고 만다. 그럴 땐 늘 유카소나 오카베, 사토 상을 불러 같이 먹자고 부추긴다. 워낙에 겸양을 미덕으로 생각하는 민족이라 같이 먹자고 해도 쭈뼛쭈뼛이다. 정말 먹어도 돼? 몇 번을 물으며 고맙다 한다. 맛술도 없고, 배도 없고, 간장과 설탕과 마늘로만 양념한 불고기인데도 인기 폭발이다. 그러면 또 어김없이 다음 날은 저쪽에서 뭔가를 대접한다. 뭘 바라고 같이 먹자고 하는 것은 아닌데, 그 나라 문화가 그런 거니까, 그게 또 릴레이처럼 돌아간다. 유카소는 답례로 스파게티를 만들어주고, 사토 상은 카레를 만들어준다. 오카베는 맥주를 산다. 일본 문화에서 '기브 앤드 테이크'는 빼놓을 수 없는 키워드다. 내가 답례라는 걸 받기 싫어도 받을 수밖에 없는 이유는 내가 받지 않으면 그들이 계속 뭔가 빚지고 있다는 생각에 찜찜해 할 게 분명하니까. 차라리 흔쾌히 받는 게 낫다. 차이를 이해하는 순간부터 관계가 한결 수월해진다. 중남미에서도 그게 가능한 날이 올까. 고작 몇 달 여행으로는 쉽지 않겠지만 사람의 마음이란 다 통하는 것일 테니까, 진심으로 대해야지. 내가 앞으로 마주칠 모든 사람, 하나하나.

가끔 저녁때 오카베가 일찍 돌아올 때엔 같이 슈퍼에 가는 날도 있다. 오카베 오빠, 머리가 좋긴 좋은가 보다. 멕시코 한 달 반 머문 사람치고 스페인어가 장난 아니다.

"오니짱, '가지'는 스페인어로 뭐야?"

"어, 베렌헤나berenjena."
"그럼, '씨 없는'은 뭐야? 씨 없는 포도 살 때 물어보게."
"신 세미야sin semilla."
"멕시코에 정치경제 공부하러 온 거 맞는 거야?"
설마 하고 물었는데 척척 대답이 나온다. 같이 다니면 도움 받는 게 한두 가지가 아니다.
스페인어가 재밌냐고 물어보자 기다렸다는 듯이 흥미로운 언어라며 칭찬을 아끼지 않는다. 어느 날 노래를 듣다가 어떻게 이렇게 표현할 수 있을까 감복해서 기억해 둔 거라며 가사 한 줄을 적어준다.

> 메 메딴 로스 레꾸에르도스 께 데하스떼
> Me matan los recuerdos que dejaste

직역하자면 '남아 있는 기억들이 나를 죽인다' 정도? 가슴 아픈 기억이 남아 있다는 표현을 이렇게도 할 수가 있다는 것이 놀라울 뿐이란다. 낭만적인 언어구나, 스페인어. 문득 스페인 코르도바에서 만났던 한 아저씨가 떠올랐다.

'엘 카르데날El Cardenal'. 플라밍고 공연을 하는 제법 큰 바였다. 지배인쯤 되어 보이는 자그마한 체구의 아저씨가 자꾸만 발목을 잡고 놓아주지 않는다. 정말 멋진 공연이라고, 보고 가라고. 나는 뜻하지 않게 숙소에 돈을 써버린 후라 돈이 없어서 못 보겠다는, 말하기에도 민망한, 그러나 사실 그대로 사정을 이야기했다. 그런데 진짜로 그런 내가 불쌍해 보였는지 아저씨는 절대 비밀로 해달라며 반값에 공연을 보게 해주겠단다. 그러면서 그 화려한 언변이 시작되었다.

"너 참 예쁘구나(이 말을 곧이곧대로 들으면 안 된다. 특히 스페인 남자에게선). 예쁜 애들은 돈 많은 남자 친구를 거느리던데."
"그치만, 제 남자 친구는 가난한걸요."
나는 남자 친구 없어요, 라는 말을 했다간 더 귀찮아질 것 같아서 얼렁뚱땅 얼버무리려 했다.
"그래도, 그 남자 친구는 보석을 가졌잖니."
"네?"
"너라는 보석."
그리고 게임 오버. 나는 흔쾌히 반값에 공연을 보기로 한 것이다. 그러나 나중에 안 것은 이 모든 절절한 대사들이 결국 노래 가사였다는 것. 어쩐지 너무 청산유수더라. 준비된 멘트들, 그럼에도 노랫말 하나는 정말 끝내주지 않은가. 아무래도 스페인어로 된 노래 하나쯤은 비장의 무기로 연습해 둬야겠다. 그리고 며칠 후 오카베 오라버니는 CD에 신나는 라틴 음악 몇 곡을 담아 선물해 주었다.

어느 데이트

월요일 저녁, 멕시코시티. 오늘 나는 한껏 멋을 부리고 한결 여유로운 자태로 도시를 즐기고 있다. 마치 청담동 어느 골목을 거니는 것처럼. 오늘 내가 만날 사람은 서울에서 알게 된 분의 소개로 만나는 사람. 긴 여행길 떠나면 밥 한 끼 먹는 것도 소홀하게 되니까, 당신 이름 팔고 든든하게 한 끼 얻어먹으라던 한 지인의 배려로 만나는 것이다. 거칠게 말하자면 안면도 없는 사람을 얼떨결에 만나 밥 얻어먹는 꼴이긴 했지만, 이런 호사도 아무 때나 찾아오는 게 아니니까 편하게 생각하기로 했다. 다행히 상대는 미안해 하는 내게 오히려 먼 타국에서 생활하다

보면 찾아와주는 사람들 만나 이야기하는 것만으로도 즐거운 일이라며 흔쾌히 시간을 내주었다.

〈섹스 앤드 더 시티〉의 주인공이라도 된 듯, 오랜만에 도시 싱글녀의 호사를 마음껏 누려보기로 했다. 부담을 느낄 필요도 없고 불편해 할 필요도 없다. 오늘 나의 데이트 상대는 158센티미터의 작은 여자 아이가 배가 터지도록 먹고 마시는 것 정도는 충분히 쏘아줄 의향이 있음은 물론 내게 충분히 귀 기울여주고 내가 원하지 않는 것에 대해 강요하지 않을 정도의 매너는 갖춘, 말하자면 젠틀한 세뇨르니까.

그는 촘촘한 체크무늬 셔츠에 밴다이크 브라운 재킷을 걸친 다소 경쾌한 차림으로 나타났다. 타이는 물론 매지 않았고, 갈색 안경테가 계절과 함께 매치를 이루어 세련된 이미지를 풍겼다. 첫눈에 반할 미남은 아니었지만 꽤 호감이 가는 인상이었다. 그리고 그쪽이 내게도 훨씬 편하게 느껴졌다. 어느 정도의 재력과 능력을 갖춘 삼십대 후반의 안정된 젠틀맨과의 데이트.

그것은 곧 하고 싶은 것은 무엇이든 할 수 있고, 가고 싶은 곳은 어디든 갈 수 있는, 원하는 모든 게 이루어지는 데이트를 뜻했다. 이십대의 파릇파릇한 꽃미남, 그러나 어딘가 불안하고 조금은 가난한, 그래서 짜릿하다면 짜릿한 데이트에선 느낄 수 없는 여유, 느긋함, 편안함 따위.

근사한 아르헨티나 식당 '캄발라체Cambalache'에서 스테이크를 자르고 와인 잔을 비우는 동안, 충분한 사전 지식 없이 떠나온 내게 그는 친절한 설명을 아끼지 않았다. 스페인이 처음 이 땅에 쳐들어온 당시의 이야기라든가, 과달루페 성당의 의미라든가, 멕시코 사람들의 근성이라든가. 가볼 만한 곳에 대한 추천도 함께. 오랜만에 우리 말로 대화라는 걸 한다는 것만으로 충분히 즐거운 시간이다.

멕시코시티는 잠들지 않는다
조금 더 화장이 짙어질 뿐

뉴욕이라 해도 좋고, 파리라 해도 상관이 없을 밤이다. 이따금씩 세뇨리타라는 호칭이, 아, 내가 스페인어권 나라에 있구나 깨우쳐줄 뿐. 의자를 빼어주고, 겉옷을 걸어주고, 테이블 바로 옆에서 소스를 갈아주는 매우 신선한 서비스는, 적어도 그 순간만큼은 스스로 매우 귀한 존재가 된 기분을 만끽하기에 전혀 모자람이 없었다. 폴랑코Polanco, 그중에서도 프레시덴테 마사릭Presidente Masaryk 거리는 그런 곳이었다. 시티에서 가장 비싸고 가장 맛있는 아르헨티나 식당이 늘어서 있고, 쿠반 재즈가 흐르는 멋들어진 밤이 준비된 곳, 센트로와는 격이 달라도 한참은 달라 보이는 곳. 거닐기에 적당히 쾌적한 녹색 거리, 가로수마저 값비싸 보이는 도시다운 도시의 거리였다.

화려한 복장의 마리아치들이 열기를 더하고 있는 쉐라톤 호텔 바. 출장을 명목으로 왔다는 걸 한눈에도 알 수 있는 양복 차림의 일본 아저씨들, 감질나게 엉덩이를 흔들며 춤추는 브라질 관광객들, 밤을 즐기는 사람은 어디에나 넘쳐나고 있었다. 그 많은 사람들 중에 동양 여자는 내가 유일했고, 마리아치의 공연이 절정에 이를 즈음, 문득 사람들의 시선이 내게로 향하고 있다는 느낌을 받았다. 아마 키스 어쩌고 하는 노래를 부르던 중이었던 것 같다.

"베쏘Beso(키스)! 베쏘!"

막무가내로 외치는 사람들. 결국 나는 못 이기는 척 마리아치에게 오른뺨을 내어주어야 했다. 단 한 번도 이런 식으로 주목을 받아본 적은 없었다. 이따금 서울의 칵테일 바에서 바텐더들이 불을 뿜어대며 만든 칵테일을 미모의 여자 손님들에게, 혹은 선남선녀 커플들에게 안겨주며 원샷을 하라는 둥, 뽀뽀를 하라는 둥 짓궂은 요구를 할 때에도 나는 언제나 관객일 뿐 단 한 번도 주인공이었던 적은 없었으니까. 딱 1분, 세상이 나를 중심으로 돌아간 시간. 어색했지만 나쁘지 않았다.

제대로 숙성된 아르헨티나산 카베르네 쇼비뇽 와인, 달콤 짭조름한 마가리타, 거기에 달콤한 마티니 만사나까지. 배낭여행 중이라는 사실을 잊어버릴 만큼 오랜만에 누려보는 사치, 즐거웠다.

또 하나의 데이트

"멕시코에 일주일 이상 머무신다면 멕시코 전통 발레를 한 번쯤은 보시는 게 좋답니다."

사실 이건 론니 플래닛의 제안이었다. 하긴 그동안 가난한 배낭객의 생활에 충실하다 보니 문화 생활이란 것이 그리울 때도 되긴 됐다. 그래서 보기로 했다. 멕시코 전통 발레라는 것. 서울에서는 심지어 〈맘마미아〉처럼 흥겨운 뮤지컬도 혼자 꿋꿋이 보러 다녔었는데, 막상 멕시코에서, 그것도 밤늦게 나홀로 귀가를 생각하니 차마 혼자 가기가 꺼려졌다. 방법은 하나. 아침식사 테이블에서 모집 방송을 하는 것. 나, 멕시코 전통 발레 보러 갈 건데, 같이 가고 싶은 사람, 여기 여기 붙어라~! 한 부대를 끌고 가게 되는 건 아닐까 내심 걱정을 했건만, 웬걸, 반응은 썰렁했다. '발레'에서 한 번 꺾이고, '가격'에서 또 한 번 꺾여서 당연히 동행해 주리라 믿었던 유카소마저 잘 보고 와, 하며 손을 흔든다. 그때에 흑기사처럼 오카베가 손을 들었다. 그렇잖아도 둘을 연결시켜 주지 못해 안달이었던 사토 상은 절호의 찬스를 만난 듯 둘이 데이트하라고 부추긴다. 까짓것, 데이트 한번 하지, 뭐. 놀리거나 말거나 혼자보단 둘이 나으니까,

무엇보다 착한 오카베는 스페인어도 유창하니까. 그래도 남자니까 귀갓길도 든든할 테니, 이래저래 든든한 마음으로 함께 동행하기로 했다.

마침 오늘은 오카베의 스케줄이 보기 드물게 매우 여유로운 날. 일찍이 지나가는 풍월로 삼문화 광장 Plaza de las Tres Cultruras과 과달루페 성당에 대해 오카베와 이야기한 적이 있었다. 사실 나도 이곳에서 만난 사람에게 들은 이야기지만, 삼문화 광장과 과달루페 성당에 얽힌 이야기는 들을 때에도 말을 전할 때에도 여전히 가슴 한 켠이 숙연해지는 무언가를 느끼게 된다. 주워 주워 들은 이야기가 내 주머니에서 지식이 되고, 그게 또 흘러 흘러 타인의 주머니에 들어간다. 학구열이 높은 오카베 또한 관심을 보이며 언젠가 시간이 되면 같이 가보자 했던 것을 내친 김에 오늘 하루를 통으로 함께 보내며 둘러보기로 한 것이다. 내가 오카베를 알게 된 지 딱 열흘.

뚜벅이의 데이트. 지하철을 타고, 갈아타고, 지도를 살피며 방향을 가늠한다. 멕시코에서도 가장 유명한 가톨릭 성당인 과달루페 성당은 비교적 도시의 북쪽에 위치해 있어서인지, 생각보다 관광객이 많이 찾는 곳은 아니었다. 드넓은 광장 앞 과달루페 성당의 노란색 돔이 햇살을 이고 반짝인다. 꽤 오래된 듯한 성당 왼쪽으로는 하늘색 지붕의 매우 현대적인 성당 건물도 함께 있다. 시원스럽게 뻗은 천막 모양의 성당은 인류학 박물관을 지은 건축가 페드로 라미레스 바스케스의 작품이다. 사방이 트여 있어 미사 중에도 쉽게 출입이 가능했다. 주일도 아닌 평일, 수요일이었음에도 사람들이 무척 많다. 그런가 하면 정작 원래의 대성당은 거의 비어 있는 것과 다름없었다. 그도 그럴 것이 여기저기 보수공사가 한창이다. 공사 중이긴 했지만, 신관에 비해 더 조용하고 더욱 상서로운 분위기가 감도는 것만은 사실이었다. 오카베도 이곳이 더 마음에 드는 모양이다. "종교가 있는 건 아닌데, 가끔 이렇게 성당 안에 들어오면 그냥 마음이 편안해져. 그래서 일부러라도 자꾸 들어와서 쉬었다 가기도 하고"라고 말하는 오카베. 왠지 이해할 수 있을 것도 같았다. 하루종일 사람들이 말을 걸어오고, 언제나 위험할 수 있다는 생각에 긴장을 바짝 하고 있다 보면 성당은 그야말로 피난처와 같다. 이 안에서 걸음도 쉬고, 마음도 쉰다.

과달루페 성당이 의미 있는 것은 그 안에 모셔져 있는 검은 성모상 때문이다. 이야기는 지금으로부터 약 5백 년 전으로 거슬러 올라간다. 기독교로 개종한 원주민, 후안 디에고Juan Diego란 남자가 하루는 아스텍의 성지인 테페약 언덕에서 번쩍번쩍 금테가 둘린 파란 망토를 입은 성모를 보았다. 성모는 그에게 주교에게 가서 동정녀 마리아를 보았다고, 그 자리에 성당을 지으라고 전하라 했다. 그러나 주교는 그를 믿지 않았고, 낙담한 후안은 몇 번이고 언덕으로 다시 돌아왔다. 결국 성모의 모습이 그의 망토에 새겨지는 기적을 보임으로써 교회에서도 그의 이야기를 받아들였다. 그날이 12월 12일. 지금도 12월 12일이 되면 과달루페 성당 앞은 전국 각지에서 모여든 순례자로 인산인해가 된다. 그때의 그 성모가 갈색 피부, 검은 머리칼이었던 것이다. 속설에 의하면 이 모든 이야기는 스페인이 침략해 오면서 들고 왔던 명분, 기독교로 개종시킨다는 것을 위해 꾸민 이야기라는 말도 있다. 원주민들과 피부색부터 다른 하얀 성모 마리아가 먹히지 않을 것을 염려하여 그들과 같은 피부색의 성모를 내세웠다는 주장이다. 꾸몄다고 하기엔 그때의 그 망토부터 시작해서 전해 내려오는 증거물들이 너무도 생생하긴 하지만 말이다. 진위 여부를 떠나 그 한 방의 기적으로 멕시코 전역의 엄청난 인구가 개종을 했단다. 검은 성모상을 내세워 스페인 또한 신나게 선교를 하고 다녔었겠지. 그래서인지 멕시코의 젊은이들 중엔 이 이야기를 싫어하는 사람들도 꽤 있다. 어쨌거나 지금 멕시코는 열에 아홉은 가톨릭 신자다. 이토록 야무진 가톨릭 국가일 거라고는 멕시코에 오기 전엔 정말이지 상상도 하지 못했었다.

다시 지하철 타고 한참을 물어 물어 삼문화 광장으로 간다. 삼문화 광장, 세 개의 문화가 함께 있는 광장이란 뜻 되겠다. 아스텍 문명과 스페인 식민 시대의 문화, 현재의 문화가 공존해 있는 곳. 여기저기 널려 있는 아스텍의 피라미드들을 배경으로 16세기에 지어진 산티아고 교회가 우뚝 서 있다. 수많은 이름이 적힌 비석 앞에서 오카베가 하나씩 읽어가며 해석을 해준다.
"여기서 학살당한 사람들이었나 봐."
1960년대 말, 이른바 멕시코판 광주 사태가 벌어진 곳. 어쩐지 가슴이 서늘해진다. 그리고 꼭 보고 싶었던 기념비를 마주했다. 1521년 8월, 스페인의 침략자 에르난 코르테스에 의한 틀라텔롤코의 함락을 비문은 이렇게 서술한다.

> 그것은 승리도 패배도 아니었다. 다만 오늘의 멕시코인 메스티소의 아픈 탄생일 뿐이었다.
> No fue triunfo ni derrota fue el doloroso nacimiento del pueblo mestizo que es el mexico de hoy.

그것은 분명 암울한 전쟁, 지배와 억압의 시작이었음에도 그곳에서 스페인의 침략은 초연하리만큼 무덤덤하게 그려졌다. 정통 원주민들은 펄

지나간 시간과
지나갈 시간이 공존하는 곳
- 삼문화 광장

쩍 뛰고도 난리칠 모호한 비문이었지만. 이상한 일이다. 그 무덤덤함 앞에서 좀처럼 움직여지지가 않는 건. 이래서 역사가 중요한가 보다. 한 나라를 여행한다는 것, 눈에 보이는 게 전부는 아니구나. 그 뿌리 깊은 역사까지 죄다 캐어가며 확인할 순 없는 노릇이긴 하지만. 요즘 들어 부쩍 멕시코가 다르게 보인다. 하루하루가 배우는 길이다. 역시 학구파 오카베와 오길 잘했다.

국립예술원Palacio de Bellas Artes까지는 걷기로 했다. 우뚝 솟은 라틴 아메리카 빌딩이 나침반이 되어주었다. 국립예술원 근처 빌딩이 저 정도로 보인다는 건 멀지 않다는 뜻인 거다. 막상 걸어보니, 그러나 멀었다. 산 카밀리토San Camilito 시장에서 밥까지 먹고 가야 했다. 비록 시장 식당이었지만, 거기서 먹은 포솔레pozole는 그 어떤 요리보다 탁월했다. 푹 우려낸 육수에 고기, 옥수수, 야채 등이 알차게 들어간 국물 요리인데, 지역에 따라 육개장처럼 빨갛게 국물을 내기도 하고 말갛게 국물을 내기도 한다. 이 집 포솔레는 우리네 닭백숙처럼 담백하다. 마늘이 들어가서인지 돼지고기로 국물을 내었어도 비리지 않고 구수한 것이 입에 착착 달라붙는다. 오랜만에 제대로 된 국물 요리를 만끽했다. 천국이 따로 없다.

시장 바로 앞 가리발디 광장은 마리아치의 광장으로 더 잘 알려진 곳이다. 광장에는 한 시대를 풍미했을 법한 마리아치 동상들이 늘어서 있다. 어둑해지려면 한참이나 남았는데 곳곳에 화려한 복장을 갖춘 마리아치들이 눈에 띈다. 밤이 되면 아마 모르긴 해도 엄청난 수의 마리아치들이 넘쳐날 것이다.
"오니짱, 우리 발레 보고 나서 다시 여기 와볼까?"
밤에는 위험하다는 걸 잘 알고 있었지만, 한 번쯤은 가리발디 광장의 밤을 보고 싶기도 했던 터였다. 착한 오카베가 고개를 끄덕여주었다.

국립예술원은 언제 봐도 참 잘생겼다. 낮에 봐도 예쁘지만 밤에 보면 반할 정도다. 공연 시간까지 아직 시간은 남았지만 예매를 해야겠다는 생각에 부랴부랴 달려갔더니 매표소 직원은 귀찮다는 듯이 예매 안 해도 자리 많다며, 하품까지 하는 것이다. 볼 만한 공연이라는 얘기를 많이 들었는데 예매할 필요도 없는 공연이란 말인가. 괜히 보기도 전에 김부터 빠진다. 3만 5천 원쯤 하는 자리에서 볼까 했는데, 오카베가 옆에서 자꾸만 좋은 자리에서 봐야 한다며 5만 원석을 힐끔거린다. 생각보다 지출이 커지는군, 이라고 속으로 생각하고 있는데, 오니짱, 불쑥 티켓 값을 내 것까지 계산하려 한다.
"근사한 식당에서 점심도 못 사주고, 표는 내가 살게."
어라, 오니짱, 이거 진짜로 데이트라고 생각하는 거야?
순식간에 부담이 백 배로 늘어나 오카베의 손을 가로막았다.
"저기, 이건 너무 비싸니까, 그냥 내 표는 내가 살게. 대신 공연 보구 나서 오니짱이 차라도 한잔 사는 거 어때?"
가까스로 수습했다. 데이트를 한다 해도 더치페이를 당연하게 생각하는 일본 남자가 돈을 낸다는 건 여간 부담스러운 일이 아니었으니까.

공연이 시작되길 기다리며 국립예술원 곳곳을 둘러보았다. 이곳 또한 기념비적인 벽화들로 도배되어 있는 곳이 아니던가. 영화 〈프리다〉에서도 다루었던, 디에고가 그린 문제의 벽화도 있었다. 영화를 본 덕에 오랜만에 유식한 오카베 앞에서 주름을 잡게 생겼다. 영화를 보다 보면 디에고에게 벽화를 의뢰한 인간이 완성된 벽화를 거침없이 부숴버리는 장면이 나온다. 그가 바로 지금도 뉴욕의 수도세를 다 내고 있다는 엄청난 부호, 록펠러 양반이다. 디에고의 벽화가 자본주의에 안티를 걸고 나와 록펠러의 심기를 불편하게 했던 것이다. 그렇다고 얌전히 네, 네 할 디에고도 아니었지만. 네가 뭔데 내 작품을 뽀개? 보란 듯이 국립예술원에 문제의 벽화를 재연해 놓은 것이다. 그것도 여자에게 치근덕거리며 술잔을 홀짝이는 록펠러의 모습까지 은근슬쩍 집어넣은 상태로. 작품명〈엘 옴브레, 콘트로라도르 델 우니베르소El Hombre, Controlador del Universo〉. '우주의 지배자, 인류'쯤 되겠다. 역시 이야기가 있는 그림은 보는 재미가 남다르다.

발레 공연이 열리는 극장 또한 매우 훌륭했다. 넓기도 무지 넓다. 공연은 총 열 개의 전통 발레로 구성된다. 치아파스 지역의 춤이라던가, 혁명이라는 주제의 춤이라던가, 할리스코 지역의 춤, 후아스테카 지역의 결혼을 테마로 한 춤, 사슴 춤 등등. 멕시코라는 나라를 춤으로 풀어놓으면 이런 모습이 아닐까. 발레도 근사했고 음악도 흥겨웠으며, 무엇보다 의상들이 무척 흥미로웠다. 공연이 끝나고 오카베는 입에 침이 마르도록 칭찬을 아끼지 않는다. 이렇게 훌륭한 공연일 줄은 정말 몰랐다, 이건 일본에서 하면 대박이다, 어떻게 이런 공연에 사람들이 이렇게 적게 올 수가 있나, 어쩌고저쩌고. 가만 보면 오카베는 칭찬을 참 잘한다. 사소한 일에도 "과연!", "대단하네요", 칭찬 마를 날이 없다. 본디 익은 벼가 고개를 숙이듯 아는 것 많고, 심성이 착한 탓이리라.

맥주 한잔 사겠다는 오카베에 이끌려 가까운 '산본Sanbourns'의 문을 밀고 들어간다. 달콤한 흑맥주 네그라 모델로Negra Modelo 한 병씩 시켜놓고 용기 내어 세비체ceviche도 시켰다. 페루쯤 내려가면 먹어볼까 아껴두고 있었는데, 오카베는 그래도 산본 정도 되는 레스토랑이라면 먹고 배탈은 나지 않을 테니까 먹어보잔다. 세비체는 생선회 사촌쯤 되는

녀석, 신선도가 생명인 음식이다. 한 마디로 멕시코시티와 같은 내륙에서 먹기 곤란한 메뉴 중 하나다. 근데 이 세비체, 눈물 나게 맛있다. 안주로 조금씩 감질나게 먹어서 그런지 입 안에 착착 달라붙는다. 그러고 보니 오랜만에 산페르난도가 아닌 곳에서 마시는 술이다. 여행은 어떻게 오게 된 건가, 서울에서는 어떻게 지냈나, 앞으로 여행 계획은 어떤가, 오카베가 계속 질문을 하는 통에 내 얘기만 늘어놓게 됐다. 근데 이런 얘기도 오랜만에 하니 재미있다. 글쎄, 묘한 건 분명 오카베 앞에서 얘기를 하는 거긴 한데, 이상하게 나 자신에게 독백을 하고 있는 기분이랄까. 자전적인 이야기를 하다 보면 스스로의 일기를 고쳐 쓰는 기분이 들 때가 종종 있다. 그때엔 죽을 것처럼 괴로웠던 일들이 말을 하는 도중에 힘들었던 한때로 완화가 되기도 하고, 미처 계획하지 못했던 미래가 생각보다 먼저 입 밖으로 튀어나와 저 혼자 앞장서 가이드를 제시하기도 한다. 자정이 가까운 시티의 밤거리. 후후, 이 시간에 바깥을 서성일 줄이야. 과연 가리발디 광장은 낮보다 밤이 더 화려했다. 수많은 마리아치들이 누구에게 세레나데를 불러줄까 두리번거린다. 앗, 눈이 마주쳤다. 이런 데서 눈이 마주치면 꼼짝없이 걸려든 거다. 커다란 솜브레로를 눌러쓴 아저씨가 이쪽으로 성큼성큼 다가온다. 〈시엘리토 린도 Cielito Lindo(아름답고 작은 하늘)〉, 멕시코에서 이 노래 한번 못 들어봤다면 그건 거짓말. 뜻도 내용도 못 알아듣는다 해도 그 심플한 멜로디는 꽤나 중독성이 있어 누구라도 따라 부르게 된다.

"야~야~야~야, 칸타 이 노 요레스~."

이렇게 마리아치가 내 앞에서 직접 불러주는 건 처음이다. 사랑하는 애인을 그리는 서정적이고도 로맨틱한 멕시코 전통 민요.

아름다운 작은 하늘이여
Cielito Lindo

어두운 언덕에서 내려오네요. 집을 뛰쳐나갔던
반짝이는 검은 두 눈동자가 오고 있네요.
De la sierra morena, cielito lindo, vienen bajando.
Un par de ojitos negros, cielito lindo, de contrabando.
야~야~야~야, 노래해요, 울지 말아요.
사랑을 노래할 때 마음은 기쁨으로 가득하니까요.
Ay, ay, ay, ay! Canta y no llores, porque cantando
se allegran, cielito lindo, los corazones.
어머니가 문을 닫으라고 하면 문을 닫는 척하세요.
하지만 사랑이여, 문은 열어놓아요.
Si tu mamá te dice, cielito lindo,
cierra la puerta haz como que la cierras,
cielito lindo, y déjala abierta!
야~야~야~야, 노래해요, 울지 말아요.
사랑을 노래할 때 마음은 기쁨으로 가득하니까요.
Ay, ay, ay, ay! Canta y no llores,
porque cantando se allegran,
cielito lindo, los corazones.
첫 둥지를 떠나버린 새는 돌아오지요.
둥지를 채운 것을 찾기 위해.
사랑이여, 잘 보존해 두어요.
Pajaro que abandona,
cielito lindo se primer nido.
Vuelve y lo halla ocupado,
cielito lindo, ¡Bien merecido!
야~야~야~야, 노래해요, 울지 말아요.
사랑을 노래할 때 마음은 기쁨으로 가득하니까요.
Ay, ay, ay, ay! Canta y no llores, porque cantando
se allegran, cielito lindo, los corazones.

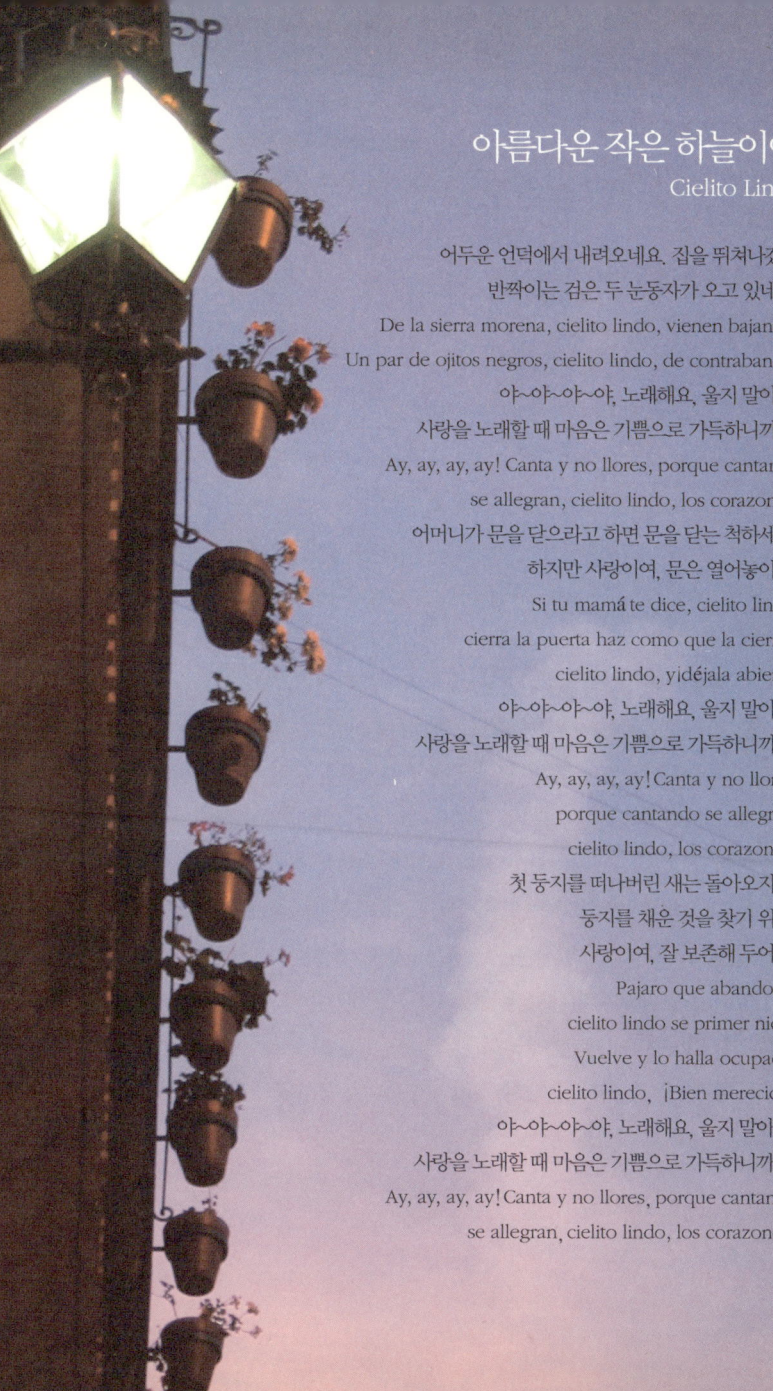

내가 사랑 고백을 받는 것도 아닌데 가슴은 눈치 없이 떨려온다. 아니 어쩌면 쌀쌀한 바람 탓인지도 모른다. 기분 전환용으로 산 공주풍 가디건이 솔솔 바람을 재워준다. 오랜만에 치마도 입었다.
"가디건 참 잘 어울린다."
"고마워."
오카베 오빠, 제법 남자 같은 멘트를 날린다.
"근데, 그저께 그 한국 남자는 누구야?"
밴다이크 브라운 재킷이 나를 숙소까지 데려다준 걸 오카베도 보았던 거다.
"어, 그냥 아는 사람."
"차도 멋지던데."
품, 꼭 질투하는 남자의 대사 같다. 설마, 그래서 일부러 오늘 나에게 표를 사겠다, 밥을 사겠다 한 건가. 에이, 그럴 리가. 그때 오카베가 덜컥 팔짱을 낀다. 이런 순간이 올지도 모른다는 생각, 전혀 하지 못한 건 아니었지만 순간 당혹스러웠다. 오카베는 참으로 반듯한 훈남이긴 하지만, 도무지 이성의 느낌은 들지 않았으니까. 괜히 어색해져서 좋은 친구 사이까지 망칠까 걱정이 앞섰다. 그래서 부러 오버 액션을 섞어가며,
"오니짱, 팔짱은 여자가 끼는 거야. 이래서 데이트 하겠어? 아, 추워. 빨리 가자~."
마치 친동생이 훈수라도 두듯 아무렇지 않게, 그러고선 부리나케 냅다 뛰기 시작했다.
'오니짱, 미안. 근데 진짜 난 오니짱이 오니짱 이상으로 안 보이거든.'

빨주노초파남보 과나후아토

한없이 건조한 거대도시, 멕시코시티. 11월은 건기의 시작이다. 빨래가 '마른다'기보다 무서운 속도로 습기가 죄다 '빨려 나간다'는 표현이 맞는 것 같다. 처음엔 2백 원도 안 하는 지하철 요금에 환장하여 어디건 지하철 타고 일주일이고 이주일이고 실컷 돌아다닐 마음이었지만, 그 지하 세계란 것이 또 어찌나 매캐한지. 차라리 걷는 게 낫겠다 싶지만 그 또한 역시 만만치가 않다. 찰미타나 말리날코에서 보았던 파란 하늘은 더 이상 보이지 않고, 초록은 온통 보오얀 먼지에 파묻혀 있다. 사람이건 도시건 건조한 건 역시 별로다. 슬슬 시티를 떠날 때가 된 것 같다.

딱 그 시점에 오카베와 에리카가 머리를 맞대고 뭔가를 궁리하는 눈치다. 호기심이 발동한 나를 보더니, 둘 다 동시에 물어온다.
"같이 갈래?"
"어, 어딜?"
"과나후아토."
"거기가 어딘데?"
"음, 무지 작고 예쁜 마을."
"좋아!"
나는 거의 반사적으로 대답을 해버리고 말았다. 오카베와 에리카도 너무 빠른 대답에 반가워하면서도 놀란 표정이다. 오카베와 단 둘도 아니고, 에리카도 함께니까, 이 어찌 아니 따라나설 일인가. 무척 예쁜 마을이라는 한 마디에 꽂혀서 일주일 여행을 떠나기로 했다. 노트북이며 큰 짐들은 산페르난도에 맡겨둔 채. 산페르난도가 좋은 이유 중 하나. 말만 잘하면 한 달이건 두 달이건 100퍼센트 안심하고 짐을 맡길 수 있다는 것. 배낭이 가벼워지자 절로 여행할 기운이 솟아난다. 역시 짐은 가벼울수록 좋다. 오카베가 두 여자를 거느리고 간다기보다 두 여자가 오카베를 끌고 가는 느낌으로, 여행이 시작되었다.

과나후아토까지 버스로 다섯 시간. 11월, 멕시코는 건기라더니 이따금 한줄기씩 시원한 소나기가 쓸고 간다. 빗속을 걸어 다니는 건 귀찮은 일이지만 달리는 버스에 앉아서 비 오는 창밖을 바라보는 일은 은근 낭만적이다. 조잘거릴 친구들이 있는데도 어쩐지 센치해지려 한다. 과나후아토까지 창밖은 그렇게 맑았다 흐렸다를 반복했다. 내 그림자가 저만치 길어진 오후가 되어서야 과나후아토에 닿았다.

터미널에서 마을까지는 다시 버스를 타고 들어가야 한다. 말로 하면 이렇게 한 줄로 요약되는 문장들이 사실은 여간 번거로운 게 아니다. '어디에서 어디까지 어떻게 간다', 이동이란 것은 재미없다고 해서 빼먹을 수 있는 일이 아니기에 정신을 바짝 차려야 한다. 센트로로 간다는 버스를 타고 언제 내려야 하는가 모두 창밖을 예의 주시한다. 한참을 달리던 버스가 동굴 같은 지하로 내려가더니, 여기가 센트로라며 내리란다. 허, 지하 도시인가.

물론 지하 도시는 아니었지만, 처음 버스 정류장에 내리게 되면 누구라도 당황할 풍경이긴 하다. 같은 버스에 탔던 테리도 눈썹을 치켜뜨면서 어쩌란 말인가 하는 표정이다. 구석진 한쪽 보일락말락한 계단으로 올라가보니, 거기 형형색색의 고운 과나후아토 마을이 짝짝짝 참 잘 찾아왔어요, 하며 씨익 웃고 있다.

무려 250년간 세계 은의 5분의 1을 캐내왔던 광산 마을, 과나후아토는 가파른 산동네다. 스페인 혁명에 성공한 후에도 계속된 은 생산으로 멕시코 어느 도시보다도 부유한 생활을 누릴 수 있었다 했다. 지금은 세계

이봐, 우리 집은 파랑으로 칠할 거야
그럼, 우리 집은 빨강을 칠하지, 라는
주민 회의가 있었던 걸까

문화유산이 된 도시. 오르락내리락 좁은 골목에 총천연색 컬러풀 하우스들이 빼곡하다. 적어도 중심가에서 버스는 아예 지상으로 다닐 수가 없는 구조다. 골목을 요리조리 뒤져 '까사 쇤스타트Casa Schoenstatt'라는 호스텔을 발견했다. 알론소Alonso 거리 한가운데. 이만하면 위치도 좋다. 조금만 더 늦었으면 방도 없을 뻔했다. 작고도 작은 마을, 과나후아토엔 골목마다 노란 머리들이 넘쳐난다. 마을 주민들도 외국인들에 대한 거부감이 없어 보인다. 그네들을 상대로 한 노천 카페며 멋들어진 레스토랑들도 한둘이 아니다. 그래서인지 어딘가 유럽의 작은 마을을 닮은 듯도 하다.

다음 날 아침, 일어나기 무섭게 피필라 기념탑Monumento a del Pipila을 찾아갔다. 형형색색의 고운 과나후아토를 제대로 감상하기 위해서는 무조건 높은 곳으로 가야 한다. 그런 의미에서 피필라 기념탑은 최고의 전망대이다. 지나가는 멕시칸 아저씨에게 길을 물어보자 대놓고 정색을 하며 거기가 어디라고 걸어가냐고, 걸어서 갈 데가 못 된다며 케이블카를 타고 올라갈 수밖에 없다 한다. 어찌나 힘주어 말하는지 하마터면 믿을 뻔했다. 가이드 북엔 분명 걸어서 올라가는 길에 대한 설명이 있는 걸. 모르는 길도 가르쳐주는 멕시칸이라는 걸 잘 알기에 어림짐작으로 방향을 잡고 언덕길을 올랐다. 가파른 언덕이긴 했지만, 5분도 되지 않아 금세 피필라 탑이 하늘을 덮었다. 내 이럴 줄 알았다니까. 멕시코 독립혁명 당시 이달고 부대의 첫승을 이끈 영웅의 탑. 탑 속을 들어가볼 수도 있지만, 어두운 동상 속으로 들어가는 것보다 바깥 경치를 둘러보는 게 백 배는 좋다.
여기서 바라보는 과나후아토, 우와! 크레파스 상자다. 이토록 튀는 원색적인 색감은 멕시코가 아니라면 찾아보기 힘들 것이다. 딱히 지붕이라고 할 것도 없는 집들은 그래서인지 하나같이 성냥갑 같은 사각형, 벽을 채운 컬러만이 건물에 생기를 불어넣고 있다. 진홍, 파랑, 초록, 오렌지, 보라……. 주민 회의를 하고 칠한 것도 아닐 텐데 앞집, 옆집, 뒷집과도 완벽한 조화를 이루는 색의 향연이 놀라울 뿐이다. 무지 작고 예쁜 마을이라는 말은 절대 틀린 말이 아니었다.

밤을 여행하다

진짜 여행하는 기분이다. 여태 내내 여행 중이었으면서도, 과나후아토에 오니 묘하게 다시 여행의 설렘이 되살아났다. 익숙해진 것과 낯선 것의 차이일까. 도시와 마을의 차이일까. 우리는 무엇보다 밤늦게까지 마음대로 돌아다닐 수 있는 안전한 분위기에 반해 당장 맥주 한잔 들이킬 바부터 찾아 나섰다.

'트루코 7 Truco 7'이라는, 트루코 거리 7번지에 있는 아늑한 바가 당첨되었다. 아기자기하게 꾸며놓은 실내가 무척이나 마음에 들었다. 벽을 가득 채운 액자며 선반 위 작은 소품들이 혼자여도 심심하지 않을 분위기다. 맥주는 물어보나마나 네그라 모델로. 흑맥주라 하기에는 꽤나 고소하다. 다른 건 몰라도 네그라 모델로만큼은 멕시코를 떠나도 한동안 잊지 못할 것 같다(다시 서울로 돌아와보니 놀랍게도 웬만한 바에는 모두 네그라 모델로가 수입되고 있었다. 더욱 놀라운 건 멕시코에서 마시던 그 맛이 절대 나지 않더라는 것. 정말 놀라운 일이다). 시티에서는 맥주를 마셔도 숙소로 사 들고 와서 마시는 경우가 다반사였다. 밤늦도록 돌아다니는 것이 영 내키지 않았던 것이다. 그러나 과나후아토는 달랐다. 정말로 밤이 타오르는 마을이었다. 무엇보다 골목 골목이 환했고,

왜 밤에 잡은 손이
더 따뜻할까요

매일 밤 줄지어 투어하는 그룹도 많았으며, 초저녁부터 클럽 광고지를 돌리는 삐끼들도 줄을 섰다.

물론 낮 동안에도 할 일이 없는 건 아니다. 언덕에 올라 바라보는 것만으로도 충분히 흐뭇한 마을인데 직접 걸어보면 얼마나 더 신이 나겠는가. 세계에서 가장 작은 미라, 갓난아이의 미라를 비롯해 100여 구가 넘는 미라가 보존되어 있는 섬뜩한 미라 박물관이나 생각보다 소박한, 그래서 오히려 정감이 가는 디에고 리베라의 생가 등도 볼 만하다. 입장권 끊고 들어가는 그런 곳을 구경하는 것보다, 솔직히 카메라 하나 둘러메고 아기자기한 창문이며 담벼락 따라 셔터를 눌러대는 놀이가 더 재미있긴 하지만. 그중에서도 가장 맘에 들었던 루트. 헌책을 파는 노점들이 늘어선 레포르마 정원Jardin de la Reforma에서 계단만 몇 개 오르면 바로 산 로케 광장Plaza San Roque이 나오는데, 스페인에서도 가장 매력적인 안달루시아에 온 게 아닐까 싶을 만큼 앙증맞은 꽃 화분들이 창문이며 담벼락에 잔뜩 달라붙어 심장을 두드려댄다. 거기서 골목 하나만 돌아 나오면 금세 멋진 카페와 레스토랑에 둘러싸여 있는 산 페르난도 광장 Plazuela de San Fernando이 튀어나온다. 다이어리 표지에나 나올 법한 꽃수레가 어색하지 않은, 말이 광장이지 그저 조금 넓게 트인 마당들. 그 아늑함이 더욱 매력적임은 두 말할 것도 없다. 마음 같아선 이 거리 어디즈음 오래오래 머물다 가고 싶은 욕심. 그야말로 환상의 골목이다.

그러나 역시 더욱 신나는 일은 해질 무렵 무작정 후아레스Juarez 극장 앞을 서성이는 일. 유럽에서 그토록 흔하게 마주치던 길거리 공연이 멕시코로 넘어오면서 뜸해진 것이 과나후아토에서 다시 살아난 것이다. 오늘 후아레스 극장 앞에선 딸기코를 한 삐에로가 사람들을 웃게 한다. 오카베의 통역이 아니어도 삐에로의 몸짓만으로, 아니 즐거워하는 사람들을 보는 것만으로도 충분히 유쾌해지는 시간. 다른 곳은 몰라도 과나

미스 과나후아토를 소개합니다

후아토에 왔다면 밤에 놀아줘야 하는 거다.

골목이란 골목은 다 누비고 다니고 싶은 밤. 그러다 한 뭉텅이의 사람들과 마주쳤다. 키스의 골목Callejon del Beso, 거기 멕시코판 로미오와 줄리엣이 있었다.

아주 오래전, 멕시코 과나후아토에 안나와 카를로스가 살았었대. 둘은 서로 사랑하는 사이였지만, 안나는 부잣집 무남독녀였고 카를로스는 평범한 광부였기에 안나의 아버지가 둘 사이의 교제를 결사반대했었다지. 데이트도 마음껏 하지 못하고 궁리 끝에 카를로스가 안나의 집 코앞으로 이사를 온 거야. 정말로 발코니가 닿을 만한 바로 앞집으로. 둘은 틈만 나면 발코니에서 까치발을 하며 키스를 하곤 했는데, 그만 안나의 아버지에게 들키고 만 거야. 화가 머리끝까지 난 안나의 아버지는 총을 들고 와서는 카를로스를 향해 방아쇠를 당겼고, 사랑하는 연인을 위해 안나가 대신 몸을 던져 막은 거지. 아버지가 딸을 죽인 비극이 생긴 거야. 카를로스는 살았지만, 그건 산 게 아니었지. 결국 오래지 않아 카를로스도 스스로 목숨을 끊고 말았어.

너무 뻔한 스토리임에도 괜히 마음이 짠해진다. 비좁은 발코니는 낮이건 밤이건 키스신을 찍어대는 관광객으로 넘쳐난다. 게다가 문제의 두 발코니는 정말로 맞닿을 만큼 가깝게 붙어 있어 픽션도 논픽션으로 믿고 싶은 마음이 들게 한다. 아, 나도 그런 지독한 사랑 해보고 싶다. 위험한 가을이다.

순전히 "음악이 정말 멋져요"라는 소개가 마음에 들어 '체Che'라는 클럽을 찾아간다. 클럽은 지하였다. 상당히 어두운 보랏빛 조명이 어쩐지 나쁜 짓을 하러 가는 것 같은 기분마저 들게 했다. 정말 논다, 라는 느낌

누구나 이 골목에선
로맨틱해진다
- 키스의 골목

이 확 드는 그런 분위기. 약간은 창고 같은 거친 분위기다. 음악만큼은 정말 좋았다. 선곡 리스트를 물어보고 싶을 만큼 말이다. 무엇보다 마음에 든 건 생각보다 술이 비싸지 않았다는 것. 맥주 한 병이 4천 원이 안 된다. 이 정도 분위기에 이 정도 가격이라면 매일 와서 놀아도 부담 없을 것 같다. 춤을 추는 클럽은 아니었지만, 그런 구분은 내 머릿속에서만 있을 뿐, 제법 신나는 음악이 나오자 옆 테이블 전원이 일어나 춤을 춘다. 화려한 춤도 아니다. 조금은 유치한 단순 동작의 반복에 불과했지만 모두들 좋아 죽는다. 에리카가 우리도 일어나서 추자고 자꾸만 손을 잡아 끈다. 몇 번 빼다가, 그래, 여기까지 와서 이러고 있을 순 없지, 모처럼 큰 맘 먹고 일어났는데, 갑자기 음악이 조용한 음악으로 바뀌는 것이다. 쳇, 절묘한 타이밍이로군.

이왕 밤에 놀기로 한 거, 내친김에 나이트 클럽이라도 가야 하는 거 아닌가. 마침 숙소에서 100미터도 안 되는 거리에 후끈후끈 달아오르는 안트로antro가 있다. 멕시코에선 나이트 클럽을 '안트로'라 부른다. 입장 티켓 끊어서 들어가 신나게 춤추고 술 마시는 건 여느 나이트 클럽과 다를 바 없다. 입구에서부터 음악 소리가 쩌렁쩌렁하다. '꽈나후아토 그릴 Guanajuato Grill'이라는 곳. 꽤 유명한 곳이란다. 제목부터 '그릴'이니, 지글지글 타오를 법도 하다. 입장 티켓을 끊고, 입구 창구에 짐을 맡기고 열쇠를 받아 들어간다. 서울에서도 나이트를 외계 보듯 멀리했던 내가 멕시코에서 나이트라니. 살짝 긴장도 되긴 했지만, 은근 신이 나기도 했다. 얘네들은 어떻게 노나. 춤은 얼마나 잘 추려나. 언니들은 얼마나 쭉쭉빵빵일까.

그래도 에리카가 예쁘니까 괜히 나까지 들어가는 걸음이 당당해진다. 사사키 에리카. 누가 봐도 '일본 여자'라 할 만한 전형적인 일본 미인이다. 뽀오얀 피부에 노랗게 염색한 머리. 스물여덟이라고 하기엔 너무도 앳된 얼굴. 눈웃음치는 애교 또한 보통이 아니다. 그리고 그녀의 매력은 고스란히 멕시코 남자들의 가슴팍에도 전해졌다. 우리가 한손에는 마가리타를 들고 엉거주춤 흐느적거리며 웃고 떠들고 있을 때, 매우 느끼하게 생긴 청년 하나가 다가오는 것이었다.

에리카에게 말을 걸었지만, 문제는 그녀가 스페인어를 전혀 할 줄 모른다는 것. 그러고도 멕시코까지 혼자 여행을 온 게 대단하다 싶다. 얼떨결에 오카베가 통역을 맡게 됐다. 멕시코 청년의 말을 에리카에게 전한 다음, 다시 에리카의 답을 멕시코 청년에게 전하고 있는 꼴이라니. 오카베도 스스로 이게 뭐 하는 짓인가, 어이없다 했지만, 이왕 시작한 통역, 중간에 치사하게 그만둘 수도 없는 노릇이었다. 내 눈엔 암만 봐도 느끼함의 결정체인데 에리카는 싫지 않나 보다. 연신 좋아 죽는 표정이다. 가만히 듣자니 오카베의 통역이 점점 불성실해진다. 멕시코 남자가 에리카에게 "무척 마음에 든다"라고 말을 하면 오카베는 "너 괜찮다" 정도로 자체적으로 수위를 조절해서 전해주는 것이다. 심지어 남자가 '내일 시간 있냐?"라고 묻는 걸 "만나서 반가웠다"로 완전 재해석해서 전해준다. 내가 살짝 옆구리를 찔러 오카베에게 "오니짱, 에리카 좋아하는 거야?" 하고 물어보니 정색을 하고는, 그래도 자기네 나라 여자인데 남의 나라 남자가 치근거리는 게 용납이 안 된다 한다. 이 무슨 바람직한 동포애인가.

오카베가 중간에 방해를 하건 말건 둘은 어느새 스테이지에 함께 오르는 사이가 됐다. 음악 소리가 너무 커서 대화라는 게 애당초 가능해 보이지도 않는다. 멕시코를 한창 휩쓸고 있는 밥 싱클레어의 〈러브 제너레이션 Love Generation〉이나 세지오 멘데스의 〈마스 께 나다 Mas Que Nada〉 같은 노래는 안트로에서도 빠질 수 없는 곡이었다. 거의 모두가 따라 부를 정도였으니까. 숫기 없는 오카베와 나만 열없이 바텐더 앞에서 애꿎은 마가리타만 들이킨다. 에리카가 빨리 피곤해졌음 좋겠다. 마음속으로 그런 가당찮은 바람까지 들려 한다. 안트로는 새벽 1시가 넘어가는데도 발 디딜 틈도 없이 북적거렸다. 그 와중에 여기저기서 플래시가 터져 나왔다. 멕시코 애들은 사진 찍는 걸 무지 좋아라 한다. 조용한 바에서도, 춤추는 클럽에서도 디카가 없던 시절엔 정말 아쉬웠을 것 같다.
새벽 2시가 되어서야 에리카는 결국 그 느끼남에게 마가리타 세 잔(우리들 것까지)을 얻어 마시고, 아무렇지 않게 툴툴 털고 나선다.
"미쳤어? 쟤를 왜 다시 만나?"
여우도 보통 여우가 아니다.

지난 밤엔 자정 넘어 안트로도 갔겠다, 더욱 대담해진 우리는 이제 무서운 것 없이 마음껏 동네를 휘젓고 다닌다. 후아레스 거리, 식당 '라 카레타La Carreta' 앞에선 누구나 발길을 사로잡히고 만다. 론리 플래닛의 첫 소개말이 예술이다. "너의 코를 믿어라 Trust your nose." 거리를 향해 철봉에 매달린 닭들이 지글지글 냄새를 피우며 돌아가고 있다. 냄새 하나는 온 동네를 뒤집어놓고도 남는다. 맛은, 냉정하게 평가컨대, 우리 동네 치킨 집 숯불구이만 못하다. 그래도 이만하면 먹어줄 만하다. 실내는 무지 평범했지만 손님은 늘 많았다. 모르긴 해도 냄새 때문에 찾는 사람도 꽤 될 것 같다. 거기서 열심히 닭을 먹고 있는데, 마리아치라고 하기에도 뭣한 나이 지긋한 할아버지가 들어와 바로 옆에 서서는 예의 그 〈시엘리토 린도〉를 부르신다. 늦은 밤, 가리발디 광장에서 낭만적이라고 느꼈던 그 노래와 치킨 집에서 대놓고 돈 달라고 부르는 할아버지의 노래는 도무지 같은 노래란 느낌이 들지 않는다. 역시 음악은 분위기인가.
마을은 곧 축제라도 벌어질 것처럼 후끈하다. 마리아치도 훨씬 더 많아지고, 정체 불명의 악기를 연주하는 거리의 악사들도 보이고, 플라사 데라 파스Plaza de la Paz 거리엔 야외무대까지 세워졌다. 과나후아토 대학 앞과 대성당 앞 곳곳에 새빨간 천막을 머리에 인 노천 음식점들이 줄을 섰다. 암만 봐도 호떡 같은 고르디타스 데 나타gorditas de nata, 어딜 가나 빠지지 않는 타코, 케사디야quesadilla, 삶은 옥수수알을 매콤하게 먹는 에스키테스. 먹을거리만큼 놀거리도 풍성하다. 열 살도 안 돼 보이는 꼬마 녀석들이 난전을 펼쳐놓고 호객 행위에 열성이다. 이걸 맞추면 돈을 따 가는 거구요, 못 맞추면 꽝인 거예요. 노름판이 따로 없다.

심지어 대성당 뒤 아길라르Aguilar 거리는 어느새 놀이동산이 되어 있었다. 이동식 놀이동산. 나 어렸을 땐 기껏해야 꼬마 자동차나 덤블링 정도가 순회 공연하는 수준이었는데, 바이킹에 범퍼카, 심지어 회전목마까지, 없는 게 없다. 이런 큼직한 놀이기구들을 대체 어떻게 끌고 온 걸까. 스케일이 다르긴 했지만, 바이킹에 태운 딸아이를 지켜보는 따뜻한 아버지는 국적과는 아무 상관이 없어 보였다. 재밌게 놀아라, 꼬마들아. 이 담에 커서도 절대 잊지 못할 만큼 환상적으로 재미있게.

알론소 거리 끝 콘스탄시아Constancia 거리 안쪽까지 걸어가 '바로차Barocha'라는 홍대 앞 분위기의 카페를 발견했다. 카페 트루코 7이 고풍스럽게 아기자기하다면 바로차는 전위적으로 아기자기하다. 다소 실험적인 인테리어와 손님에게 조금은 무관심한 주인. 그래도 이쪽에서 말을 걸면 굉장히 성심껏 대답을 해준다. 영어도 곧잘 하는 사내는 영어로 대답하기를 더 좋아했다. 적어도 이 카페 안엔 멕시코스러운 무언가는 존재하지 않는다. 서울 같아. 도쿄 같아. 그런 말들이 자연스럽게 나오는 분위기. 관광객으로 보이는 손님들로 붐비는 것도 아니고. 그래서인지 문득 편하다는 느낌이 들었다. 딱 아지트 삼고 싶은 카페. 이런 곳은 사실 살지 않고선 찾아온다는 게 불가능해 보였다. 겉으로 뻬까번쩍 간판

밤은 또 하나의 낮
매일 밤 축제 모드였다지

이 튀는 것도 아니고, 가이드북에 실려 있는 것도 아니고. 세상엔 분명 그런 곳이 더 많으리라. 쉽게 드러나지 않는 보석 같은 곳. 우리는 살면서 얼마나 많은 보석들을 찾아낼 수 있을까.

11월 20일, 아침부터 마을 끝에서 끝까지 사람들이 목을 빼고 늘어서 있다. 그도 그럴 것이 오늘은 멕시코의 혁명이 시작된 날. 그래서 멕시코의 거의 모든 도시에 '11월 20일 거리'가 존재한다. 얼마나 대단한 행사를 하길래, 호기심에 덩달아 줄을 서보았는데, 정작 눈앞에 펼쳐진 건 멕시코 국기 색에 맞춰 천 조각을 들고 펼치는 할머니들의 퍼레이드. 주름이 짜글짜글한 할머니들, 동작이 민첩할 리도 없고, 더 이상 뭐 어떻게 화려할 수도 없는데, 그럼에도 보고 있으면 기분이 좋아진다. 여태 본 공식 행사 중 가장 귀여운 행사. 과나후아토에 딱 어울리는 그런 행사. 한 도시를 떠날 때, 그 도시의 가장 아름다운 모습을 본다는 것도 참으로 고마운 일이다. 마지막 모습은 언제나 시간을 이기고 늘 그 자리에서 같은 모습으로 기억되는 법이니까. 귀여운 마을, 과나후아토를 떠나는 아침, 마음은 그래서 더 푸근해진다.

단 한 번의 입맞춤

그리고 얼마나 지났을까. 나 혼자 과달라하라에 다녀오는 날, 공교롭게도 오늘은 오카베가 일본으로 돌아가는 날. 떠나기 전에 다시 만날 수 있을까? 일부러 날짜를 맞춘 건 아니지만 다행히 오카베가 떠나기 전에 돌아와 환송회 자린 함께 할 수 있게 되었다. 산페르난도에 들어서기 무섭게 사토 상이 너무 반겨주어 황송할 정도였다.
"내가 김 상 올 줄 알았당게. 오카베가 가기 전에 꼭 올 줄 알아부렀지."

예상대로 오늘 저녁은 오카베의 환송 파티를 한단다. 작은 요리 하나라도 보태야겠다는 생각에 예의 그 월마트로 한달음에 달려갔다. 이것저것 카트에 주워 담는 동안 거짓말처럼 오카베와 마주쳤다. 야채 코너와 정육 코너 사이 모퉁이에서 쾅 하고 카트가 부딪치는 바로 그 순간에. 뜻하지 않은 곳에서의 뜻하지 않은 마주침이 반가움을 더했다. 아주 오랜 친구를 만난 것 이상으로 반가웠다. 하마터면 끌어안을 뻔했다. 오카베와 반갑다고 악수를 하는 동안 야채 코너 저쪽에서 머리를 잔뜩 말아 공주 머리를 한 여자애가 눈을 동그랗게 하곤 이쪽으로 다가온다. 공주 머리가 오카베의 팔짱을 끼며 누구냐는 눈짓을 던진다. 뭐야? 그새 여자 친구라도 생긴 거야? 오카베에게 특별히 이성의 감정을 느낀 적도 없으면서 그 순간만큼은 기분이 오묘했다. 질투. 공주 머리가 오카베에게 달라붙으면 달라붙을수록 기분이 나빠졌다.
"나 먼저 갈게. 이따가 숙소에서 만나."
괜히 김이 빠져서 요리하겠다고 산 재료를 모두 내려놓고 대신 와인 한 병을 집어 들었다.
공주 머리는 나와 동갑이었고, 나보다 훨씬 여성스러우면서도 시원시원한 타입이었다. 이름은 준. 준이라는 이름 정말 흔하군. 담배를 저렇게 피워대는데 피부는 왜 또 저렇게 좋은 거야. 공주 머리의 등장 이후 오카베 근처엔 얼씬도 못 할 분위기가 됐다. 둘은 샤브샤브를 만들겠다고 난리도 아니다. 9시가 넘어가자 테이블도 가득 찼다. 오카베를 떠나보내는 자리라기보다는 그저 산페르난도의 단합 파티 분위기다.

조만간 돌아간다는 마키도 남자 친구를 초대했다. 키도 크고 체격도 좋아 여성스럽다는 수식어가 어울리지 않는 마키였지만, 거뭇한 멕시칸 남자 친구 옆에선 영락없는 여자였다. 마키가 일본으로 돌아간다는 게 곧 이별의 동의어임을 너무나 자연스럽게 받아들이는 두 사람. 둘은 이별 여행도 다녀왔다. 좋아하는 감정을 그렇게 쉽게 정리할 수 있다는 게 나로선 받아들여지지 않았지만. 내가 이곳 산페르난도에서 둘을 본 것만 해도 꽤 여러 번인데, 이별을 앞둔 커플은 참으로 담담해 보인다. 여장부 같은 마키가 모두가 보는 앞에서 우울해 하고 있다는 것도 상상하기 힘들긴 하다. 감정의 세계는 보이는 게 전부는 아닌 세계이겠지.

데낄라와 맥주, 와인이 정신없이 테이블을 오가고 밤도 꽤 깊었다. 오카베는 아침 일찍 공항으로 가야 한다면서 자리를 떠날 줄 모른다. 새벽 5시. 알람의 힘으로 기적적으로 일어나 거실로 나와보니 아직도 자리를 지키고 있는 친구들. 고스란히 밤을 새운 모양이다.
"잘 가."
"안녕."
어색한 인사가 오가는 사이, 공주 머리의 눈에 눈물이 그렁그렁 고였다. 내가 과달라하라에 다녀온 사이 나타나서 무척 친해진 모양이다. 하긴 감정이란 게 반드시 시간에 비례하는 건 아니니까. 적어도 공주 머리보다는 오랜 시간을 함께 한 나는 괜히 멋쩍어서 악수를 청하고 말았는데, 사토 상이 자꾸만 눈치를 준다.
"포옹을 해야지, 포옹을."
오카베를 실어 갈 택시가 현관에 도착하고 정말로 이제는 못 본다고 생각하니 서운하긴 서운하다. 그래도 오빤데. 사토 상의 부추김에 못이겨 포옹을 하는데, 오카베가 뺨에 살짝 입맞춤을 한다. 밤을 꼬박 새운 꺼칠한 입술의 감촉이 서늘하게 와 닿았다. 그것이 오카베가 나에게 한 가장 적극적인 스킨십이었다. 함께 걸었던 거리들이 떠올랐고, 함께 들었던 음악들이 되살아났다. 이별이라는 거 이제는 익숙해질 때도 됐는데, 참 쉽지가 않다.

오카베를 태운 택시가 어둠 속으로 사라지고 다시 산페르난도는 잠들었다. 공주 머리는 어두운 거실에 혼자 앉아 담배를 뻑뻑 피워댄다.

"준, 계속 여기 있을 거야?"

"어, 너무 허전해서 못 자겠어. 먼저 자."

"……"

나도 많이 서운한데, 그녀가 너무 서운해 하는 바람에 내 마음이 설 곳을 잃는 기분이다. 어쩌면 이게 더 나을지도 모르겠다. 준, 내 서운함까지 모두 슬퍼해 줘. 그녀에게 염치없이 슬픔을 덜어놓고 참으로 오랜만에 긴 잠에 빠져들었다.

타임머신이 없어도
시간여행이 가능한 나라

테오티우아칸

기억이란 시간 앞에 흐려지기 마련이지만, 어떤 기억은 시간이 지날수록 더욱 또렷해지기도 한다. 어떤 장면이나, 상황, 이야기보다도 그 모든 것들의 바닥에 깔려 있는, 그때엔 미처 깨닫지 못했던 어떤 감정, 본질에 가까운 기억.

나는 그때 그 모든 아름다운 순간들을 단 하나도 빠짐없이 영원히 기억해낼 것처럼 몇 번이고 되뇌곤 했었는데, 카푸쉰 거리에서 생드니 거리를 지나 몽토르궤이 거리로, 다시 위셋트 거리까지. 토요일 밤 우리가 함께 걸었던 그 길을 다시 몇 번이고 되돌아가 서성였는데, 다시 또 시간이 흐른 지금에는 그 아름다운 시간 속에 웅크리고 있던 어떤 진실의 존재를 어렴풋이나마 느끼고, 행여 내일 또 내일 즈음에는 알고 싶지 않은 진실과 마주치지나 않을까 미리부터 겁을 먹고 있다. 이를테면 그때 그는 나를 사랑하지 않았다. 더욱 슬픈 것은 나 또한 그러했음을……과 같은 진실.

피라미드를 보면 어떤 기분일까. 그 거대한 시간의 흔적을 마주하면 어떤 기분일까.

한 시간 남짓 버스가 달리는 동안, 창문에 호호 입김을 불어 세모를 그려본다. 지금까지 내 머릿속 피라미드는 이집트 어디 즈음 저 혼자 사막을 지키는 외로운 사각뿔. 그러나 정작 내 앞에 펼쳐진 피라미드는 하나의 사각뿔이 아닌 하나의 도시. 단 한 사람의 죽음만을 기억하는 것이 아니라, 하나의 문명을 기억하는 흔적. 이곳은 신들의 도시, 테오티우아칸Teotihuacán이다.

버스에서 내리면 바로 피라미드라는 것이 우뚝 서서 반겨줄 줄 알았는데, 정류장에서 피라미드까지 길은 생각보다 꽤 길다. 함부로 자란 풀숲을 헤치며 한 걸음 한 걸음 내디딜 때마다 중력이 두 배는 더 강해지는 것 같다. 나는 지금 죽은 자의 길을 걷고 있다. 오른쪽에는 거대한 태양의 피라미드가, 저 멀리 맞은편에는 달의 피라미드가 내려다보고 있다. 거대한 피라미드와 제단, 왕궁과 주거지, 성벽……. 그 모든 것들이 얼마나 오래 그곳을 지키고 있었는지 나는 알지 못한다. 아주 오랜 옛날, 서기 2000년 어쩌고 하는 그 서기가 시작하기도 전에 사람들은 이곳에 모여 살았고, 신라가 삼국을 통일할 무렵에는 이 도시 또한 활짝 꽃을 피웠다 했다. 그러다 마치 잠자는 숲 속의 공주처럼 6백 년 동안 긴긴 잠이 들었는데, 아스텍이 뜨거운 입술로 깨워 일으켰건만, 3백 년이나 지났을까, 결국 스페인이 잔인하게 영원한 죽음으로 몰고 갔다 했다. 죽음, 다시는 깨어나지 않는 잠. 이제 아무도 그 시작을 기억하지 못한다. 태양의 피라미드, 달의 피라미드, 죽은 자의 길, 테오티우아칸……. 이름은 6백 년의 잠을 깬 아스텍이 불러준 것이다. 추측과 상상만이 푸성귀에 섞여 무성하게 자라날 뿐.

세계에서 세 번째로 큰 피라미드니, 완벽한 조화니, 놀라운 기하학적 배치니, 그 많은 수식어 위에 하나를 더 보탠들 무슨 의미가 있을까. 가만히 주위를 둘러보았지만, 마음은 오히려 허전해져 왔다. 그때에 사람들은 태양과 가장 가깝게 지내며 독수리의 심장 소리를 들었다지. 감탄은 할 수 있었지만, 느낄 수는 없었다. 떼굴떼굴 목이 내쳐지는 끔찍한 제의를 읽을 수는 있었지만, 들을 수는 없었다. 한없이 작은 나는 아득한 과거와의 소통을 일찌감치 접어두고, 하늘로 오르는 사다리라도 타듯 조심스레 피라미드 꼭대기까지 올라가본다. 전망 한번 시원하군. 털썩 주저앉아 거기까지 지고 온 생각들을 모두 놓아주었다. 한 뼘 더 가까워진 태양을 바람이 저만치 밀어주었다. 거기 태고의 시간과 소통하는 것은 한줄기 바람이 전부였다.

테오티우아칸에 다녀왔어
세계에서 3번째로 크다는
피라미드에 으싸으싸
이런 멋진 광경을 나 혼자 봐서,
정말루 미안했어,
누구보다 엄마에게..
Sorry, Mom

지나가는 멕시칸, 알투 처음 멕시코시티에 올 때만 해도, 그래, 딱 일주일만 있어보자, 했던 게 어느새 2주가 다 되었다. 그럼에도 여전히 가보지 않은 곳이 더 많고, 가보고 싶은 곳이 더 많이 남아 있는 곳. 멕시코시티가 그런 곳이라곤 정말 상상도 하지 못했었는데.

인구 2천만의, 시티를 넘어선 메가시티. 도시가 크다는 건 결코 좋은 게 아니다. 남 얘기할 것 없이 우리만 보더라도, 대한민국의 한 도시로서 서울은 기형적으로 크다. 서울이 아니면 기회가 없으니까, 서울이 아니면 누릴 수 없는 것들이 너무 많으니까, 사람들이 꾸역꾸역 서울을 향해 모여들듯 멕시칸들도 그렇게 꾸역꾸역 멕시코시티로 모여든 것이겠지. 이 도시, 지하철 노선만 열하나. 9호선 다음 10호선, 11호선 붙이기가 뭣했는지 A노선, B노선이 있다. 시티 투어 버스를 타고 한 바퀴 도는 데만 서너 시간이 걸리는데, 그것도 도시의 북쪽 일부만 도는 것이다. 누군가는 멕시코의 모든 것은 멕시코시티에 있다고도 했다. 괜한 말이 아니었음을 오늘 또 한 번 깨달았다.

그러니까, 어느새 여행이 생활이 되고 숙소를 내 집처럼 여기며 하루 건너 하루는 맥주에, 만찬에, 세월아 네월아 보내면서 마치 서울에 있듯 마냥 늘어져 있을 즈음, 갑자기 다시 그 몹쓸 '도시병'이 도져 쇼핑이 마구마구 하고 싶어지는 딱 그 시점(서울에서 나는 약 한 달에 한 번꼴로 하루 온종일 발바닥에 불이 나도록 백화점이며 아울렛 따위를 이 잡듯 돌아다니며 사은품을 준다는 가격대까지 맞추어가며, 환불할 때 하더라도 일단은 뭐라도 사야 직성이 풀리는, 이른바 '도시병' 혹은 '쇼핑병'을 앓고 있었던 것이다). 입고 있던 옷들이 초라해 보이고 지겨워져 기어이 초중심가로 나간 것이다. 망고Mango며, 자라 ZARA며, 정말로 오랜만에 신나게 옷을 고르고, 입어보고, 카드를 긁고, 반초죽음이 된 상태로 횡단

보도 앞에서 멍하니 신호를 기다리고 있을 때, 알투라는 할아버지가 스
윽 말을 걸어왔다.

워낙에 멕시코 아저씨들이 들러붙으시는 걸 좋아라 하셔서 그냥 예의상
인사만 받아주었는데, 이 할아버지, 자세부터 조금 남다르다. 무슨 무슨
건물은 보았냐, 부터 시작하는데, 듣자 하니 전혀 금시초문인 곳이다. 론
니 플래닛에서도 못 들어본 이름에 나도 모르게 귀가 쫑긋해져 어느새
할아버지와 한 방향으로 걸어가게 된 것이다. 아무튼 귀 얇은 것도 난치
병이다. 설마 할아버지가 뭘 어떻게 하겠어, 달리기를 해도 내 걸음이 더
빠를 텐데.

그리고 이미 몇 번을 오고 갔던, 그래서 알 만큼은 안다고 생각했던 바로
그 센트로가 전혀 다른 낯선 세계로 보이는 데는 오랜 시간이 걸리지 않
았다. 그러니까, 여기가 세계에서도 내로라 하는 평야 같은 광장, 소칼로
Zocallo이고, 여기가 대통령궁이고, 여기가 대성당이고……. 이 정도는
사실 아는 축에도 들지 않았던 것이다. 볼 만큼 다 봤다고 생각했는데.
다른 친구들에게 가이드도 해줄 수 있다고 떵떵거렸는데. 놀랍고도 부
끄러웠다.

Open the door, 그리고 발견

교회는 교회, 성당은 성당, 그렇게 다
한 뭉치로 묶어두고 띄엄띄엄 보았건만, 알투 할아버지를 따라 화려하
기는커녕 칙칙하게까지 느껴졌던 성프란시스코 교회 Iglesia de San
Francisco로 들어갔을 때 또 한 번 가슴이 서늘해졌다. 교회는 내벽까지
도 온통 돌로 이루어져 있었는데, 그 내부의 돌들은 모두 하나하나 정교
하게 다듬어져 있었고, 그것은 모두 스페인 침략기에 강제로 다듬어진

흔적들이었던 것이다. 일요일인데도 사람은 많지 않았다. 불행인지 다행인지 워낙에 볼 만한 교회들이 많으니 이곳은 관광객들로부터 안전한 성역을 유지할 수 있었던 것이다. 예닐곱 명의 멕시칸들이 기도를 드리는 정적 속에서도 알투는 연신 "포토? 포토?" 하며 사진을 찍으라고 배려해 주었지만, 그마저도 왠지 부끄러웠다. 알투에게 부끄러운 것이 아니라, 이 나라 아픈 역사에게.

타일의 집만 해도 그랬다. 외벽이 온통 파란 꽃무늬의 탈라베라 타일로 뒤덮여 있는 곳이라는 것만 오고 가며 보았을 뿐, 단 한 번도 내부로는 들어갈 생각도 하지 않았으니까. 물론 타일의 집은 지금은 멕시코 최대의 패밀리 레스토랑인 산본이 사들여 누구나 출입은 자유로웠으나, 설령 들어간다 하여도 식당 한구석만 보고 나왔을 터인데, 오늘만큼은 알투에 이끌려 윗층이며 내부 공간까지 구석구석 보게 된 것이다. 멕시코를 강타한 여러 차례의 지진은 타일의 집 또한 가만히 두지 않았다. 윗층 테라스는 기울어도 한참 기울어 아슬아슬한 느낌이 들 정도다. 그럼에도 그 아름다움은 한 치의 기울임도 용서하지 않았다. 무척 넓은 이곳 레스토랑의 공간은 크게 셋으로 나뉘어, 각 공간마다 스타일 또한 달랐다. 5월 5일 거리 쪽을 향해 입구가 나 있는 아래층은 뉴욕의 여느 레스토랑처럼 심플하고도 시원시원하게 꾸며져 있었고, 메인 홀에는 무어식의 안뜰이 자리잡고 있어 이곳이 과연 멕시코인가 싶은 느낌마저 들었다. 심지어 이층으로 올라가는 계단에는 오로스코의 벽화까지 있었다. 마데로Madero 거리로 난 방들 앞에서 서성이고 있을 때 알투가 대뜸 말했다. "오픈 더 도어Open the door." 관광객들도 이 방들까지는 올라오지 않는 눈치인데, 조금 망설이다 문을 활짝 열었다. 문을 열기 무섭게 잦아진 빗줄기로부터 청량한 바람 한줄기가 성큼 방안으로 들어섰다. 하-!

28mm 화각 따위는
우습게 아는 평야같은 광장,
소칼로

시원했다. 바로 앞 성프란시스코 교회의 낡은 벽이, 너 거기까지 올라갔구나, 하며 아는 척을 한다. 마데로 거리는 그 어느 때보다 아름다웠다.
"내가 가장 좋아하는 거리야."
등 뒤에서 알투가 자랑스럽게 얘기한다. 그리고 나도 왠지 끄덕여졌다. 어쩌면 비 때문일지도 모르겠다. 거리에서 단지 한 층 높은 곳으로 올라왔을 뿐인데, 매캐한 자동차 매연이 언제 있었냐는 듯 공기마저 상쾌하다. 소칼로까지 이어질 듯 붉고 푸른 차양들이 나란히 줄지어 유럽의 어느 골목을 보는 듯한 착각마저 들었다.
"숨겨진 보물이 참 많네요, 센트로에는."

그리고 이어지는 정신없는 건물 투어. 한결같이 굳건히 닫혀 있는 입구 때문에 열어볼 생각조차 하지 못했던 큰 문 뒤에는 어김없이 화려한 세상이 펼쳐졌다. 한때 프랑스의 우체국이었던 건물이며, 독일의 누구 누구가 살았던 건물, 상가로 쓰이는 건물, 호텔이 되어버린 건물. 대개는 내부에 화려한 식당을 가지고 있고, 중앙홀의 천장에는 하나같이 스테인드글라스의 화려함이 붙어 있다. 그는 심지어 나를 위해 호텔 직원에게, 식당 지배인에게, 건물 관리인에게 잠시만 둘러봐도 되겠느냐는 양해까지 구해주었다.

알투는 멕시칸치고는 영어를 꽤 하는 편이었다. 숨어 있는 건물들을 찾아내는 능력으로 보아 전직 가이드가 아닐까 의심했건만, 금융계에 몸을 담았었다고 했다. 이제는 은퇴하여 가끔 직장 생활 동안 알게 되었던 외국 친구들이 방문하면 멕시코시티를 소개해 주는 낙으로, 스스로도 아직 다 보지 못한 멕시코의 아름다움을 찾는 낙으로 살고 있다고 했다. 그래서인지 청바지에 빨간 티셔츠, 가벼운 배낭을 멘 차림이 영락없는 여행객으로 보였다. 알투는 그렇게 날마다 멕시코를 여행하고 있었다.

두어 시간쯤 지났을까. 빗속을 이리저리 걸으며 많이도 돌아다녔다. 사알짝 미안해지려는 마음이 생길 즈음, 알투가 뜬금없이 화제를 돌린다.

"같이 발레 보러 가지 않을래?"

에? 할아버지랑 내가?

"국립예술원에서 수요일과 일요일에 발레를 하거든."

"그건 나도 아는데……."

"나는 아는 사람이 있어서 공짜로 볼 수 있는데, 나랑 같이 가면 너도 50퍼센트 할인된 가격에 볼 수 있어. 여러 번 봤는데도 너무 좋아. 정말 멋있어. 너도 틀림없이 좋아할 거야."

"그야 뭐 그렇겠지만……."

그리고 순간 내 입술은 거의 자동으로 거짓말을 둘러댔다.
"그런데 사실은 오늘 저녁 내가 약속이 있어서요. 친구를 만나기로 했거든요."
포기를 모르는 알투는, 그럼 친구까지 50퍼센트 할인해 줄 테니 친구도 같이 데려가면 되지, 라고 한다. 그 말들이 오가기 전까지 알투에게 무척 감사하던 내 마음은 어느새 짜증으로 뭉쳐지기 시작했다. 사실 그 제의들은 전혀 악의 없는 순수한 제의일 수도 있지만, 매표소 직원과 연계되어 있는 것인가, 아니면 작업을 걸고 있는 것인가, 동기가 자꾸만 불순한 쪽으로 여겨져 곱게 보이지 않는 것이었다. 조금은 단호해질 필요도 있다는 생각에 싹둑 알투의 제의들을 물리쳤다.
"고맙지만, 이제 가봐야겠어요."
알투의 얼굴엔 서운한 빛이 역력했고, 사실 빗속에서 그만큼 안내를 받았다면 따뜻한 포옹 정도는 감사의 표시로도 할 수 있었지만, 나는 그저 어서 돌아가고 싶다는 생각에 쌀쌀맞은 인사 한 마디로 돌아서고 말았다. 할아버지라고 의심 없이 봤더니만, 발레를 같이 보자니, 원.
그리고 다음 날, 숙소의 친구들과 다시 소칼로 주변 타일의 집을 서성이게 되었을 때, 거기 알투가 있었다. 또 다른 동양 여자 아이를 옆에 두고서. 그녀는 호기심 어린 눈길로 알투를 향해 귀를 쫑긋 세우고 있었고, 알투는 마치 멕시코의 홍보 대사관이라도 된 듯 뿌듯한 표정으로 부지런히 설명을 하고 있었다.
피식—. 나도 모르게 웃음이 새어 나왔다. 거기 어제의 나를 보면서, 날마다 그 자리에 있을 알투를 보면서. 그것이 알투가 하루를 살아가는 방식이었던 것이다.
그리고 다시 2주 즈음 흘렀을까. 본의 아니게 멕시코시티에 오래 머무르면서, 구석구석 작은 미술관까지 살피던 가운데 다시 또 알투를 마주치

요 앙증맞은 딱정벌레는 대부분의 광고인들 마음속에 신화처럼 자리잡은 폭스바겐 광고들의 주역, 비틀이다. 책에만 나오는 노병인 줄 알았더니, 멕시코시티에선 뉴비틀이 뭐야, 큰소리치며 거리를 활보한다. 빨간 비틀, 파란 비틀, 빛 바랜 비틀. 가장 압권은 택시로 둔갑한 비틀이다. 컬리도 컬리지만, 그 안에 타는 순간 화들짝 놀란다. 문짝 두 개 달린 차에서 뒷좌석에 앉기가 얼마나 힘든진 안 타봐도 비디오. 그래서 조수석 좌석은 통째로 뜯어버렸다. 문 열고 바로 뒷좌석으로 부드럽게 미끄러져 앉으시라고. 뒷좌석에 앉은 다음 열어젖힌 문은 자동으로 닫힌다. 어떻게? 문고리 안쪽에 줄을 매달아 운전석에서 당겨주시는 센스로. 더욱 고마운 건 문짝 네 개 달린 택시보다 요금도 저렴하다는 것. 조금 시끄럽고, 조금 덜컹거리긴 하지만, 멕시코시티에 와주었다면 마땅히 사랑해 주어야 하는 벌레다.

게 되었다. 이 할아버진 도대체 나와 무슨 인연이 있는 걸까. 이번에는 프란츠 마요 미술관Museo Franz Mayer. 그래도 그 할아버지, 꼬마 아가씨들을 못 만나는 날엔 혼자 공부도 한다. 알투는 나를 알아보고 예의 그 가이드 모드로 돌아가 그림들을 함께 둘러보지 않겠느냐고 다가온다. 나는 좀 더 여유로운 마음으로, 다른 건 몰라도 그림은 혼자 천천히 생각하면서 둘러보는 게 좋다고 우아를 떨며 알투를 함께 떨궈냈다.

그리고 다시 몇 달이 흐른 후에 멕시코를 다녀왔다는 한국 여자, 일본 여자들과 얘기를 나누다가 우리는 모두 쓰러졌다. 다시 알투라는 이름이 화제에 올랐기 때문이다.
"너두?"
"너두?"
"그래, 그 할아버지. 키 작고 백발에."
"맞아, 맞아."
사실 해코지 당한 거 하나 없는데, 이 알 수 없는 묘한 감정은 무엇인지. 심지어 만났던 사람 모두에게 '오픈 더 도어'라는 교훈을 가슴에 올올이 새겨주시는 친절까지 잊지 않고. 놀랍게도 모두들 그 한 마디만큼은 참으로 소중한 교훈으로 챙겨 들고 알투에게 고마워하고 있었다.
할아버지, 보통이 아니셔. 그런데 정말 이 할아버지, 순수하게 홍보 대사로 인정해야 할까, 아님 지식형 작업맨으로 인정해야 하는 걸까.

To be or not to be

그때 나는 슬픔이었다. 딱히 잃어버린 것도 없는데 상실의 슬픔을 끌어안고 있었고, 딱히 그리운 이가 있는 것도 아닌데 가슴 한 켠이 몹시 시렸고, 딱히 사랑에 대한 의지가 있지도 않음에도 지독한 외로움에 몸서리를 쳤다. 처음엔 일 때문이거니 여겼지만, 일을 그만두었다 해서 나아지는 것도 아니었다. 내 삶은 어디에, 노래를 부르며 책임을 돌렸던 빠듯한 일과에 무죄 판결이 내려지자 당혹스러웠다. 성장의 블랙홀에 빠진 기분이었다. 어쨌거나 산다는 건 주사위를 굴려가며 한 계단, 두 계단 앞으로 나아가는 일인 줄 알았는데, 속수무책 추락의 미끄럼틀을 타고 만 기분.

유년기의 삶은 지금보다 훨씬 고단했지만, 그때엔 적어도 자신의 감정에 있어서만큼은 모든 것이 명쾌했다. 좋으면 좋은 대로, 싫으면 싫은 대로. 이제 더 이상 연탄을 때는 자취방에 살지 않아도 되고, 연예인 누구누구도 간다는 피부 관리실 정도의 호사를 누릴 여유도 가졌는데, 마음은 까무잡잡한 여자 아이의 그것보다 훨씬 더 쪼그라들어 숨쉴 때마다 파르르 떨곤 하는 것이다. 열예닐곱에는 낙엽만 굴러도 까르르 한다더니 서른두셋이 된 지금에는 낙엽만 굴러도 눈물이 난다. 밟히는 순간 바스락 하고 부서지고 말 것 같은 마른 잎사귀. 나는 낙엽. 나는 후미진 골목. 나는 낡은 가로등. 나는 넋 놓고 떠 있는 형체 없는 구름. 세상의 모든 나약함에 자신이 투사되기 시작할 때 내가 할 수 있는 일이라곤 고작 가방을 싸는 게 전부였다. 사실 이미 나는 가방 싸는 것에 몇 번 재미를 보았다. 작게는 남들이 말하는 리프레시라는 것도, 근년에는 단언컨대 치료라 할 만큼 센 처방도 받아보았다. 나는 거의 절망의 바닥까지 내려갔다가 엄하게도 한겨울 동유럽 땅에서 희망의 별을 타고 서울까지 기어올라왔다. 중남미는 무엇인가. 나는 내 모든 두려움과 대적의 땅으로 중남미를 택했던 것이다. 낙천적인 낭만은 그 다음이었다.

11월 1일과 2일, 멕시코에서는 '죽은 자의 날'이라는 축제가 벌어진다. 멕시칸들은 이날 모든 죽은 자의 영혼이 땅으로 내려온다고 믿는다. 죽은 자들에게 선물과 사탕, 음식과 꽃을 바친다. 해골이나 뼈다귀 모양의 사탕, 빵, 과자……. 응용 버전은 끝도 없다. 죽은 이가 평소 좋아하던 것들이며 죽은 이를 기리기 위한 봉헌물 따위가 온 나라를 뒤덮는다. 이곳에서 죽음은 마냥 슬퍼하거나 기피해야 할 대상이라기보다는 삶의 또 다른 형태처럼 자연스럽게 받아들여진다. 11월 1일은 죽은 아이들을 위해, 11월 2일은 죽은 어른들을 위해. 어린아이들은 죽으면 모두 천사가 된단다. 천사가 되는 죽음이라면 축하할 수도 있을 것 같다. 그 옛날 아스텍 시절에도 신에게 바쳐지는 자는 자신의 죽음을 영광으로 여겼다 했다. 죽음이 어떤 종말이 아니라 인생의 새로운 시작이라고 여기는 관점의 축제인 것이다.

죽은 자의 날 축제가 벌어지는 소칼로는 그야말로 난리도 아니다. 볼거리도 많고 먹을거리도 많다. 죽은 이를 위한 봉헌물은 하나하나 모두 흥미롭고 여기저기에서 벌어지는 의식 또한 신기하기만 하다. 코팔copal 나무를 태워 그 연기로 영혼을 씻어주는 의식, 장구 같은 북을 치면서 춤추는 의식. 어떤 꼬마는 살벌하게 진지한 표정으로 해골을 짊어지고 거니는 퍼포먼스를 하기도 한다. 인간이 상상할 수 있는 모든 형태의 해골이 여기 다 있다. 축제를 위해 모인 사람은 물론 와하카Oaxaca 시위대도 합세, 거기에 어설프게 미국식 할로윈이 섞여 호박등을 들고 사탕 달라고 조르는 아이들까지 미어터진다. 자칫 넋을 놓다가는 압사당할 수도 있다. 알리와 크리스, 로렌조……. 우리들은 단 한 순간도 방심할 수 없었다. 행여 손을 놓치면 다시 만나지 못할지도 모르니까.

그러나 이상한 일이다. 그토록 보고 싶었던 죽은 자의 날 축제인데, 심장의 반응은 미지근하다. 마드리드 공항에서 열 시간이나 출발이 늦어진 비행기를 기다리며 춤추고 노래하던 멕시칸을 볼 때의 그 신선한 충격, 햐, 뭐 이런 사람들이 다 있을까, 하던 그 비슷한 감정도 생기지 않는 것이다. 어쩌면 너무 많은 걸 기대한 탓일지도 모르겠다. 하긴 이 축제 하나로 죽음에 대한 내 모든 어두운 생각들이 떨쳐지길 바란다는 것 자체가 말이 안 되는 생각이지.

단 한 번의 축제, 단 한 번의 여행으로 삶은 뒤집어지지 않는다. 그러나 조금씩 방향을 틀 수는 있을 것이다. 단숨에 모든 것이 변할 것이라는 욕심을 버리고 나자 마음이 한결 편안해졌다.

그래, 천천히, 느릿느릿 가보는 거야.

남처남이 모 즐거움은 아니야
너무 많은 사람 속에 오히려
외로워질 때도 있는 것처럼

숨은 디에고 & 프리다 찾기! (힌트: 디에고의 별명은 두꺼비, 프리다는 일자눈썹임)

＃살며 배우며
쿠에르나바카 사람들

나는 왜 이다지도 멕시코를 떠나지 못하고 있는 걸까. 물가가 터무니없이 싼 것도 아니고, 그렇다고 음식이 죽을 것처럼 맛있는 것도 아니고, 사람들이 지나치게 친절한 것도 아니며, 날씨가 미칠 듯이 좋은 것도 아닌데. 다만 조금은 한 나라에 관광하는 사람이기보다는 사는 사람에 가깝게 살아보고 싶었을 뿐. 다만 조금은 한 나라의 알려지지 않은 곳까지 다녀보고 싶었을 뿐. 다만 조금은 한 나라에 좋아하고 싫어하는 감정을 넘어선 정情이라는 감정을 느껴보고 싶었을 뿐. 변명 같은 생각들이 차창 너머 우거진 나무 사이를 파편처럼 스친다.

쿠에르나바카까지 버스는 내내 덜컹인다. 시티보다 7백 미터쯤 낮은 곳이라 하더니, 구불구불 산길을 미끄럼 타듯 내려간다. 한 시간을 달려왔을 뿐인데 하늘은 맑은 파랑. 12월인데도 덥다. 12월인데도 자줏빛 부감빌리아bugambilia 천지다. 학예회 장식물처럼 색종이로 접어놓은 듯 화려한 별 모양 꽃, 부감빌리아. 어딘가 멕시코스럽다. 홈스테이할 집을 찾아가기 위해 스스럼없이 택시를 타며, 자신에게 또 한 번 놀랐다. 시티에서는 택시 한번 타는 것도 큰맘 먹고 할 일이었는데 마을이 작아지니 마음이 넓어진다. 여유가 생기고, 용기가 생긴다.

Cuernavaca 쿠에르나바카

중남미에 오면 과테말라의 안티구아나 케찰테낭고 어디 즈음 두어 달 늘러앉아 스페인어 공부부터 해야겠다고 결심했던 적이 있었다. 정작 지금의 나는 멕시코의 작은 도시, 쿠에르나바카Cuernavaca로 가는 버스에 몸을 기대고 있지만. 그것도 두어 달이라고 생각했던 느긋한 시간을 3주로 바투 잡은 채. 하나에 많은 걸 내어주면 다른 하나에는 인색해진다. 멕시코에 많은 걸 내어준 나는 그래서 멕시코 아래의 땅들에 인색해지겠지.

나는 왜 이다지도 멕시코를 떠나지 못하고 있는 걸까. 물가가 터무니없이 싼 것도 아니고, 그렇다고 음식이 죽을 것처럼 맛있는 것도 아니고, 사람들이 지나치게 친절한 것도 아니며, 날씨가 미칠 듯이 좋은 것도 아닌데. 다만 조금은 한 나라에 관광하는 사람이기보다는 사는 사람에 가깝게 살아보고 싶었을 뿐. 다만 조금은 한 나라의 알려지지 않은 곳까지 다녀보고 싶었을 뿐. 다만 조금은 한 나라에 좋아하고 싫어하는 감정을 넘어선 정情이라는 감정을 느껴보고 싶었을 뿐. 변명 같은 생각들이 차창 너머 우거진 나무 사이를 파편처럼 스친다.

쿠에르나바카까지 버스는 내내 덜컹인다. 시티보다 7백 미터쯤 낮은 곳이라 하더니, 구불구불 산길을 미끄럼 타듯 내려간다. 한 시간을 달려왔을 뿐인데 하늘은 맑은 파랑. 12월인데도 덥다. 12월인데도 자줏빛 부감빌리아bugambilia 천지다. 학예회 장식물처럼 색종이로 접어놓은 듯 화려한 별 모양 꽃, 부감빌리아. 어딘가 멕시코스럽다. 홈스테이할 집을 찾아가기 위해 스스럼없이 택시를 타며, 자신에게 또 한 번 놀랐다. 시티에서는 택시 한번 타는 것도 큰맘 먹고 할 일이었는데 마을이 작아지니 마음이 넓어진다. 여유가 생기고, 용기가 생긴다.

'Privada Prados de la estacion No 2 colonia el vergel.'
주소 한번 묘하다. 널따란 대문과 새하얀 담벼락, 현대식으로 지어진 깨끗한 건물은 폴랑코에서나 보던 살아주는 집. 대문을 열어준 사람은 알군도라는 작달막한 백발의 아저씨였다. 적당히 배가 나오고 적당히 살집이 있는, 어디서 많이 본 듯도 한 편안한 인상. 새카만 머리의 까무잡잡한 멕시칸을 상상했었는데 전혀 아니다. 피부도 흰 편에 신수가 너무도 훤해서 멕시칸으로는 절대 보이지 않는다. 알군도는 변호사다. 그렇다고 멕시코 변호사가 우리 나라처럼 알아주는 직업은 아니다. 이곳 멕시코에서 변호사란 직업은 우리네처럼 1차, 2차, 3차, 죽기 살기 고시 공부 끝에 얻는 고생스런 열매가 아니었다. 조금 보태어 말하자면 발에 걸어차이는 게 변호사고, 변호사라는 직업이 곧 어느 정도의 부와 명예를 가져다준다는 공식 따위는 존재하지도 않는단다. 고로 변호사 집이 잘 산다는 건 조금 치사한 방법을 쓴 까닭이라든가, 아니면 태생이 부유한 까닭이 많다나.

알군도는 내가 한국에서 왔다는 소릴 듣자마자 어디서 주워들었는지 짓궂은 질문을 한다.

"꼬레아? 그럼, 너도 개 먹냐?"

어허, 이거 왜 이러실까. 당하고만 있을 수 없어 맞받아쳤다.

"멕시코도 옛날엔 개 먹었다면서요? 털 없는, 맨들맨들한 개, 그죠?"

알군도의 입이 쏙 들어갔다. 아스텍 시절, 멕시코도 식용으로 털 없는 개 이츠쿠인틀리itzcuintli를 먹었던 거다. 그렇다고 내가 치사하게 옛날 옛날 옛적 이야기를 끄집어낸 것도 아니다. 아스텍이라고 하면 왠지 엄청 옛날 같지만, 1521년 스페인이 쳐들어오기 전이 곧 아스텍이었으니까, 우리의 조선시대와도 겹치는 것이다. 조선시대 하면 아주 옛날 같지는 않은데, 아스텍 하면 아주 옛날 같은 느낌이 드는 게 묘하긴 하지만. 근데 진짜 생각할수록 묘하단 말이지.

알군도의 아내, 이루마가 마실 것을 내어준다. 이루마는 알군도에 비해 조금 더 멕시칸의 느낌이 나는 여자다. 샛노랗게 염색을 하고(염색한 머리 뿌리에 까만색이 보일락말락했다) 말쑥한 차림이긴 했지만, 멕시코 아줌마 특유의 체형을 숨길 수는 없었다.

그리고 그 느낌은 고스란히 2세들에게 전해져 딸 하루미는 누가 봐도 멕시코 아가씨였다. 까무잡잡한, 그러나 촌티 나지 않고 건강하게 까무잡잡한 피부가 그녀의 생기를 더해주었다. 짙은 눈썹에 장난기가 가득한 장남 엘루이까지. 매우 단란한 4인 가족의 모습이다. 순간 스페인어를 공부한다는 설렘보다 멕시코 중산층의 생활을 체험한다는 설렘에 가슴이 콩닥거렸다.

나는 안마당 풀장 옆의 별채 일층을 쓰게 되었다. 방은 심플했다. 침대 두 개에 옷장 하나, 책상 하나, 욕실 하나. 공부 말고는 할 것도 없어 보이는 방이다. 혹시나 하고 노트북을 열어보았지만 무선 인터넷 따위가 잡힐리 없다. 이거 스페인어 사전 하나 챙겨 오지 못했는데 인터넷 사전도 못 보게 됐으니 어쩐다. 인터넷 카페 위치부터 파악하고 볼 일이다.

저녁을 먹을 겸 온 식구가 식탁에 모였다. 알군도 식구 네 명 외에 세 명이 더 있었다. 꽤 오래전부터 이곳에서 홈스테이 생활을 하고 있던 일본인 친구들. 리예와 미네요, 야수가 그들이었다(이름을 쓰고 보니 유난히 '야수'의 이름이 거슬린다. 실제로 발음은 '야수'와 '야스' 사이이긴 한데, 짐승의 그 야수가 아님을 어떻게 설명해야 할지, 이거 원). 리예의 스페인어는 이미 수준급으로 오른 듯했다. 미네요는 거의 내 수준이었고, 야수는 말이 없었다. 원래 과묵한지 스페인어 앞에서 과묵한지 모를 일이었지만. 그래도 내 수준의 친구가 있다는 게 어찌나 다행스러운지 모르겠다. 그렇잖아도 영어가 거의 통하지 않는 식구들 앞에서 더듬더듬 어설픈 스페인어로 잔뜩 주눅 든 나는 과연 3주 공부한다고 해서 뭐가 달라질까 내심 우울했으니까.

수업을 받게 될 곳은 어디일까?
집에서 너무 멀지 않으면 좋을 텐데.
2~3주지만 열심히 공부해서 실력이 늘면 정말 좋겠다.
그나저나 내일 아침 메뉴는 뭘까?
'호스텔' 아닌 '집'에 왔더니 잠이 잘 오지 않는다.

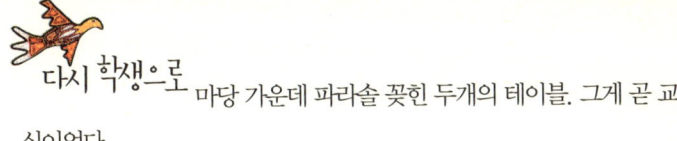

다시 학생으로 마당 가운데 파라솔 꽂힌 두개의 테이블. 그게 곧 교실이었다.

뭐야, 그냥 집에서 수업하는 거네.

9시가 되자 거대한 대문이 열리며 까무잡잡한(이번엔 촌티 나는 까무잡잡한) 두 명의 멕시칸이 들어온다. 선생님이구나. 암만 봐도 선생님의 인상은 아니었지만, 그들이 교사였다. 아구스틴과 디에고. 알군도 못지 않게 작은 키의 아구스틴. 짧은 목에 볼록한 배, 새카만 머리를 길러 묶은 모습. 영락없는 멕시칸 스타일 되겠다. 그에 비해 디에고는 엄청난 거구였고, 어딘가 철없어 보인다 싶더니 아닌 게 아니라 이제 겨우 열여덟. 외양과는 달리 아구스틴과 디에고는 나름 레벨에 따른 차별적인 교재도 갖추고 있고, 홈페이지도 만들어놓은, 능숙하다면 능숙한 교사들이었다. 나는 '네가 아는 게 뭔데 테스트'를 거쳐 예상대로 미네요와 함께 짝이 되었다. 이 얼마 만의 테스트인가. 언제나 느끼는 거지만, 스페인어 동사 변화 앞에서 오늘도 머리에 김이 나고 말았다.

스페인어에 통달한 사람들은 말한다. 스페인어만큼 논리적인 언어도 없다고. 영어는 정말이지 논리라곤 없는 언어라고. 다른 건 몰라도 발음은 편하다. 적어도 한국인에겐. 보통 'ㅍ', 'ㅊ', 'ㅌ', 'ㅋ' 등의 거센소리로 표기하는 것들이 실제로는 'ㅃ', 'ㅉ', 'ㄸ', 'ㄲ'과 같은 된소리로 발음이 난다. '과테말라'라고 쓰긴 하지만 실제 발음은 '꽈떼말라'에 가깝다. 별것 아닌 것처럼 보여도, 이게 또 서양 애들을 은근 덜떨어져 보이게 한다. '짬뽕'이라고 할 것을 '참퐁'이라고 하니 맛이 나나. 일본 애들도 젬병이긴 마찬가지다. 대한민국 만쉐이~.

그리고 이 언어, 도통 축약이라는 게 없다. 영어는 'do not'이 'don't'

가 되고, 'I am'이 'I'm'이 되는 게 무수하지만, 스페인어는 그런 거 절대 없다. 불어 같은 리에종도 없다. 마지막 자음이 발음이 안 되다가 뭘 만나면 살아나고 그런 거 없다. 한 마디로 모든 단어들은 정직하게 나열되고, 정직하게 발음된다. 스페인어를 배우는 입장에서 보면 매우 고마운 일이다. 굳이 부작용을 말하자면 모든 단어들을 생략 없이 말해야 하기에, 말이 길어진다. 그리하여 현지인들의 말하는 속도는 장난 아니게 빠르다.

거기에 사람 잡는 동사 변화 마주치면 급좌절이다. 자, 여기 '먹다'라는 동사가 하나 있다고 치자. '나', '너', '그', '우리', '너희들', '그들', 누가 먹느냐에 따라 여섯 가지 형태로 변하신다(다행인지 어쩐지 중남미 스페인어는 다섯 가지로만 변신한다). 이게 또 시제별로 여섯 세트씩이니까 동사 하나의 변형 형태는 가히 기하급수적으로 늘어난다. 현재 여섯 개, 미래 여섯 개. 과거는 또 특별하시어 단순과거와 계속과거(참으로 대단한 문법용어의 세계)로 두 종류가 있으니 도합 열두 개. 거기에 가능형이니 접속법이니 현재분사, 과거분사 어쩌고저쩌고. 불규칙은 또 왜 그렇게 많은지.

어렵나? 어렵지. 현지인들도 동사 변화 실수를 많이 한다는데, 어렵고말고지. 근데 딴 나라 사람들이 "한국어 배우기 어때?" 하고 물어보면 솔직히 뭐라고 대답을 해야 할지 모르겠다. 외국어는 어렵지 않은 게 이상한 거겠지. 어렵거나 말거나, 나도 리예처럼 쏼라쏼라 말하고 싶은데.

오케이, 단기 집중! 하루 다섯 시간. 제대로 한번 해보자 마음은 먹었으나 막상 하루 해보니 다섯 시간 수업, 장난 아니다. 처음엔 의욕이 넘치다가 세 시간이 넘어가면 이 내용을 다 소화나 할 수 있을까, 부담이 백 배로 늘어난다. 처음 세 시간은 미네요와 함께 디에고에게 기초 학습을, 다음 두 시간은 야수, 그리고 유예라는 이름의 통학하는 중국 여자 아이

와 함께 아구스틴에게 심화 학습을 받는다.

사이 사이 휴식 시간에는 모두들 쫄레쫄레 동네 구멍가게로 가서 간식을 사 먹는다. 유치하게 무슨 간식, 했다가는 낭패 본다. 여태 나는 내 살아온 배꼽 시계에 맞춰 아침 먹고, 점심 먹고, 저녁 먹었으나 멕시칸의 집에 와서 그네들 식사 시간 맞추다 보니 낮 1시부터 3시까지 죽음에 가까운 고통의 굶주림을 겪을 수밖에 없었다. 아무리 맞추려 해도 적응할 수 없었던 그들만의 식사 시간.

매우 이른 시각, 보통 아침 7시쯤 데사유노desayuno, 즉 아침밥을 먹는다. 과일과 토스트 혹은 간단한 요리 따위로. 결코 양이 많은 건 아니다. 문제는 코미다comida라는 제대로 된 점심을 빨라도 오후 2시, 거의 3시가 다 되어서 먹는다는 것. 7시에 아침 먹고 3시에 점심이라니 가당치도 않은 간격 아닌가. 정오가 넘어가면 머릿속에 먹을 것만 돌아다니는 것도 이상한 게 아니다. 점심만큼은 푸짐한데, 주로 고기와 치즈가 빠지지 않는 요리가 나온다. 치킨 요리라든가, 스테이크라든가, 돈까스 비슷한 밀라네사milanesa라든가. 그리고 저녁은 또 어찌나 더딘지. 8시가 넘어 9시 즈음, 저녁 먹을래? 하고 부르면, 이게 저녁이냐 야식이지, 하는 투정이 절로 나온다. 결국 나는 낮에는 간식에 의존하고, 저녁은 먹는 둥 마는 둥, 하루를 점심 한 끼로 때우며 살아야 했다.

리예는 수업에 보이지 않는다. 가족들과도 거침없이 말하더니, 아무래도 하산했나 보다. 나름 사교성 좋아 보이는 그녀는 이곳에도 친구가 많다. 밤이면 밤마다 클럽이며 바, 파티 따위에 참석해 주시느라 여간 바쁜 게 아니다. 외출할 때마다 옷차림이 예사롭지 않다. 놀라운 건 미네요 또한 친구들이 많다는 거다. 정말이지 스페인어는 떠듬떠듬, 나와 쌍벽을

비싼 음식이
맛있는 건 당연하다
싸고 맛있는 게
진짜 맛있는 거다

이루는 수준인데, 날이면 날마다 외출하는 거 보면, 그래도 말이 통해야 친구를 사귀지, 하는 고지식한 내 상식이 여지없이 무너짐을 느낀다. 키는 작지만 들어갈 데 들어가고 나올 데 나온, 그래서 은근 섹시한 미녜요는 일주일에 두세 번 밸리댄스까지 배우러 다닌다. 한번은 그녀가 작문 숙제를 너무나 완벽하게 해 오는 바람에 역시 어울리면서 배우는 언어가 다르구나 감탄하고 있었는데, 나중에는 멕시코 친구가 손봐준 거라며 실토를 한다. 그래도 그게 어디야. 친구를 만나는 데 공부할 걸 들고 갔다는 거잖아. 나는 미련하게 연습장에 죽어라 쓰고 외울 줄만 알았지, 어디 가서 어울리면서 공부할 수도 있단 생각은 아예 하지도 않았으니까. 공부는 책상 앞에서. 아, 정말 난 전형적인 왕소심A형인가 봐.

야수는 아무리 뜯어봐도 어디 나가서 놀게 생긴 얼굴은 아니다. 학생 얼굴이기보다는 아저씨 얼굴에 가까운 느낌. 농담을 해도 금세 주위를 썰렁하게 만든다. 그런 야수도 오후만 되면 어김없이 집을 나간다. 뭐야, 다들 왜 이렇게 잘나가는 거야. 어떨 땐 점심 시간에도 야수 얼굴 보기가 쉽지 않다.
"야수, 도대체 매일같이 어딜 그렇게 나가는 거야?"
쑥스러운 듯 머리를 긁적이며 야수가 대답한다.
"으응, 자원 봉사하고 있는데 좀 멀어서 수업 마치면 바로 가야 하거든."
"자원 봉사?"
"응, 장애인들에게 이것저것 가르쳐주는 건데, 사실은 내가 배우는 게 더 많아."
"……"
이곳에서 고리타분한 학생은 나밖에 없다.

참, 유예, 그녀는 이제 열일곱. 중국 상하이 출신답게 화려하다. 쪼그만 게 꾸미기는 어쩌나 꾸미는지. 걸핏하면 망사 옷에 반짝이 벨트에 귀걸이까지. 내가 한국에서 왔다고 하자 자기 할머니도 한국에 살았던 적이 있다며 그때부터 엄청 따른다. 들고 다니는 아이팟엔 한국 가요도 꽤 실려 있다. 뜻도 모르지만 그냥 좋단다. 노래 몇 곡 가르쳐주고 싶었는데, 늘 시간이 없었다. 날마다 2시가 되면 픽업하러 오는 아빠에게로 신데렐라처럼 총총걸음으로 사라졌으니까. 유예는 아버지가 멕시코에서 사업을 하는 이유로 따라 나왔는데, 이곳에서 학교를 다니기 위해 일단 말부터 배우는 중이라 했다. 나는 이상하게 타국을 여행하면서 현지인이 일본인과 착각을 할 때는 그냥 그러려니 하면서 중국인과 착각을 할 땐 나도 모르게 발끈한다. 어딘가 중국 하면 적어도 한국보다는 한 수 아래라는 생각을 해왔고, 촌스럽다는 식으로만 생각해 왔으니까. 그런데 여기 중국에서도 자존심 세기로 유명한 상하이의 여자 아이를 만나고 보니, 그럴 것만도 아니라는 생각이 든다. 아가씨가 되면 남자 여럿 울리겠지. 어느 날 그녀가 "흥!" 하고 콧방귀를 뀌는데, 소름이 돋았다. 바로 공리가 영화에서 콧대 높은 여자 역할을 하며 "흥!" 하던 그 소리였다. 나이가 어려도 중국 여자는 중국 여자구나 싶었다.

서로 다른 개성을 가진, 국적도 다른 친구들과의 소수 정예 수업. 어학연수라곤 해본 적도 없었기에 이게 또 은근히 신선했다. 스페인어와 영어, 일본어가 난무했다. 특히 일본어에 대해선, 아구스틴과 디에고 두 선생 모두 무척 관심이 많았다. 그들의 일어는 이제 웬만한 기초 회화 이상의 실력이다. 터키에서도 목격했지만, 소위 여행할 만한 나라에서 일본 사람들은 어디나 넘쳐난다. '관광을 하러 나온 사람들 = 돈을 쓰러 온 사람들'. 현지인들에게 일어가 배울 만한 가치가 있는 언어임은 의심의 여

지가 없다. 여기 스페인어 선생들도 가끔 스페인어로 설명을 할 때 학생들이 못 알아들으면 일어의 무슨무슨 단어와 같은 뜻이라는 둥 부연 설명을 덧붙인다. 기회의 언어 앞에서 한국어가 설 자리는 없어 보였다. 치사한 건 이 집에서는 일본 애들에겐 등록비를 따로 받지 않는다는 것이다. 물론 나는 시티에서 만났던 스즈키 군이 주선을 해서 온 덕에 등록비 면제의 혜택을 받을 수 있었지만, 별게 다 차별이다.

수업이 끝나면 나는 곧장 시내의 인터넷 카페로 달려간다. 집에서 빠른 걸음으로 10분. 초행길은 리예가 나갈 일이 있다며 데려다주었다. 인터넷 카페까지 안전하게 데려다주었으면서도 돌아가는 길이 걱정이 되어 계속 혼자 갈 수 있겠냐고 물어본다. 걱정스러울 만도 한 것이, 이곳의 지형이 예사롭지 않다는 것인데, 쿠에르나바카는 스페인어로 '쿠에르나 cuerna(뿔) + 바카 vaca(소)', 즉 '소뿔'이라는 뜻. 산처럼 솟은 경사 탓일까. 이곳을 점령한 스페인인들이 바꾸어 부른 이름이란다. 골목은 지도로는 도저히 가늠할 수 없을 만큼 오르락내리락이다. 대체 왜 여기에 스페인어 어학원이 모여 있는지 알다가도 모를 일이다. 멕시코에서 거의 처음으로 외국인을 가르치는 어학원이 생긴 원조 학원 도시라는데. 리예가 데려다주지 않고 약도만 받아서 왔더라면 꽤 헤맸을 것 같다. 고마웠다. 여행길에선 아무것도 모르니까 아무것도 아닌 것에 도움을 받아도 무진장 고마워진다. 사실 아무것도 아닌 게 없다. 버스 탈 때 차비는 어떻게 내는지, 미리 표를 사야 하는지, 사면 어디서 사는지, 기사 아저씨에게 현금을 줘도 되는 건지, 내릴 때 벨을 눌러야 하는지, 벨은 또 어디에 있는지. 그 작고 하찮던 일들이 큰 일이 된다. 그래서 도움을 주는 사람은 몰라도 받는 사람은 더 많이 고맙게 된다.
쿠에르나바카의 물가는 시티보다 저렴했다. 최소한 인터넷 카페만큼은.

시간당 5페소. 450원이 채 안 되었다. 매일같이 인터넷 카페로 출근을 하는 바람에 이제는 주인 아줌마도 알아본다. 그녀는 내가 즐겨 앉는 자리도 기억해 두고 늘 그 자리를 비워둔다. 여행하면서 만드는 단골 가게, 왠지 오묘하다. 아무도 나를 모르는 곳으로 가고 싶다고 떠나온 여행인데, 그 낯선 땅에서 누군가 나를 알아봐준다는 것에 즐거워하다니.

말하자면 쇼핑센터 견학

플라사 plaza. 멕시코에도 백화점이 없는 건 아니지만, 시티에서나 서너 개 보았을까. 실제로 멕시코의 쇼핑은 플라사(실제 발음은 '쁠라싸'에 가깝다. 촌스럽게 '플라자'라고 발음하면 안 된다)라 불리는 쇼핑몰을 중심으로 한다.

쿠에르나바카 플라사에 처음 갔을 때, 히야, 쇼핑몰이 아닌 리조트를 보는 것 같았다. 큰 건물에 이런저런 상가가 밀집해 있겠거니 생각했는데, 낮은 건물들이 자유롭게 늘어서 있고 군데군데 우거진 숲을 끼고 있어 딱 테마 파크 같은 느낌이었다. 한눈에 쏙 들어오는 배치는 아니었지만, 이리저리 돌아다니며 구경하는 재미가 은근 쏠쏠했다. '코메르시알 멕시카나 Comercial Mexicana'라는 펠리컨이 그려진 대형 할인 마트가 있는가 하면 밥(물론 중국 음식이긴 하지만)을 먹을 수 있는 푸드 코트도 있고 리바이스, 켈빈클라인, 디젤과 같은 수입 브랜드 매장도 줄을 섰다. 멕시코 자체 브랜드인 옷들도 있지만, 정말이지 멕시코의 옷들은 예쁜 것도 아닌 것이 그렇다고 싸지도 않다. 그래도 플라사를 오가는 사람들은 적어도 중산층 이상은 되어 보였다. 야수도 나도 동시에 여긴 정말 멕시코 같지 않아, 완전 미국 같아, 라고 할 정도였으니까. 그래서인지 살벌하게도 곳곳에 경비들이 진짜 총을 들고 지키고 있다.

물론 내가 열광한 곳은 코메르시알 멕시카나 슈퍼였지만, 정말 없는 게 없다(품질이 좋다는 뜻은 아니지만). 과일이며 야채며 각종 먹을거리는 물론 옷에서 생활용품, 사무용품 및 문구류, 화장품, 가정용품, 가전제품, 스포츠용품, 완구류 등. 놀랍게도 이런 대형 마트는 길 하나를 사이에 두고 두 개나 더 있었는데 '메가 코메르시알 멕시카나Mega Comercial Mexicana'와 '코스트코Costco'까지. 내친김에 세 군데를 다 둘러보았는데 크리스마스를 앞둔 탓인지 어느 곳 할 것 없이 사람들로 붐볐다. 작아 보였던 쿠에르나바카가 달라 보일 정도다. 돌아오는 길엔 재래 시장도 함께 들러주었다. 마트에서 보았던 인파는 인파도 아니었다. 그렇잖아도 비좁은 통로에 넘쳐나는 사람들로 나는 감히 들어설 엄두도 못 내고 입구만 뱅글뱅글 돌다 나와야 했다. 시장이라 과일이 무척 쌌고, 그 싼 과일들을 사면 당연하다는 듯이 덤이 따라왔다. 쩨쩨하게 10그램까지 재어가며 파는 마트에선 기대할 수 없는 것들이 시장에 있었다.

하루 종일 플라사와 시장을 오지게 돌아다닌 후라 몹시 피곤한 저녁, 이루마가 부추긴다.
"너희, '플라사 갈레리아' 가지 않을래?"
며칠 머물면서 파악한 이루마의 성격으로 미루어, 이건 그냥 가야 하는 거다. 이루마는 다 좋은데, 오지랖이 넓은 게 탈이다. 특히 주말이라도 될라치면 학생들이 멍하니 넋 놓고 노는 꼴을 못 보신다. 어딜 다녀와라, 어디 어디가 좋다, 그 좋은 델 왜 안 가냐. 홈스테이하며 공부하는 학생들이라고 많이 챙겨주시려는 뜻을 알기에, 피곤하더라도 웬만하면 따르는 게 낫다. 그리고 사실 그게 덜 피곤하다.

얼떨결에 플라사 갈레리아까지 간다. 이루마는 다가올 크리스마스, 가족들을 위한 선물을 살 계획이 있던 차에 순진한 학생 둘을 구경시켜 준다는 명목으로 데리고 나선 것이다. 우와! 쿠에르나바카 플라사가 어딘가 휴양지 같고 고풍스러운 느낌이었다면, 플라사 갈레리아는 상당히 현대적인 느낌이다. 확 트인 실내와 시원시원한 인테리어. 여긴 진짜 멕시코스럽지 않아. 야수와 내가 그리 생각한 것도 무리는 아니다. 주차장에는 유난히 벤츠, BMW 등 수입차가 수두룩하다. 이런 곳은 멕시코시티에서도 본 적이 없다. 심지어 그 안엔 뽀대나는 씨네폴리스라는 멀티플렉스 영화관도 있었다. 갑자기 영화가 무지하게 보고 싶어졌다.

이루마는 지치지도 않는지 이 매장 저 매장 잘도 다닌다. 쇼핑에 열광하는 영락없는 여자다. 젊었을 땐 헤어 디자이너의 꿈을 품고 유럽 유학까지 갔다 했다. 보통 멕시칸의 집안은 아니었음이 틀림없다. 그리고 거기서 알군도를 만났다 했다. 잘나갈 때의 사진이라며 보여주는데, 거기 배 뽈록한 아줌마 이루마는 없었다. 날씬하고 매력적인 아가씨가 있을 뿐.

밥도 그렇게 띄엄띄엄 먹는데 도대체 살은 언제 찌우는 걸까. 멕시코 여자들은 젊었을 땐 하나같이 날씬하다가도 아줌마가 되면 배둘레햄이 된다. 물론 이루마는 지금도 멕시코 아줌마 사이에선 멋쟁이 축에 든다. 집 한 켠에서는 조그마한 불법 미용실도 하고 있는데, 솜씨가 정말 좋은지 손님이 끊이지 않는다. 하루는 내 머리도 어떻게 만져주겠다는데, 괜히 불안해서(이미 시티에서 제대로 머리 망친 경력이 있기에) 피해 다니는 중이다.

생일 축하해, 엘루이

공부하는 내내 음식 냄새가 코를 찌른다. 오늘 무슨 날이야? 아닌 게 아니라 오늘 엘루이의 생일이란다. 찰미타에서의 아르만도의 생일 파티가 떠올랐다. 또 생일 잔치 구경하게 됐네. 이 집안은 어떻게 축하해 주려나? 잔치는 역시 사람을 즐겁게 한다. 리예는 어디서 구했는지 김과 날치알 따위를 꺼내놓곤, 자신이 데마키를 만들어 주겠다며 팔부터 걷는다. 톡톡톡톡 자르고 지글지글 굽고. 얼추 요리가 준비되었을 때, 이루마의 얼굴이 장난기 가득한 미소로 번진다. 당근과 오이를 잘라 속을 파서 잔 모양으로 만들더니 가장 큰 당근 잔이 엘루이 잔이라며 즐거워한다. 거실엔 엄청나게 큰 데낄라가 기다리고 있다. 오늘 밤 엘루이는 죽은 거다.

어둑해지자 초인종 소리가 연거푸 울렸다. 할머니, 할아버지부터 이모들, 삼촌들, 조카들, 갓난아기까지 엄청난 가족들이 몰려왔다. 하루미의 남자 친구 빅토르까지. 단지 한 집안의 아들의 생일을 축하해 주러 이렇게 많은 가족들이 모이다니. 멕시코가 가족 중심 문화라는 이야기, 들어는 보았지만 이 정도일 거라곤 상상도 못 했다. 저마다 크고 작은 선물들을 챙겨 와 엘루이에게 안겨준다. 생일 케이크만 세 개나 되었다. 머얼리 미국에 파견 근무 나간 엘루이의 여자 친구가 보낸 소포도 때마침 도착해 개봉되었다. 옷이며 화장품, 초콜릿, 애정이 담긴 선물들이 상자 가득 빼곡했다. 어쩐 일인지 엘루이의 표정이 기쁨으로만 넘치진 않는다. 너무 감격해서 저러나. 나도 예의상 생일 파티 전, 엘루이에게 받고 싶은 선물이 뭐냐고 물어보긴 했는데, 엘루이 말이 자기 취미가 다른 나라 돈을 모으는 것이라고. 해서 우리 돈 천 원짜리를 빳빳하게 펴 봉투에 넣어 건네주었다. 엘루이가 좋아해 주어서 다행이다.

"이야, 이게 한국 돈이야? 이거 얼마나 하는 돈이야? 비싸 보여."
"어? 어, 그게, 그거면 뭐 한 끼 식사를 해결할 수도 있지."
괜히 민망해서 대답을 부풀리긴 했지만. 뭐, 라면 하나에 계란 하나는 사서 먹을 수 있으니까 영 거짓말은 아닌 거다.

준비한 대로 엘루이는 제법 큰 당근 잔에 거의 모든 사람과 일대일로 건배하며 데킬라를 마셨고, 나머지 사람들은 오이 잔에 데킬라를 마셨다. 오호, 이것도 괜찮은 맛인걸. 데킬라의 나라에서 마시는 데킬라는 과연 맛도 향도 훌륭했다. 나는 여태 호세 쿠에르보 데킬라가 제일인 줄로만 알았는데, 꼭 그런 것도 아니었다. 알군도는 콧방귀를 뀌며 쿠에르보 따윈 화장실 청소할 때나 쓴단다. 정말로 그럴 리야 없겠지만, 데킬라에 대한 자존심이 이만저만이 아니다. 하긴, 호주에서 옐로테일 마시는 사람 보기 힘든 것처럼, 원산지에서 알아주는 명물과 마케팅의 힘을 빌어 외국에서 맹위를 떨치는 것이 반드시 일치하는 것은 아니다. 그런 이유 때문에라도 본토로 가야 한다. 멕시칸들이 숨겨놓고 먹는 진짜 데킬라를 맛보기 위해서라도.

엘루이는 석유 시추선에서 일을 하는 모양이다. 가족들에게 자신이 일하는 모습을 보여주려고 오늘을 기다리기라도 한 듯, 노트북에 동영상 파일 하나 틀어준다. 경쾌한 음악을 배경으로 시추선에서 일하는 동료들과 코믹 뮤직비디오 한판 찍은 거다. "피곤해?", "죽을 것 같아", "밤이 괴로워", 뭐 그런 양념 같은 자막들이 보는 재미를 더했다. 상당한 실력의 편집이다. 얼굴에 검댕을 잔뜩 묻히고도 표정은 환하다. 신나는 일만은 아닐 텐데 즐겁게 일하는 모습이 보기 좋았다. 단 한 번도 내가 일하는 모습을 가족에게 보여주고 싶다는 생각을 해본 적은 없었는데. 우리 아들이 사회에서 이런 일을 하고 있구나, 이루마의 눈가에 웃음이 가득 고였다. 다른 가족들도 함께 환한 표정이 되었음은 두 말할 것도 없다.
동영상 플레이가 끝나고, 엘루이가 생일 케이크의 초를 끌 때 아이들이 달려들어 등을 밀었고, 덕분에 엘루이의 얼굴은 보기 좋게 망가졌다. 할머니, 할아버지가 제일 좋아라 웃으신다. 나도 그 가운데 어울려 이런 말 저런 말 하고 싶었지만 입이 채 열리지 않는다. 그동안 내가 해온 스페인어는 서바이벌 스페인어. 버스 탈 때, 길 물을 때, 식당에서나 쓰던 말들은 이런 가족 모임에서는 도통 써먹을 일이 없다. 멀쩡한 가구에 대고 이거 얼마예요? 할 수도 없는 노릇이니까. 그렇다고 가족들이 낯선 이방인을 밀리하느냐 하면 그런 것도 아니다. 이미 수많은 외국 학생들을 겪어 보았겠지. 서슴없이 먹을 걸 권하고 잔을 부딪친다. 이럴 때 써먹으려고 외워두었던 건배법.
"아리바Arriba! 아바호Abajo! 아센트로Acentro! 이 아덴뜨로Y adentro!"
위로! 아래로! 가운데로! 안으로!
말도 제대로 못하는 것이 어디서 고런 건 배웠니. 역시 분위기를 살릴 말 한 마디 정도는 은장도처럼 품고 다니는 게 좋다. 미네요의 밸리댄스가 분위기를 달구었고, 리예의 데마키 또한 대박이었다. 모두들 흥건히 취해 기분좋게 웃고 떠들었다. 적당한 시간에 사람들이 하나둘 돌아가고 다시 하얀 집은 조용한 밤을 맞았다.
이십대 피 끓는 남자의 생일 파티가 가족끼리 모인 오붓한 파티의 모습이라니. 클럽이 됐건 나이트가 됐건 어디든 밖으로 나가 또래의 친구들과 어울려 부어라 마셔라 할 게 당연하다 생각했는데, 이런 게 멕시코의 가족 문화란 거구나. 문득 엄마가 보고 싶었다.

이십대 피끓는 남자의 생일 파티가
가족끼리 모인 오붓한
파티의 모습이라니

엘루이의 이중생활

과연 예상대로 엘루이는 다음 날 껌처럼 소파에 들러붙어 꼼짝도 하지 못했다. 치사량 이상의 데킬라를 마셨다며 죽는 소리를 한다. 하루미가 그래도 오빠라고 두통약도 챙겨준다.
"너 여자 친구 보고 싶어서 그러는구나?"
무심코 던진 말인데, 하루미가 묘한 미소를 짓는다. 엘루이는 대답 대신 소파 속에 고개를 파묻는다. 뭐지? 이 이상한 기류는? 갑자기 호기심이 발동해 하루미를 쿡쿡 찔렀다.
"왜? 엘루이 지금 여자 친구랑 사이 안 좋은 거야?"
하긴 그러고 보니 어젯밤 엘루이는 여자 친구의 감동 백 배 선물 앞에서 우울한 낯빛을 감추지 못했었다. 하루미가 부엌으로 나를 끌고 가 목소리를 낮춘다.
"나도 정말 오빠가 이해되지 않지만, 엘루이, 지금 몰래 옛날 여자 친구 다시 만나고 있어."
엥? 뭐야? 양다리? 멕시코 남자 아니랄까 봐 가지가지한다.
그러니까 지금 여친과 잠시 떨어져 있는 새를 못 참아서 깨진 옛날 여친을 만나고 있다?
게다가 지금 여친이 엘루이보다 세 살 연상인데 아버지 알군도가 알면 난리 날 거라고, 절대 비밀로 해달란다. 그 정도 연상이 뭐 어때서? 어지간히도 고지식한 집안이군. 멕시코라고 다 화끈한 것만은 아닌가 보다.

연애 얘기가 나오니까 갑자기 하루미는 또 빅토르를 어떻게 만났나 마구마구 궁금해졌다. 멕시칸이라고 하기에 빅토르는 너무 잘생겼다. 게다가 멕시칸으로는 보기 드물게 매우 신사적이고 상냥했기에 어디서 건진 건지 꼭 한번 물어보고 싶던 참이었다.

"근데 하루미, 빅토르는 어떻게 만난 거야?"
"그게 말이지, 내가 아카풀코에 놀러 갔었는데……."
그때 하필이면 이루마 아줌마가 부엌으로 불쑥 들어와서 나는 못내 아쉽다 생각했었는데, 웬걸, 이루마 아줌마는 경계의 대상이 아니었다. 엘루이가 옛날 여친을 만나건 말건, 하루미가 빅토르랑 어떻게 사귀게 됐건, 그런 소소한 연애사는 오로지 집안의 가장에게만 비밀이었던 거다. 지극히 가부장적인 사회. 멕시코가 그랬다.
그러니까 작년 하루미는 멕시코에서도 휴양지로 유명한 아카풀코에 친구와 간 적이 있었는데, 그곳 나이트 클럽에서 빅토르를 만났다 했다. 첫눈에 반해 빅토르가 계속 작업을 걸어왔다나 뭐라나. 여하튼 서로 느낌이 좋아서 아카풀코에서 헤어진 다음에도 꾸준히 연락을 했고, 이제 빅토르는 거의 이 집 식구나 다름없이 매일같이 출퇴근을 한다. 집에 가기는 하는 걸까 의심스러울 정도로 아침부터 밤까지 쭈욱 집안 어딘가에 하루미와 붙어 있다. 지금은 한 가족처럼 화기애애한 분위기이긴 하지만, 이 분위기가 되기까지 반년이 넘게 걸렸단다. 처음 알군도는 빅토르를 집에 들이지도 못하게 했고, 몇 달은 거의 없는 사람처럼 무시했단다. 그토록 까칠해 보이진 않았었는데. 딸의 남자는 마초 아버지에겐 경계 대상 1호인가 보다.

마초, 멕시코 남자들에게 이 단어는 심장이나 두뇌처럼 중요한 신체의 일부 같다. 한 가족의 가장에게 있어서는 더욱 그러하다. 어쩌면 그런 마초적인 가장이 있기에 가족이 굳건히 유지되고 있는지도 모르겠다. 아버지의 말은 곧 그 집안의 법이다. 대개의 가장은 가족 외에는 믿지 말라며 가족의 결속을 더욱 단단하게 다진다. 실제로 멕시코에서는 모든 게 가족 중심이다. 엘루이의 생일 파티도 그랬지만, 비단 개인의 대소사

뿐만 아니라 사회 전체로 보아도 비즈니스의 기본 단위조차도 가족인 경우가 허다하다.

세계 1, 2위를 다투는 부자 중 하나가 멕시코에 있다. 카를로스 슬림 엘루이라는 작자. 멕시코에서 카를로스 슬림은 결코 슬림하지 않다. 멕시코도 아니고 세계에서 가장 부자가 되려면 도대체 어느 정도 돈을 벌어야 하는 건가. 자산 총액 어쩌고 하는 숫자는 분명 체감 범위를 벗어난 수일 터이다. 다만 체감할 수 있는 건, 적어도 멕시코에 머무는 동안은 카를로스를 피해 갈 수 없다는 것. 내가 엄마에게 전화할 때 쓰게 되는 텔멕스라는 엄청난 전화 회사, 당연히 카를로스 거다. 내가 노트북을 펼쳐 들 때 뜨는 인터넷 회사 프로디지, 역시 카를로스 거다. 밥 먹는 식당 산본, 카를로스 거다. 심지어 빵 파는 글로브 가게도 카를로스 거다. 여행하는 사람이 이 정도면 자국민들은 말할 것도 없겠지. 음반 가게 믹스업, 시가탐이라는 담배, 항공사 보라리스, 타이어 회사, 알루미늄 회사, 주유소, 셀 수도 없다. 한마디로 카를로스 집안이 나라를 운영하고 있다. 친인척들이 모두 한 가닥씩 맡아 열심히 굴리고 있으렷다. 도무지 알다가도 모를 나라다.

코카콜라와 크리스마스

12월이 시작되기도 전에 멕시코 전역에 거대한 크리스마스 트리가 세워졌다. 열에 아홉은 가톨릭이니 어색한 풍경도 아니다. 그러나 그 트리란 게 열에 아홉은 코카콜라 후원이라는 걸 알게 되면 기분이 묘해진다. 멕시코시티며, 과달라하라며, 심지어 이 작은 쿠에르나바카까지. 크리스마스가 혹시 코카콜라의 창립 기념일이 아닐까 싶을 정도다.

멕시코는 세계에서 두 번째로 콜라를 많이 마시는 나라다. 지금 홈스테이하고 있는 집 식구들도 콜라며 탄산 음료에 환장을 한다. 냉장고 안에는 1.5리터도 아니고 2리터들이 빵빵한 탄산 음료들이 최소 세 개씩은 꽂혀 있다. 콜라가 그렇게 좋을까. 가만 살펴보면 먹는 음식이 죄다 뻑뻑해서 어쩔 수 없이라도 콜라를 마시게 되는 식이다. 피자 먹을 때, 양념 치킨 먹을 때 콜라 없으면 서운하잖아. 근데 얘네들은 아침, 점심, 저녁이 피자나 양념 치킨과 마찬가지이니 콜라를 달고 살 수밖에.

우리는 쌀이 주식이지만 멕시코에선 옥수수 가루 반죽을 동그랗게 구워낸 토르티야가 주식이다. 그리고 물기 하나 없이 뻑뻑한 이 토르티야가 모든 요리의 기초가 된다. 여기에 고기나 치즈, 버섯 등을 넣고 싸 먹으면 그게 타코다. 싸서 바로 먹지 않고 기름에 한 번 들어갔다 나오면 엔칠라다enchilada, 이 엔칠라다를 삼각형으로 잘라 기름에 바싹 튀기면 칠라킬레스chilaquiles. 토르티야가 되기 전 옥수수 반죽 상태에서 속을 채워 튀기면 케사디야. 이건 맛보기에 불과하다. 옥수수 반죽이 펼치는 요리의 세계는 어찌나 광범위한지. 하나같이 고기와 치즈, 기름과 결합되다 보니 탄산 음료 따라오는 건 당연하고 살찌는 소리 따라오는 것도 당연하다. 세계 두 번째 콜라 소비국은 그래서인지 세계 두 번째 비만국이라는 타이틀도 함께 가지고 있다. 아줌마뿐만 아니라 어린아이들도 배가 볼록한 걸 심심찮게 본다. 아니, 왜 고기를 토르티야에 싸 먹냐고. 야채에 싸 먹으면 좀 좋아. 토르티야도 하루이틀이지, 날마다 먹으려니 고역이다. 김치 먹고 싶다. 부추김치, 물김치, 오이소박이까지 서걱서걱 물기 가득한 야채들이 그리워진다. 식생활이라는 게 하루아침에 바뀔 일은 아니었다.

오늘도 점심은 콜라와 파스타. 코카콜라가 크리스마스 트리 후원 정도는 해줄 만하다.

UFO도 탐한다는 테포출란

수업이 없는 일요일, 이루마와 알군도가 떠밀다시피 하는 바람에 테포츨란Tepoztlan까지 가게 생겼다. 쿠에르나바카에 머무는 동안 틈틈이 주변 관광지에도 가보라고 어찌나 성화신지. 다른 데는 몰라도 테포츨란은 꼭 가야 한단다. 아스텍 신화에 곧잘 등장하는 케찰코아틀Quetzalcoatl(목에 깃털 달린 뱀, 하늘과 땅을 통합하는 신)이 태어난 마을이라나. 그래서인지 아직까지도 어르신들은 나우아틀어를 쓰시는 전통 어린 마을이라고. 무엇보다 산꼭대기 피라미드는 반드시 올라가야 한다고. 가고 싶지 않았던 건 아니지만, 자꾸만 가라고 해서 가려니 가기 싫어지는 건 왜일까.

그러나 막상 터미널에서 버스를 타고 나자 5분도 지나지 않아 기분이 좋아졌다. 창문을 타넘고 들어오는 초록 바람이 싱그러웠다. 창밖을 찬찬히 바라볼 수도 있고 바람을 느낄 수도 있는 이 속도가 딱 마음에 들었다. 학창 시절 하교 버스를 탄 기분이랄까.

한 시간 남짓 달려 도착한 테포츨란은 쿠에르나바카보다도 훨씬 작은 동네. 터미널에서 내려, 로컬 버스를 타고 가야 할 길을 미련하게 또 걸어갔다. 한참 걷다 보니 집들이 보이고, 사람이 보이고, 시장이 보인다. 주말이면 그렇게 테포츨란의 거리는 완벽한 노천 시장으로 변신한다. 끝이 보이지 않을 만큼 길게 노점이 줄을 섰다. 아, 다 사고 싶다. 생각보다 예쁘다. 색은 또 어찌나 고운지. 아기자기한 공예품들이 발목을 붙잡는다. 여행이 길어지면 안타까운 건 예쁜 게 있어도 함부로 살 수 없다는 것. 사는 족족 짐이 되니까 눈으로만 열심히 봐야 한다. 정말이지 피라미드 제쳐두고 시장에서만 하루를 보내도 좋을 그런 마을이다.

무엇보다 이 동네 아이스크림이 또 보통이 아니다. 자칭 신들의 아이스크림이라나. 또 부풀리신다, 생각했는데 막상 먹어보니 허풍만은 아니었다. 예쁜 언니들이 가게 앞에 나와서 한 스푼씩 맛보기용으로 시식도 하게 해주는데, 정말로 쫀득쫀득 새콤달콤한 맛이 입안에서 춤을 춘다. 신들의 물방울 식 표현을 쓰자면 노을 지는 바닷가에서 당하는 기습 키스의 맛이랄까. 베스킨 뺨치는 크리에이티브한 네이밍에 또 한 번 감동했다. '달의 자장가', '피라미드의 노래', '천 송이의 꽃', '밤의 여왕', '침묵의 사원', '바다의 교향곡'. 이건 아이스크림 이름이 아니라 시다. 열 개를 맛보고, 두 개를 샀다. 피라미드 올라갔다 내려오는 길에 또 사 먹었다. 하루 먹은 아이스크림만 네 개! 체인점이라도 만들면 히트칠 텐데. 다른 데서는 먹고 싶어도 먹을 수가 없다. 그러니 여기서라도 부지런히 먹을 수밖에.

여행을 하면서 아이스크림의 세계에 눈을 뜬 기분이다. 비록 가공식품이지만 아이스크림 또한 과일 못지않게 현지에서 먹어줘야 하는 머스트 아이템이란 생각이 들었다. 세계의 맛있는 아이스크림을 찾아 떠나는 여행, 이런 걸 해보면 어떨까. 훗, 아마 여행 후엔 10킬로그램쯤 불어나 있겠지.

시장이 선 거리 안쪽에는 오래된 교회 건물이 있다. 대수롭지 않다는 듯 유네스코 마크가 새겨진 비석이 아무렇게나 박혀 있다. 이런 마크들, 너무 많이 봐서 이제 보는 나도 아무렇지 않다. 그 오랜 교회보다 사실 더 눈길을 끌었던 건 교회 입구 아치에 있던 씨앗으로 만든 그림이었다. 멀리서 보면 영락없는 한 폭의 그림인데, 가까이 가보면 점점이 모두 씨앗이다. 까만 눈은 까만 콩이, 하얀 살은 해바라기 씨앗이, 붉은 장신구는 팥알이. 뭐, 그런 식으로 씨앗 종류만 해도 얼추 60종류는 나오겠다. 씨앗으로 그린 그림이라. 분명 꿈을 품은 그림이겠지.

마침 교회에서는 열다섯 살 생일을 맞은 소녀의 생일 축하 행사가 펼쳐지고 있었다. 멕시코 여자에게 열다섯 번째 생일은 평생에 있어 가장 중요한 날이다. 소녀에서 여자가 되는 날이랄까. 한 마디로 성인식인 셈이다. 그럼 남자는? 남자는 언제 소년에서 남자가 되는 건가. 내심 궁금했는데 실망스럽게도 남자는 국물도 없다. 그래서 남자는 평생 소년 상태로 머무는 것인가. 어쩐지.

서양 애들이 발육이 빠르다고는 하지만, 열다섯 살은 아직 풋풋하다. 뺨은 여전히 젖살이 빠지지 않아 통통하고, 아무리 화장을 해도 여전히 아이의 표정이다. 그럼에도 가슴까지 파인 화려한 드레스는 여인의 향기를 물씬 풍긴다. 거기에 턱시도를 입은 또래의 남자 들러리들(이들을 참벨란chambelan이라 한다)이 그녀를 공주로 모시고 있다. 촬영 기사 아저씨의 다양한 주문 들어가신다. 어이 – 남자들, 무릎 꿇고 손 좀 들어보지? 자, 청혼 포즈! 기분 죽이겠다.

뭣이여? 이게 피라미드야?

이미 테오티우아칸의 엄청난 피라미드를 봐버린 후라, 막상 테포츨란 피라미드 앞에선 억울해지기까지 하는 것이다. 이 녀석을 보자고, 가파른 급경사 산길을 한 시간 반이 넘도록 올랐단 말인가. 허탈한 한숨이 나왔다. 피라미드는 작고 볼품없었지만 피라미드까지 오르는 길은 말 그대로 죽음이었거든. 하긴, 이 험한 산꼭대기까지 돌을 하나하나 날라 피라미드를 쌓았다는 그 자체만으로도 대단하긴 하다. 참 억척스럽기도 하지. 수확의 신, 테포체카틀Tepoztecatl을 향한 정성은 그토록 지극한 것이었다.

피라미드 위에는 우주의 정기라도 빨아들일듯 하늘 향해 두 팔 벌린 사람들이 둘러앉았다. 초라해 보이는 피라미드긴 했지만 보기와는 달리 영묘한 능력이 있나 보다. 그도 그럴 것이 이 동네엔 어울리지도 않게 UFO가 곧잘 출현한다는 거다. 상당히 선명하게 찍힌 UFO 사진들은 마치 영화의 한 장면 같다. 저 사람들 혹시 외계인과 교신이라도 하겠다는 거 아냐? 문득 테오티우아칸에서 태양 에너지 받겠다고 꾸역꾸역 태양의 피라미드에 오르던 사람들이 떠올랐다. 절대적인 존재 앞에서 인간은 한없이 작아진다. 만물의 영장이라고 잘난 척해도 인간은 우주 안에서 작은 존재일 뿐이다. 저에게도 힘을 주세요. 이 여행도 무사히 잘 마칠 수 있도록. 마음은 이미 기도 중이다.

프랑스 니스 꽃시장에서
무엇이 샤갈의 그림을 만든 것인지
알았던 것처럼
멕시코의 노천 시장에 와보니
무엇이 멕시코의 정열을 만든 것인지
알겠더군요

그건 아마 향수병

테포츨란에 다녀온 다음 날, 나는 그만 몸살이 나고 말았다. 도무지 몸이 침대에서 떨어지지 않는 것이다. 등산 한번 한 후유증 치고는 타격이 크다. 이상하게 배도 살살 아픈 것이 온몸의 에너지가 다 빠져나가는 기분이다. 아이스크림을 너무 많이 먹었나? 시장에서 먹었던 타코가 잘못된 걸까. 아무래도 오늘 수업은 못 받겠다. 누가 억지로 하라고 하는 공부도 아닌데, 내가 하고 싶다고 와서 하면서도, 그렇게 자체 휴강을 하고 나자 이상하게 기분이 좋아졌다. 몸은 골골하면서도 땡땡이 치는 맛이 짭짤하다. 범생 체질은 아닌가 보다.

마당에선 수업이 한창이다. 이따금 사람들이 고개를 빠끔히 내밀고 괜찮냐고 안부를 물어온다. 뭐 먹고 싶은 건 없는지, 필요하면 사다 주겠다고. 나는 정말로 식욕이 바닥으로 떨어져 고마운 마음만 받고 다시 자리에 누웠다. 야수가 이온 음료와 비스켓을 사다 주었다. 그래도 탄수화물과 수분은 섭취해야 한다고. 고맙기도 하고 처량한 기분이 들기도 한다. 잠을 청해보지만 그 또한 쉽지 않다. 머리도 멍한 것이, 속도 울렁울렁. 죽을 것처럼 아픈 것도 아니지만, 그렇다고 아무렇지 않게 일상생활을 할 만큼 멀쩡한 것도 아닌 상태. 문득 배낭 맨 아래 숨겨둔 책이 떠올랐다. 헬레나 노르베리-호지의 《오래된 미래》. 떼굴떼굴 침대에 구르면서 정말로 한글이 읽고 싶은 순간을 위해 아껴둔 책이다. 딱 지금을 위한 책.

이 책을 배낭에 넣어 온 까닭은 무엇보다 내용이 너무너무 훌륭한 책이라는 것, 그럼에도 불가사의하게 서울에서는 좀처럼 진도가 나가지 않는다는 것. 대신 TV도 없고, 갑자기 불러낼 사람도 없는 여행길이라면 제대로 읽힐 책이라는 것. 게다가 재생지로 만들어져 엄청 가볍다는 것까지. 딱 배낭여행자를 위한 책이다. 과연 처음부터 술술 페이지가 넘어간다. '라다크로부터 배운다'라는 부제에서도 알 수 있듯, 스웨덴 출신 여성 학자가 티베트의 한 지방, 라다크에서 자그마치 16년간을 보내며 미래에 대해, 삶의 희망에 대해 사색한 결과물이다. 근대화 과정을 통해 삶이 어떻게 피폐해져 가는지, 과연 우리는 어떠한 삶을 지향하며 살아야 하는지, 어쩌면 나 또한 목말랐던 질문을 끊임없이 풀어간다. 희망은 전통적인 삶 속에 있는 건 아닌지. 《오래된 미래》, 제목 한번 기막히다. 나는 정말로 아픈 것도 잊어버리고 그녀가 안내하는 길에 푸욱 빠졌다.

문득 찰미타가 그리워진다. 공동체에 기반을 둔 삶. 그곳에서 외톨이로 자라는 아이는 없다. 형이 있고, 동생이 있고, 사촌이 있고, 친구가 있다. 1학년, 2학년, 나이로 싹둑 잘라 갈라놓는 단절도 없다. 같은 나이 안에서 등수를 매기는 경쟁도 없다. 동생은 형에게 배우고 더 어린 동생을 보살핀다. 더 어린 동생도 언젠가는 형이 된다. 옆집 새댁이 곧 아이를 낳을지도 모르니까. 형 동생 하면서 우글우글 모여 놀고 있는 아이들의 모습을 그려보는 것만으로도 마음이 푸근해진다.

요즘엔 워낙 세상이 전문화되다 보니, 같은 곤충학자라 하더라도 서로 다른 종류의 초파리를 연구하면 대화도 통하지 않는단다. 예전에 그런 선배가 있었다. 누나가 곧 국문학 박사가 되는데 걱정이 이만저만이 아니라고. 선을 보러 나간 자리에서 상대방이 요즘 뭐 하냐고 묻는데, "요즘, 염상섭 연구하고 있어요" 하는데 어떻게 결혼 얘기까지 가겠냐고. 전문가가 된다는 건 한 분야를 깊게 판다는 것. 뾰족한 창이 된다는 것. 그래서 뭉툭한 것들에 일침을 가한다는 것. 과연 저 혼자 우뚝 예리한 칼날이 되는 것만이 잘 사는 길일까.

서울에서 나는 그 어느 분야보다 뾰족해져야 하는 일을 했었다. 선배들은 한결같이 말한다. 광고는 절대 민주주의가 아니라고. 가혹하지만 독

재라고. 99퍼센트의 두잉doing이 1퍼센트의 아이디어를 넘어설 수 없는 거라고. 가장 좋은 아이디어만 살아남고 나머진 모두 버려지는 거라고. 뾰족한 1퍼센트는 자의 반 타의 반 욕을 먹기 일쑤다. 99퍼센트를 쿡쿡 찌르니까. 그 살벌한 세계는 99퍼센트의 사람들을 스트레스로 몰고 간다. 아니 심지어 1퍼센트에게도 마찬가지다. 한 번 1퍼센트인 사람이 영원히 1퍼센트란 법은 없는 거니까. 광고 회사에서 완벽한 팀워크란 것이 가능이나 한 걸까.

경쟁이 핵심인 세상에서 살아온 내가 이제 경쟁이 무어냐고 묻는 책을 읽으며 후련해 하고 있다. 물론 노력하지 않고, 경쟁력을 갖추려 하지도 않고, 무조건 경쟁이 나쁘다고 말하는 편에 서겠다는 건 아니다. 그것은 정당한 자기 주장이 아니라 비겁한 자기 방어에 불과한 것이니까. 그래서 소수는 늘 불리하다. 다수를 향해 돌을 던지려면 다수가 수긍할 조건도 동시에 만족해야 하니까. 그걸 못 해서 안 하는 게 아니라, 하고 싶지 않아서, 잘못이라고 생각하기 때문에 하지 않는다는 걸 보여줘야 하니까. 이래저래 많은 생각을 하게 하는 책이다. 서울로 돌아가면 당장 주위 모든 사람들에게 선물해야겠다.

어렸을 때 시골은 라다크와 많이 비슷했던 것 같다. 큰아버지가 사시는 큰집 옆에 작은집이 붙어 있었고, 그 옆에 또 작은집이 붙어 있었다. 담장 같지도 않은 담장을 넘으면 사촌들이 우글우글했다. 담장이 너무 낮아 어린 나도 까치발을 하고 서면 남의 집 마당에서 무슨 일이 벌어지고 있는지 훤히 보였다. 산에 가든 강에 가든 언제나 놀 사람이 있었다. 누구네 집에서 감이라도 딴다고 하면 우르르 잠자리채 같이 생긴 감 따는 막대기를 들고 후다닥 해치우곤 한다. 동네 이름은 천전川前이었는데 어른들은 모두 내앞이라고 불렀다. 내앞이란 이름이 백 배 낫다. 내앞에서는 친척 아닌 사람이 없었다. 사돈의 팔촌에, 당숙에, 재종고모에 어찌고저쩌고. 동네 어르신들한테 인사라도 하면, 아, 네가 누구네 집 누구 자식이구나, 자동으로 족보가 흘러나온다. 나는 다른 집들도 다들 그렇게 모여 사는 줄 알았는데, 자라서 보니 큰집 사는 모양이 천연기념물이었던 거다.

그때는 사실 그렇게 넉넉한 것도 없었는데, 지금 생각해 보니 그때 난 참 부자였던 거 같다. 그 많은 사람들을 곁에 두고 살았으니까. 아무래도 이건 향수병인가 보다. 가족끼리 똘똘 뭉치는 멕시코의 한 가정 속으로 들어온 후부터 마음은 자꾸만 집으로 기운다. 집 떠나온 지 다섯 달째. 에이, 그냥 큰맘 먹고 확 집에나 한번 다녀올까 봐. 그 생각을 하고 나자 놀랍게도 몸이 가뿐해지는 것이다. 보헤미안은 아무나 되는 게 아니구나. 들끓던 여행의 바람이 잠잠해졌다.

따뜻한 크리스마스입니다

혼자 뒹굴던 방에 룸메이트가 생겼다. 유키. 야수와 동갑인데 유부녀라고 했다. 한 달 여행으로 오긴 왔는데 신랑이 바빠서 자기만 먼저 온 거라고, 2주 후에 신랑을 만나 멕시코를 여행할 거라고. 그러니까 4주간 여행하는데 2주를 홈스테이하며 스페인어를 공부하고, 나머지 2주를 남편과 여행한다는 말이지. 무슨 4주짜리 여행에 2주씩이나 어학 공부래? 그런데 유키의 스페인어는 이미 나보다 앞선 실력이었다. 예전엔 더 잘했었는데 많이 까먹었다나. 복구 차원에서 공부하는 거라 했다. 살짝 재수 없을 뻔했는데, 언제 잘했었는지를 듣고 나서 바로 마음을 고쳐먹었다. 2년 전 온두라스에서 1년간 자원 봉사를 했었단다. 봉사 활동을 하면서 틈틈이 스페인어도 배웠다고.

"온두라스? 온두라스는 어때? 뭐가 좋아?"
"좋은 거? 글쎄, 사실 특별한 건 없어. 그냥 너무 가난해. 너무너무."
그렇게 말하는 유키의 표정이 되려 측은했다. 세상엔 기특한 친구들이 정말 많다.
그녀의 가방은 배낭여행 베테랑처럼 딸랑 어깨에 메는 색 하나. 한 달 여행하는 사람 맞나 싶다. 그것도 짐의 절반은 책이며 스페인어 사전이다. 옷은 낡은 티셔츠 세 장과 스커트 두 개가 전부였다. 직업은 무대 의상 디자이너라는데 이거 너무 언밸런스잖아. 하긴 내가 어디 나가서 광고 회사에서 일하는 사람처럼 보인 적 있던가. 여하튼, 유키, 마음에 들었다.

유키가 오고 나서 본격적인 크리스마스 준비가 시작됐다. 누구보다 이루마 아줌마가 제일 신이 났다. 어젯밤에는 포인세티아 화분도 하나 방안에 놓아두라고 건네주는 것이다. 크리스마스에서 빼놓을 수 없는 포인세티아는 멕시코가 원산지로, 이곳에서는 '노체 부에나 noche buena(좋은 밤)'라는 로맨틱한 이름을 가지고 있다. 오늘은 또 아침부터 온 식구들을 다 모으더니 제비를 하나씩 뽑으라 한다. 자신이 뽑은 종이에 적힌 이름의 사람에게 크리스마스 날 선물을 하는 거라고. 이거 완전 마니또 게임이잖아. 그러곤 메모지도 나눠준다. 받고 싶은 선물 세 가지를 적으라고. 선물 가격은 5천 원 선에서 가능한 걸로 하자는 규칙까지 꼼꼼히 챙기신다. 태어나 한 번도 크리스마스라고 호들갑을 떨어본 적이 없었기에 여간 유치해 보이는 게 아니다. 서른 넘어서 별걸 다 해본다.
받고 싶은 선물 리스트 작성도 만만치가 않다. 음, 일단 1번은 자석(여행하면서 시작한 수집 행각, 냉장고 문을 전 세계 자석으로 도배하는 중이다). 그리고 2번 귀걸이, 3번 멕시코 초등학교 교과서. 그렇게 채운 리스트 카드는 거실에 있는 크리스마스 트리에 붙여둔다. 선물을 해야 할 사람이 눈치껏 와서 보고 준비하는 식이다. 상대방이 원하는 리스트를 보다가 미련하게 들켜버리면 곤란하니까 모두들 고도의 심리전을 쓴다. 내가 선물을 줘야 할 사람은 하루미의 남자 친구 빅토르다. 빅토르는 1번 장갑, 2번 티셔츠, 3번 모자였다. 뭐야? 이게 5천 원으로 해결이 되나? 룸메이트인 유키도 상대가 누군지 절대 얘기해 주지 않는다. 다들 진짜로 재미 붙였나 보다. 그리고 이틀 내내 나는 인터넷 카페 대신 플라사를 전전해야 했다. 그놈의 가격대 맞는 선물 사느라. 다행히 6천 원에 깔끔한 비니 모자 하나 건졌다. 휴우, 드디어 숙제를 끝낸 기분이다.

사실 숙제가 하나 더 있었다. 피냐타 만들기. 마당에 황토 항아리 몇 개가 뒹굴고 있더니 그게 다 피냐타 제작용이었던 것이다. 피냐타, 원래는 일곱 개의 죄악을 뜻하는 것으로, 일곱 개의 뿔을 가진 별 모양이 피냐타의 원조라고는 하나, 지금은 뿔 개수도 제각각으로 변한 데다 뿔이 아예 없는 것들도 허다하단다. 의미상으로는 없애고 싶은 것, 깨뜨리고 싶은 걸 만들어서 크리스마스에 깨부수는 것이라는데, 요즘은 그런 의미 따지지 않고 그냥 예쁜 게 장땡이란다. 그나저나 정말 이걸 만들어야 하나. 무슨 공작 시간도 아니고. 암울하다. 유치하다.

내가 유치하다는 생각을 하건 말건 하루미와 빅토르는 좋아 죽는다. 둘이서 부갬빌리아처럼 찐한 자줏빛 색종이를 잔뜩 사 들고 와서 하트를 만들고 있다. 둘 사이의 하트를 깨려나 보지? 빈정빈정. 아무튼 남들이 러브러브하는 건 낯간지러워서 못 보겠다. 언제 시작했는지 리예와 미네요도 열심이다. TV 유치원에서나 볼 법한 인형 같다. 하트도 만들고, 인형도 만들고. 그럼 난 뭘 만들지? 소재 생각하는 데만 이틀을 보냈다. 거기에 아프다고 하루 온종일 누워 있었지. 모두들 제니는 왜 안 만들어? 추궁했지만, 컨셉이 나와야지, 카피라이터 같은 소리만 하고 있다. 그분이 와야 만들 수 있는데, 아직 그분이 안 왔어. 그때 동그란 항아리를 계속 노려보고 있는데, 갑자기 토토로가 딱 떠오르는 것이다. 어깨가 봉긋 솟은 모양새가 딱 토토로 체형이다. 집안의 관심은 온통 토토로에게로 쏟아졌다. 멋있어서? 오우, 노우~. 이유는 내가 너무 늦게 시작해서 데드라인도 못 맞추게 생겼기 때문이다. 한 마리의 토토로를 탄생시키기 위해 온 가족이 달라붙었다. 엘루이가 살짝 비협조적으로 나오길래, 안 도와주면 알군도에게 네 여자 친구 연상이라고 불어버리겠다고 협박을 했더니, 무진장 열심히 도와준다. 아버지가 무섭긴 무서운가 보다. 드디어 초고속 스피드로 토토로 완성. 막상 만들고 보니 고놈 참 귀엽게 생겼다. 근데 이걸 또 깬다고 생각하니 가슴이 미어진다. 내가 이래서 이걸 하고 싶지 않았다니깐. 깨부술 것을 왜 만들라고 그래, 왜!

완성된 피냐타들은 과자며 사탕으로 가득 채워졌다. 산산조각 나기 전 가족들 모두 토토로와 기념 촬영을 했다. 녀석은 오늘 밤 교수대로 끌려가게 생겼다. 별게 다 슬퍼지려고 한다.

저녁이 되자, 엘루이의 생일날처럼 다시 가족들이 모여든다. 옥수수 가루로 반죽해서 쪄 낸 타말tamal까지 나온 거 보니 명절이긴 명절인가 보다. 화려한 음식은 절대 아니지만, 중요한 날엔 빠지지 않는다는 타말. 마치 우리가 결혼 적령기의 처녀총각들에게 국수 언제 먹여주냐고 하듯, 멕시코에선 타말 언제 먹을 수 있냐고 한다. 바나나 잎 또는 옥수수 잎으로 포장된 모양이 딱히 먹음직스러워 보이진 않지만, 내용물은 천차만별이다. 단팥 호빵, 야채 호빵, 카레 호빵, 딱 그런 식이다. 하나 집어 물었더니 매콤하게 양념한 치킨 타말이었다.

얼추 저녁 식사가 끝나자 이루마가 모두 밖으로 나가자고, 피냐타 깨러 가자고 부추긴다. 뭘 얼마나 요란하게 깨려고 저러나. 대문 밖으로 나가 보니, 집 앞 골목에 줄을 하나 널고, 거기에 피냐타 하나를 대롱대롱 매달아놨다. 하루미와 빅토르가 만든 하트였다. 먼저 공부하는 학생들에게 각목 한 자루 건네주신다. 그리고 바로 눈가리개가 다가왔다. 1번 타자는 리예. 눈가리개를 한 상태에서 막대 하나 들고 허우적허우적. 시작할 때는 노래도 불러준다. "께 톤토Que tonto(이런 바보)~" 같은 노래를 부르는데, 정말 바보 같아 보인다. 피냐타는 저 뒤에 있는데 막대는 앞에서 휘두르고 있다. 엘루이가 담벼락에서 줄을 당겼다 놓았다 반복하며 피냐타의 높낮이를 조절한다. 허리춤까지 내려왔다가 하늘로 부웅 솟기도 하고, 바로 옆에 다가왔다가 멀찌감치 멀어지기도 하고. 그러면 사람들이 위로! 위로! 아니 오른쪽으로! 앞이야! 뒤쪽! 중구난방 소리를 질러댄다. 헛스윙을 몇 번 하더니 힘들었는지 리예가 그만 포기를 한다. 다음은 미녜요. 바보 쇼는 계속되었다. 그리고 내 차례. 어차피 다 같이 망가지는 거니까. 시원하게 방망이나 휘둘러야겠다 했는데, 갑자기 뻑! 소리가 난다. 그러곤 퍽! 둔탁한 굉음이 이어진다. 맞았다! 눈가리개를 벗어던지니 거기 꼬맹이들이 바글바글 모여 과자를 주워 간다. 매달아놓은 이음새 부분이 교묘히 맞아 떨어졌다 했다. 어쨌거나 내가 깬 거다. 하루미 커플이 만든 사랑의 피냐타를 깬 거다. 잘한 건가. 내 토토로는 알군도 아저씨가 제대로 아작을 내셨다. 깨진 조각을 보고 슬퍼하자 아이들이 빠지직 산산조각을 내버린다. 이런 데 미련을 두면 안 된다나.

정작 크리스마스 날이 되었을 땐 오히려 마을이 조용해졌다. 집안도 덩달아 조용했다. 하긴 크리스마스 날까지 하숙생들을 챙겨줄 순 없겠지. 모르긴 해도 가족끼리 조촐하게 크리스마스를 즐기리라. 아침 식사 시간, 이루마 아줌마가 오늘 점심은 각자 해결해 줘, 제발~, 하는 것이다. 예의 그 마니또 게임의 선물 증정식 후 해산하기.

유치하다고 생각했는데, 막상 한 명 한 명 누가 자신의 마니또인지 밝혀가며 선물을 전달하기 시작하자 은근 떨린다. 다들 포장도 그럴싸하게 했다. 내 선물은 누가 준비했을까. 그나저나 빅토르가 모자를 좋아해 줘야 할 텐데. 두근두근.

엘루이가 내 이름을 불렀다. 펠리스 나비다드Feliz Navidad(메리 크리스마스)! 크리스마스 축하 포옹과 함께 작은 상자를 건네준다. 반짝반짝 빛나는 작은 귀걸이가 마음을 흔든다. 너무 예쁘잖아. 남자가 고른 거 치고 정말 맘에 들었다. 그리고 곧장 나 또한 빅토르에게 모자 선물을 건넸다. 녀석, 그 자리에서 모자를 써보며 환하게 웃어 보인다. 역시 잘생긴 놈은 뭘 해도 멋있다. 쿠에르나바카같이 따뜻한 곳에서 그 모자 쓸 일이 있기나 할까 의문이었지만, 어울려서 다행이다.

쿠에르나바카를 떠나는 날, 아주머니는 내년 크리스마스에는 결혼할 남자도 데리고 오라며 잠시 헤어지는 것처럼 덤덤하게 손을 흔든다. 특별히 찡한 이별의 순간 같은 건 없었다. 몇 달씩 머무는 애들도 많은데 나처럼 2~3주 후다닥 스쳐 가는 사람은 금세 잊히겠지. 그렇게 생각하니 어쩐지 서운해졌다. 그래도 내겐 소중한 시간이었어. 여기서 크리스마스를 보내고 내 인생의 한 해를 마무리한 거니까. 짐도 많지 않아 괜찮다고 하는데도 엘루이가 굳이 버스 터미널까지 바래다주었다. 차에 실은 배낭을 내려주면서, 한 사람씩 돌아가며 잘 가란 인사를 빼곡히 적어놓은 카드도 함께 건네준다. 아기자기한 이별이었다. 표정 관리가 안 된다. 함께 한 시간은 물리적인 길이의 문제만은 아니었다. 멕시코시티로 돌아가는 길은 여느 때보다 따뜻했다.

#봄바람따라간여인

나바로Navarro 골목 언덕길 위 '라 까사 델 판La Casa del Pan'이라는 가게. 스페인어로 읽으면 뭔가 그럴싸해 보이지만 번역하면 심플하게 빵집. 되겠다. 너무 심플한 이름이신 거지. 그 담박한 이름에 끌려 들어갔다. 과일이며 요구르트며 주스, 죄다 오가닉이라나. 4천 원도 안 하는 아침 메뉴, '특별 천연 아침'엔 신선한 계절 과일 한 접시, 천연 오렌지 주스, 천연 요구르트, 시리얼, 마멀레이드와 꿀, 호밀빵, 유기농으로 재배한 치아파스 커피 또는 차가 나온다. 짧은 스페인어지만 말하는 데 재미 붙인 나는 이제 완전 능글맞은 아줌마가 다 되어 일하는 언니에게 이런저런 말을 붙여가며 아침을 즐기고 있다. 동네가 주는 느낌 탓인지 시간도 천천히 흐르는 것만 같다. 벌써 한 시간이 넘도록 마을이 한눈에 내려다보이는 자리에서 느긋하게 아침을 먹고 있다. 행복하다는 생각을 해본다. 여기서 이렇게 미끄럼틀처럼 쭈욱 펼쳐지는 골목길을 바라보며 여유로운 아침 식사를 나 혼자 즐겨도 되나, 미안했다.

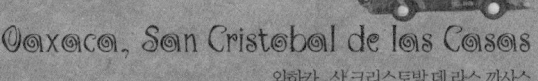

Oaxaca, San Cristobal de las Casas
외하카, 산 크리스토발 데 라스 까사스

삼지창 모양의 선인장으로 뒤덮인 산을 지난다. 메마른 황토의 거친 협곡을 지난다. 발가벗은 민둥산을 지난다. 다시 금세 시퍼런 초록이 쨍쨍한 숲을 지난다. 창밖으로 지나는 수많은 표정의 멕시코. 불과 여섯 시간 길인데도 풍경은 거듭 변신을 반복한다. 이따금 커다란 솜브레로를 쓴 멕시칸이 나귀 한 마리와 함께 초현실적인 포즈로 산꼭대기에 서 있다. 마치 거대한 영화 세트장의 연속과도 같은 기이한 길, 나는 지금 와하카로 가고 있다.

마치 와하카에 오신 걸 환영합니다, 라고 하듯 "다른 이들의 권리를 존중해 주는 것, 그것이 평화다El respeto al derecho ajeno es la laz"라는 글귀가 산 위에서 먼저 인사를 한다. 멕시코인들의 존경을 받고 있는 후아레스 대통령의 유명한 말씀이다. 대통령 탓하기에 길들여진 내겐 국민들로부터 존경받는 대통령이라는 자체가 놀라울 따름이다. 그도 그럴 것이 베니토 후아레스 대통령은 멕시코 역사에서 유일한 원주민 출신이다. 그가 태어난 곳이 와하카. 지금까지도 와하카는 멕시코 전국에서 원주민의 비율이 가장 높은, 가장 멕시코다운 지역이기도 하다. 실제로 멕시코에서 만난 친구에게 후아레스 대통령에 대해 살짝 아는 척을 했더니 무척 자랑스러워하며 더불어 나까지도 '그냥 친구'에서 '좋은 친구'로 승격시켜 주는 것이었다.

멕시코를 다녀간 많은 여행 선배들이 한결같이 손꼽은 곳, 와하카. 진작에 와보고 싶었지만, 처음 멕시코에 도착했을 때만 해도 이곳은 함부로 다가갈 수 없는 금단의 땅이었다. 그러니까 작년 봄 교사들이 주축이 되어 임금 인상(물가가 그다지 싼 것도 아닌데, 실제로 교사 임금은 월 50만 원도 안 되는 턱없이 낮은 수준이었다)과 교과서 무료 배급 등을 요구하며 시작된 지역 자치 투쟁이 날이 갈수록 점점 더 과격해져 도로까지 봉쇄된 것이었다. 경찰 진압 과정에서 많은 희생자가 나온 건 물론이요, 들리는 말에 의하면 미국 기자도 한 명 죽었다고. 심지어 멕시코시티에서도 타쿠바 거리는 통째로 와하카 시위 본부나 다름없었다. 호스텔 카사 데 로스 아미고스에 머물고 있을 때, 몇몇 노란 머리들이 겨우 빠져나왔다며 무용담을 얘기할 정도였으니까. 그게 벌써 다섯 달 전 이야기다. 이제 시티에서 더 이상 와하카 시위대의 모습은 보이지 않는다. 시간은 그렇게 훌쩍 흘러가버린 거다. 와하카도 마찬가지다. 살벌한 시위의 현장이었다는 느낌은 어디에도 없다. 충분히 밝고 충분히 즐거운 분위기인데도 이따금 군인들을 잔뜩 실은 군용차 따위가 지나칠 때는 나도 모르게 새가슴이 된다. 겁도 없이 혼자 중남미까지 간다는 말, 수도 없이 들었지만, 알고 보면 나만큼 겁 많은 사람도 드물 것이다.
그러나 이제는 겁을 놓아줄 때도 된 것 같다. 나즈막한 바둑판 골목, 페인트 회사를 칭찬해 주고 싶을 만큼 고운 파스텔 빛깔의 집들. 시티보다 가난하고, 시티보다 저렴하고, 시티보다 깨끗하고, 시티보다 갈 덴 없는, 그러나 시티보다 마음 편한 곳. 사람들은 말한다. 여기서부터 가난이 시작된다고. 여기서부터 마음이 풍요로워진다고.

친절한 와하카 씨

그동안 시위를 제외하고, 내가 미리 만날 수 있었던 와하카는 와하카 께소(치즈)가 유일했다. 멕시코시티가 됐건, 과달라하라가 됐건, 멕시코 어디를 가나 치즈는 와하카 치즈가 명성을 떨치고 있었다. 〈톰과 제리〉에 곧잘 나오던 동글납작한 모양의 구멍 숭숭 치즈가 아닌, 마치 실타래처럼 얼키설키 엮여 있는 공 모양의 치즈. 생김새만큼이나 맛 또한 독특하다. 치즈 특유의 느끼함이 거의 없고, 담백한 맛에 쫀득쫀득 부드러운 느낌. 치즈와는 서먹한 나까지 친하게 지낼 만한 맛이었다.

운 좋게 찾은 숙소 '호스텔 파울리나Hostal Paulina'. 여태 가본 호스텔 베스트5 안에 들고도 남을 만큼 마음에 드는 곳이다. 뽀송뽀송한 깨끗한 침대, 넓고 환한 방, 개인 사물함, 매우 깨끗한 욕실, 너무나 깨끗하고 쾌적한 공간들. 부엌이 없다는 게 아쉽긴 했지만 여기서 주는 아침밥이 또한 예술이라는 것. 시리얼과 우유, 원하는 대로 즉석에서 요리해 주는 계란과 햄, 토스트, 신선한 과일 주스와 커피, 요거트까지. 혼자 먹기 부담스러운 양이다. 만 원 남짓한 숙박비로 누리기엔 황송할 정도다. 맘에 드는 숙소를 찾았다는 단지 그 이유 하나만으로 행복해진다.

"안달레Andale!"
이것은 매직 워드다. 뉘앙스에 따라 뜻도 천차만별이다. 급하게 "안달레! 안달레!" 하면 "빨리! 빨리!"라는 뜻이 되고, 늘어지게 "안달레~" 하면 "아이고, 얘야~" 하는 뜻도 된다. 꽃단장하는 여친을 기다리다 지친 남자가 답답하다는 듯이 "안달레~" 하면 "그만 하고 어서 좀 가자" 하는 뜻이 되기도 하는 것이다. 이 한 마디면 멕시칸들은 어디서 그런 말을 다 배웠

나는 표정과 함께 너니까 특별히 봐준다는 표정으로 특별 대우를 서슴지 않는다. 호스텔 파울리나 바로 앞 인터넷 카페에서의 일이다.
"혹시 한국어 되는 컴퓨터 있어요?"
이때까진 순진한 관광객의 한 사람으로 비춰졌을 것이다.
"글쎄~."
그러니 대답이라고 성의 있게 나오겠는가.
"에이, 그러지 말고, 안달레~."
"하하하하, 좋아, 좋아. 한국어 쓸 수 있게 해줄게."
단 한 마디에 분위기는 급반전되고, 나는 곧장 자유자재로 한국어를 읽고 쓰는 특혜를 누렸다. 다음 날엔 가자마자 단박에 알아봐주는 배려까지 받고 말이다. 안달레를 떠나서 확실한 건 멕시코시티보다 와하카 사람들이 훨씬 더 친절하다는 것이다.

친밀한 타인

몬테알반행 버스를 예약하러 갔다가 산 크리스토발 데 라스 까사스 San Cristobal de las Casas 가는 버스 표를 살 수 있는 티켓 부스를 알려준 사람은, 루디였다. 가이드 북을 펴 들고 이리저리 고민하던 중에 바로 옆자리에 앉았다는 이유로 뜻밖의 도움을 받은 거였다. 암만 봐도 한국인 같아 "Where are you from?" 따위의 질문이 목구멍까지 올라왔으나, 동행이 있어 보여 더 이상의 말은 걸지 않았지만, 왠지 친밀감이 느껴지는 인상임은 분명했다.

만 하루가 지나고, 소칼로 주위를 어슬렁거리던 중에, 누군가 "안녕 Hey"하면서 반가운 기색을 보인다. 길을 알려준 그 청년, 그 짧은 순간의

시위의 끝자락
위험이라는 이유로 피해가기엔
너무나 매력적인 도시

- 와하카

공유가 낯선 타인을 순식간에 친밀한 타인으로 발전시킨 것이다. 어쨌든 얼굴을 기억하고, 알아본다는 것.
"야, 너구나."
"그래, 넌 여기서 뭐 하니? 어디 가니? 무슨 계획 있니?"
"어, 시장에 가보려구."
"같이 가도 돼?"
"그럼, 물론이지."
"커피나 한잔하는 건 어때?"
"좋은 생각이야."
하나의 점으로 시작한 관계는 어느새 선으로, 면으로 넓어진다. 그러니까, 정확히 몬테알반행 버스 터미널이라는 하나의 장소, 하나의 점에서 소칼로로, 후아레스 시장으로, 멕시코 바로크 예술의 정수라는, 마침 결혼식이 한창 진행 중이었던 산토 도밍고Santo Domingo 교회로, 민예품 시장 마로MARO로, 다시 어스름이 내린 소칼로로. 와하카라는 모니터에 두 개의 마우스가 나란히 쾌적을 그리며 점에서 선으로, 면으로 확장되는 것이다.

그는 중국 베이징에서 나고 자라, 5년 전 영국 맨체스터로 혼자 훌쩍 날아가 미술 공부를 하는 중이고, 미술 중에서도 조각을 주로 하고 있고, 겸업으로 비올라를 연주하고, 가끔은 퍼쿠션을 다루기도 하며, 외아들이긴 하지만 부모님이 계신 중국엔 2년에 한 번 갈까 말까 하고, 대체적으로 아웃사이더 기질을 가진 청년이라 스스로를 소개했다. 맨체스터를 무척이나 좋아하고 있음이 말투 곳곳에 묻어났지만, 베이징에 대해서는 이렇다 할 기억이 없다며 그닥 말하고 싶지 않아 보였다. 중국에 대한, 중국인이라는 것에 대한 애착이 눈곱만큼도 없다는 걸 짐작하기란 어렵지 않았다. 한 사람의 동양인이 백인들의 나라에 가서 공부할 때 가질 수 있는 마음, 어떤 건지 알 것도 같다. 한국에서 보자면 어쨌거나 중국도 유럽보다는 가까운지라, 말을 하지 않아도 통하는 정서라는 건 분명 존재했다.

나는 대학에서 국어국문학을 공부하긴 했지만 사실 그건, 까지만 말을 하고 잠깐 멈췄는데 놀랍게도 내 다음 말은 루디가 이어가는 것이다.
"그래, 그건 안 해도 그만, 해도 그만인 공부지. 누구나 부담 없이 택할 수 있는 길이고."
그러면서 화제를 돌려 영어는 어디서 배웠냐고 물어온다. 특별히 유학을 한 건 아니고, 보통 한국인처럼 중고등학교 교과 과정으로 배운 거긴 한데, 여행을 동경하면서부터 개인적으로 좀 더 열심히 공부한 것 같다고 대답을 했더니, 속속들이 이해하겠다는 표정으로 그래도 그렇게 공부한 것치곤 잘한다는 칭찬도 잊지 않았다. 아시아인만이 공감할 수 있는 언어의 장벽에 대한 공감대. 비록 한국어도 중국어도 아닌, 영어로 이야기를 나누었지만, 실상 그 내용은 한국어이거나 중국어에 더 가까운 정서였다.
그가 이곳 와하카에서 샀다는 빗소리 명상대(정확한 명칭은 '레인 메이커Rain Maker.' 긴 막대 속 스프링 통로를 따라 작은 구슬들이 쏟아지며 빗소리를 낸다)를 몇 번이나 뒤집어 들었을까. 빗소리를 좋아하는 사람과 함께 산책하는 건 즐거운 일이다. 와하카를 한 바퀴 돌고, 발이 아파 올 쯤에 동네 친구랑 놀다 헤어지듯이 안녕, 잘 가, 손 흔들며 헤어졌다. 이메일이나 연락처 따위도 물어보지 않은 채. 원래 동네 친구끼린 그런 거 물어보는 법이 없지 않은가.

정겨운 산크리스토발 씨

치아파스 고지대에 위치한 '산 크리스토발 데 라스 까사스'. 이름 한번 장난 아니게 길다. 길은 또 어찌나 거친지. 한 마디로 우웩우웩 길이다. 와하카에서 열한 시간. 시작은 좋았으나 그 끝은 죽음에 가까운 상태. 마침 옆자리도 비고, 몸집이 작으니 잘 접어서 누워보니 그런대로 가겠다 싶었는데, 한 시간도 채 지나지 않아 자신감은 바닥으로 떨어지고 밤새 버스에서 나는 거의 시체가 되어 있었다. 다시는 야간 버스 타나 봐. 절대 이 길은 두 번 다시 오지 않을 거야. 구시렁구시렁 투덜투덜.

놀라운 건 죽을 것처럼 힘들어 하다가도 막상 산크리스토발에 내려 짐을 질질 끌고 터벅터벅 골목을 걷는데 한 걸음씩 내디딜 때마다 에너지가 다시 솟아 부활하더라는 것. 숙소부터 알아봐야 할 그 와중에 나도 모르게 카메라를 꺼내 들고 이른 아침의 산크리스토발 앞에 들떠 있었던 것이다. 아침은 어떻게 이토록 아름다울 수 있는지. 이제 막 떠오르는 태양을 등지고 서 있는 성당은 경건해 보이기까지 한다. 바람이 덧칠한 낡은 파란 벽, 초록 벽. 그 위로 그림자를 흔들어대는 나무들. 그 벽에 매달려 있는 고풍스런 로맨틱 전등. 이곳에서 수천 번의 아침은 맞았을 법한 오랜 나무 문. 아침부터 닭 한 마리 보자기에 싸 들고 걸어가는 할머니의 뒷모습마저 정겨워 보인다. 어느새 실실 웃고 있는 나. 버스의 악몽은 그렇게 순식간에 잊혀버린 것이다. 그래, 이제부터 야간 버스는 아침이 아름다운 마을로 갈 때만 타야겠어. 점점 단순하기 짝이 없는 인간으로 진화하고 있다.

와하카가 산뜻한 파스텔톤의 경쾌한 도시였다면, 산크리스토발은 나이 지긋한 낡은 파스텔톤이 정겨운 마을이다. 한나절이면 더 이상 갈 데도

작지만 제법 아기자기한 마을
한나절이면 한 바퀴 돌고도 남는,
이런 초미니 사이즈 마을
- 산 크리스토발 데 라스 까사스

없어 보이는 동네인데, 오히려 그게 더 마음에 들었다. 많은 여행객들이 멕시코에서 과테말라로 넘어가기 위한 관문으로 산크리스토발을 오가지만(나 또한 그러한 이유였고), 그러나 막상 와보니 단지 국경 도시라는 수식어를 붙이기에는 이 마을, 너무 황홀하다. 여차하면 일주일이고 이 주일이고 눌러앉아도 좋을 그런 마을.

나바로Navarro 골목 언덕길 위 '라 까사 델 판La Casa del Pan'이라는 가게. 스페인어로 읽으면 뭔가 그럴싸해 보이지만 번역하면 심플하게 '빵집' 되겠다. 너무 심플한 이름이신 거지. 그 담박한 이름에 끌려 들어갔다. 과일이며 요구르트며 주스, 죄다 오가닉이라나. 4천 원도 안 하는 아침 메뉴, '특별 천연 아침'엔 신선한 계절 과일 한 접시, 천연 오렌지 주스, 천연 요구르트, 시리얼, 마멀레이드와 꿀, 호밀빵, 유기농으로 재배한 치아파스 커피 또는 차가 나온다. 짧은 스페인어지만 말하는 데 재미 붙인 나는 이제 완전 능글맞은 아줌마가 다 되어 일하는 언니에게 이런 저런 말을 붙여가며 아침을 즐기고 있다. 동네가 주는 느낌 탓인지 시간도 천천히 흐르는 것만 같다. 벌써 한 시간이 넘도록 마을이 한눈에 내려다보이는 자리에서 느긋하게 아침을 먹고 있다. 행복하다는 생각을 해본다. 여기서 이렇게 미끄럼틀처럼 쭈욱 펼쳐지는 골목길을 바라보며 여유로운 아침 식사를 나 혼자 즐겨도 되나, 미안했다.

백패커들의 아지트 같은 호스텔, 이름도 심플하게 '백패커스 호스텔Backpackers Hostel'이다. 얼마나 많은 백패커들이 이 마을에서 과테말라로 넘어가는지 호스텔 벽에는 과테말라 가는 버스들이 지역별로 자세히도 적혀 있다. 쾌적이나 세련과는 거리가 멀지만 확실히 여행자의 잠자리답다. 삐그덕거리는 커다란 나무 문을 밀고 들어가면 가운데엔 마당

와하카가 산뜻한 파스텔이라면
산크리스토발은 오래된
낡은 파스텔일 테지
좁은 골목을 따라 구불구불
날마다 삶이 꿈틀거리는

이, 그 주위로 방들과 부엌, 세면실과 다용도실 따위가 늘어서 있다. 마당에는 작은 연못도 있고, 돌로 된 의자며 티 테이블도 있다. 여차하면 모닥불을 피울 수 있는 공간도 있다. 한쪽 구석에는 해먹도 걸려 있다. 인터넷도 공짜로 쓸 수 있고(물론 컴퓨터는 두 대밖에 없어서 줄을 서야 했지만) 스페인어도 공짜로 가르쳐준다. 소소하지만 아침도 공짜다. 호스텔의 청소를 돕는 칸타라는 여자 아이. 나는 괜히 장난기가 발동해 칸타를 놀린다.
"칸타, 칸타 포르 파보르Canta, canta por favor(칸타야, 노래 좀 해봐)!"
칸타의 얼굴이 금세 홍시가 되었다. 이런 곳에 머무르면 왠지 베테랑 여행자가 된 기분이다. 여기서 며칠 묵고 팔렝케로 갈지, 과테말라로 갈진 솔직히 아직도 결정을 못 했다. 이러다 느닷없이 칸쿤으로 갈 수도 있고, 갑자기 안티구아로 떠날 수도 있는 것이다. 일단은 산크리스토발을 즐겨주셔야지. 나는 내일 어딘가에 있는 것이 아니라 지금 이곳에 있는 거니까.

새로 받은 침대 시트를 깔고 짐을 정리하는데 누군가 말을 걸어온다. 살짝 느끼하게 생긴 곱슬머리. 역시나 원조 느끼남의 나라, 이탈리아에서 날아온 리카르도라 했다. 혼자 여행하냐고. 혼자 여행한다고. 원주민 마을에 가려는데 같이 가겠느냐고. 같이 가보자고. 여행이 길어지자 외국인 울렁증은 점점 사라지고, 대화는 갈수록 시원시원해진다. 하긴 혼자서라도 갈 생각이었다. 가서 만나나, 만나서 가나.
여행사에 들렀더니 마야 마을 투어는 오전 9시에 출발한다고 했다. 오늘 투어는 이미 떠났단다. 내일 투어로 예약을 하고 동네나 한 바퀴 돌아보기로 한다. 작은 마을이지만 없는 게 없다. 보행자 거리인 11월 20일 거리와 이달고 거리, 마데로 거리와 후아레스 거리를 중심으로 보석 같은 가게들은 얼마나 많은지. 어느 도시에나 있는 거리 이름들이라 이제는 친근하기까지 하다. 11월 20일, 멕시코 혁명이 일어난 날. 이달고, 멕시코 독립운동가인 미구엘 이달고 신부님. 마데로, 역대 대통령이기도 했던 멕시코 혁명가, 프란시스코 마데로. 후아레스, 멕시코 원주민 출신의 대통령, 베니토 후아레스. 모든 길의 이름에는 역사가 있다. 아무도 이들을 잊지 못할 것이다.

노란 교회, 빨간 교회, 파란 교회, 살굿빛 교회들을 지난다. 노란 대성당 앞에서 한참 앉아 지나가는 사람들을 구경하며 해를 즐긴다.
"이탈리아도 와봤겠지? 어땠어?"
"음, 이탈리아 남자는 싫은데 이탈리아는 좋아."
"저런, 난 한국 여자 좋은데."
"네가 아직 한국 여자 무서운 줄 모르는구나(퍽!)."
시덥지 않은 농담이나 주고받다가도 문득 드는 생각이 언젠가는 이렇게 길바닥에서 노닥거리던 시간도 그리워질 때가 오겠지. 능글맞은 리카르도마저 사랑스러워 보인다.

카르멘 탑Torre del Carmen까지 걸어 내려갔다가 산토 도밍고 수도원까지 올라와서 시장 삼매경에 빠졌다. 역시 시장만 한 놀이터가 없다. 옷이며, 장신구며, 뭣에 쓰는 물건인지도 모를 온갖 민예품들이 널렸다. 심지어 가격도 착하다. 여기서 우트리야Utrilla 거리를 따라 조금만 더 올라가면 또 하나의 거대한 시장이 나타난다. 관광객용이 아닌 진짜 시장. 과일과 야채, 고기와 잡동사니들은 더 이상 쌓을 수도 없는 높이로 쌓여 있다. 추가 달린 옛날 저울 혹은 눈대중으로 가격이 매겨지고 눈웃음으로 가격이 깎이기도 한다.

나는 달걀 다섯 개와 감자 네 알, 가지 하나를 사고 리카르도는 파스타

예쁘니까 자꾸자꾸 가게 된다
말없이 전도하는 교회

면과 토마토와 양파, 고기를 조금 샀다. 스파게티를 만들 모양이다. 내 저녁은 시금치 된장국이다. 서울에선 거들떠도 보지 않았을 인스턴트 음식인데, 여행 중엔 정말로, 정말로 요긴한 음식이다. 한국의 맛이 그리워질 때를 대비한 비상식이라고나 할까. 부피도 작고, 무게도 가볍다. 딱 여행자용이다. 바싹 건조된 시금치 된장국 블록을 물에 넣고 끓이면 그대로 훌륭한 시금치 된장국이 된다. 밥과 같이 먹어도 좋지만, 밥 하기 번거로울 땐 듬성듬성 감자를 썰어 넣고 끓이면 그만이다. 더구나 여기는 감자의 고향이 아니던가. 파삭파삭 고소한 감자가 들어간 시금치 된장국, 한동안 나의 페이버릿 메뉴가 되었다.

저녁이 되자 백패커스 호스텔은 축제라도 벌어진 것처럼 후끈 달아올랐다. 여기저기서 고소한 요리 냄새가 퍼졌고, 음악 소리가 퍼졌다. 같은 방을 쓰게 된 아메리칸 걸들은 수미데로 계곡 Canon del Sumidero을 다녀왔다며 "어메이징!", "판타스틱!"을 연발한다. 과연 그녀들이 담아온 조그마한 디카 사진만으로도 어떤 장관일지 짐작이 가고도 남았다. 완전 대자연이군. 내일은 마얀 마을 투어를 가기로 했는데. 이거 수미데로 계곡도 가야 하나. 욕심이 무한대로 퍼져가는 밤이다.

끝나지 않을 것 같은 밤을 달려
기어이 만났습니다
변하지 않고 기다려준 아침,
고마웠습니다

시간을 거슬러, 통념을 거슬러 또 하나의 완전히 다른 세계로 똑똑

산크리스토발 주위엔 마야의 후예들의 삶이 고스란히 느껴진다는, 멕시코에서도 대표적 오지 마을이 여럿 있다. 그중 하나가 산 후안 차물라San Juan Chamula 마을. 그 깐깐한 자존심의 역사를 보러 많은 사람들이 투어를 나선다. '투어'라는 단어에 본능적으로 경기를 일으키는 편이긴 했지만, 가끔은 '투어'가 절실할 때가 있다. 혼자서는 가기 힘든 곳이나 아무것도 모르는 상태에선 가나마나 한 곳이라면 더더욱. 모르는 게 자랑은 아니지만, 나는 차물라를 모른다. 치아파스(산크리스토발이 속한 주의 이름)도 잘 모른다. 스페인이 침략해서 못되게 굴었을 것만 어렴풋이 짐작할 뿐. 어디 스페인뿐이었겠는가. 멕시코 독립의 역사에서 치아파스는 격전의 장이나 다름없었다. 그래서 공부 한번 해보기로 했다. 가이드의 힘을 빌어 눈과 귀를 넓혀보기로. 더욱이 차물라는 스페인어조차 무용지물인 진짜 원주민 마을이었으므로.

예닐곱의 소규모 그룹으로 마을 탐방이 시작되었다. 오늘 우리의 눈과 귀가 되어줄 알베르토. 다른 가이드들은 차물라 교회만 보고 끝이지만, 자기는 되도록 마을 곳곳을 둘러볼 것이며, 알고 있는 것들을 최대한 전해줄 것이라며 의욕을 보인다. 좋았어, 마음에 드는걸. 순식간에 학구열이 불타올랐다. 무진장 더웠지만 알베르토의 뒤를 따라 가파른 언덕길도 군소리 없이 얌전히 오른다. 마을은 얼핏 우리네 시골을 닮은 것도 같다. 흙벽돌, 아도베로 지어 올린 벽이며 함석 지붕들. 이따금 기와지붕도 눈에 띈다. 처마 밑에 대롱대롱 매달려 있는 옥수수들, 땔감으로 차곡차곡 쌓아놓은 나무들, 이렇다 할 담벼락도 없는 정겨운 집들, 양지바른 곳

내 할아버지 같은 꼬장꼬장한 마을
- 차물라

당신과 나 사이
가깝고도 먼 사이

에 앉아 깜빡깜빡 졸고 계신 할머니. 이 평화로운 풍경에 유일한 인공물은 온 동네 벽에 함부로 칠해진 코카콜라 마크, 환타 마크. 상표가 어찌나 많은지 코카콜라에서 후원하는 마을이 아닌가 싶을 정도다. 여기까지 들어온 몹쓸 탄산들, 미웠다.

차물라 사람들은 옷만 봐도 단박에 표시가 난다. 남자들은 대개 하얀색의 투박한 양털 겉옷을 입고(직업에 따라, 혹은 계절에 따라 검은 양털 옷이 되기도 한다) 여자들은 희거나 파란 블라우스에 대개는 숄을 두르고 울로 만든 매우 투박해 보이는 검은 스커트를 입는다. 외부인의 마을 출입은 자유이나 차물라 사람들을 찍는 것은 금기 사항이다. 사진을 찍히면 영혼을 빼앗긴다고 믿기 때문이라 했다. 정말로 원주민 앞에서 버젓이 카메라를 들이댔다가 순식간에 마을 전 주민으로부터 쫓김을 당하는 등 생명의 위협을 받았다는 일화도 심심찮게 들린다. 다른 곳은 몰라도 교회 안에서 사진 찍다가 걸리는 날엔 찍소리도 못하고 감옥행이다. 그렇다고 교회가 매우 엄격한 분위기냐 하면 그런 것도 아니다. 마시던 맥주 캔이나 피우던 담배를 손에 쥐고 들어가는 건 무례한 게 아니라나. 아, 모자를 쓰고 교회에 들어가는 건 신성 모독이나 다름없다 하니 조심할 일이다.

해가 머리 꼭대기까지 올라왔다. 선크림도 소용없을 초강력 햇살이다. 어느새 나의 남색 후드티는 회색에 가까워져 가고 있다. 해도 피할 겸 알베르토의 지인 집을 잠시 방문했다. 길게 머리를 땋아 내린 안주인이 마당 한 컨에 모셔둔 사당을 보도록 허락해 주었다. 성스러운 나뭇잎들로 가득 채워진 공간에는 유적지에서 막 발굴한 것 같은 토기들이 잔뜩 줄지어 있고, 그 토기들에 꽂힌 촛불이 경이롭게 타고 있다. 말하자면 하나의 성황당인 셈이다. 안주인이 뭐라 뭐라 기도를 하고 나간다. 이것이 차물라의 일상적인 종교 생활이라 했다. 그러고 보니 마을 지붕들은 어김없이 작은 십자가를 이고 있고, 동네 곳곳에도 뜬금없이 십자가를 만날 수 있었다. 십자가는 생김새도 독특한데 그림이 그려져 있기도 하고, 녹색 십자가가 있는가 하면, 파란 십자가도 있고, 나뭇잎 따위로 장식된 십자가도 있다. 여태 나는 십자가는 곧 교회인 줄만 알았는데, 이곳의 십자가는 기독교가 전파되기 훨씬 전부터 존재해 왔다 했다. 마야문명부터 전해오는 십자가는 각각 해와 달, 사람과 땅을 의미한단다. 혹은 태초에 신이 동서남북 네 군데와 세상의 중심에서 거대한 세이바ceiba 나무로 하늘을 떠받쳤는데, 그 방향들이 십자가이고 오늘날 십자가가 녹색인 이유는 바로 이 성스러운 세이바 나무의 색을 상징하는 것이란다.

역시 차물라의 핵은 교회다. 메인 광장에 서 있는 교회, 템플로 데 산 후안Templo de San Juan. 외양만 보면 딱 지중해 간지다. 눈부신 화이트에 새파란 블루, 초록와 노랑이 포인트다. 멕시코에서 본 그 어떤 교회와도 닮지 않은 동화적인 모습. 문을 열고 들어가기 전까진 딱 그랬다.
"!"
문을 열자 그곳엔 완벽히 다른 세계가 펼쳐졌다. 교회라면 당연히 있을 길다란 신도 의자는 단 하나도 없다. 제단도 없다. 천장은 무진장 높고, 바닥은 온통 솔잎으로 깔려 있고, 신도들은 그 바닥에 앉아, 혹은 엎드려 기도를 한다. 바로 앞에 촛불을 세워놓고, 으스스한 방언을 주문처럼 소리 내어 외면서 말이다. 수백 개의 촛불과 여기저기서 피어나는 향이 기묘한 분위기를 더한다. 교회라기보단 거대한 비밀 집회 장소 같은 느낌. 어떤 사람들은 심지어 제물로 바칠 요량으로 살아 있는 닭까지

이제 산토리니는
2순위로 밀렸다

보자기에 싸 안고 있다. 산 닭을 바치다니! 무엇보다 놀라운 건 죄다 코카콜라, 환타, 스프라이트 따위의 탄산 음료를 마시고 있다는 것. 꺼억 꺽. 트림 소리가 난리도 아니다. 이게 뭔 짓이래. 이 순간 알베르토가 없었다면 나는 아마 영원히 차물라의 교회를 우스꽝스러운 모습으로만 기억했을 것이다.

알베르토 말하기를, 일종의 성수the Holy Water로서 원래는 '포쉬Pox'라는 38도짜리 독주를 마신단다. 그 정도 도수라면 취하는 건 시간 문제다. 기도를 하다가 취한다는 것. 그것을 신자들은 다른 세계 혹은 성자와의 대화가 가능해지는 단계라 믿는다 했다. 맙소사. 코카콜라를 마시는 것도, 그걸 마시면 자연히 트림이 나오는데, 이 트림이 곧 몸 속에 상주하는 사악한 악마를 내쫓는 과정이라 믿는다나. 큭. 웃으면 안 되는데 웃음이 나왔다.

상상을 초월하는 놀라운 우주는 여기서 다가 아니다. 초롱초롱 눈빛을 반짝이는 우리들을 위해 알베르토는 비하인드 스토리까지 아낌없이 들려준다. 사방엔 온통 성자들의 형상이 서 있고(사실은 마야의 신) 그들은 한결같이 목에 거울을 걸고 있다. 거울에 담긴 믿음 하나. 성자 앞에 서서 기도를 할 때, 영혼은 몸 밖으로 빠져나온단다. 이때 영혼은 거울 속에 비친 형상을 통해 다시 왔던 길을 돌아가 자신의 몸으로 돌아가는 것이라고. 만약 거울이 없으면 영혼이 자기가 빠져나온 육체를 찾지 못하고 길을 잃어버릴지도 모른다고. 그래서 사진 찍히는 것 또한 금기가 되었는지 모를 일이다. 어쨌거나 카메라의 원리는 거울을 이용한 것이니, 영혼이 거울에 현혹되어 육신을 떠나버리는 낭패가 생겨날 수도 있는 것이다. 특히 어린아이들은 영혼이 유약하기에 더더욱 카메라에 노출되어서는 안 될 일이라 믿는다 했다. 그래서인지 여자들은 아이를 들쳐 업고 절대 보이지 않게 보자기를 덮어쓴다. 자신에 대해서도 마찬가지다. 머리끝까지 덮은 숄은 조선시대의 쓰개치마가 따로 없다. 어쩐지, 그런 거였군. 감탄하는 우리가 기특한지 알베르토도 신이 났다. 알베르토는 영어로 한 번, 스페인어로 한 번 또박또박 설명을 해주었지만, 이따금 알베르토의 설명을 못 알아듣는 나를 위해 리카르도 녀석도 한몫 통역을 거들어주었다. 고마운 녀석.

교회 왼편에도 성자들의 동상이 있기는 마찬가지인데 어쩐지 그 앞에서 기도하는 사람들은 보이지 않는다. 애초에 이 성자들은 산 세바스티안 San Sebastian 교회에 있던 성자들이라 했다. 산 세바스티안 교회는 100년 전쯤 파괴되었는데, 어찌어찌하여 성자들은 구출이 되었다. 그걸 이 교회에 모셔 온 거다. 여기까진 있을 수 있는 일. 이제부터 사차원적인 이야기가 시작된다. 성상을 산후안 교회에 안치하긴 했지만, 마을 주민들의 생각은 좀 달랐다. 성자라면서 교회도 못 구하고, 에잇, 이 성자들을 벌합시다. 탕탕탕! 교회가 무너지고 있는데도 아무 손도 쓰지 않은 죄로 성자들의 손목은 댕강 잘려 나갔다. 뿐만 아니라 몇 십 년 동안 산후안 교회에서도 벽을 보고 서는 벌을 받아야 했다. 착한 성자들이 유리 케이스에 고이고이 모셔져 있을 동안에도 이 나쁜 성자들은 케이스 하나 없이 멀뚱히 서 있어야 했다. 그나마 착한 성자들이 새 유리 케이스를 장만한 덕분에 그들이 쓰던 헌 유리 케이스를 물려받긴 했단다. 요 근래에 들어서야 주민들의 분도 가라앉았는지 벽 보고 서 있는 벌도 그만하도록 해주고, 옷도 입혀주어 잘린 손도 보이지 않게 해주었다고. 어쩐지 귀엽단 생각이 든다. 이런 이야기를 듣지 않았더라면 정말로 감쪽같다. 예배당을 향해 버젓이 서 있는 성자들. 물론 그 앞에서 기도하는 사람은 없지만 말이다.

선도 악도 아닌, 천국도 지옥도 아닌 그저 전혀 다른 또 하나의 세계를 만난 기분이다. 과연 이 세상에 절대적인 신념이라는 게 있을 수 있을까. 다른 믿음을 평가할 기준이 되는 믿음이란 게 있을 수 있을까. 교회 앞에는 어느덧 관광객들이 넘쳐나고, 그들에게 뭐라도 팔아보겠다고 달라붙는 원주민들 또한 넘쳐났다. 교회 오른편 학교 운동장에서 그저 공 하나만으로도 즐거운 아이들과 교회 앞 시장에서 학교에 가 있어야 할 나이임에도 더 어린 갓난아기를 등에 얹고 물건을 파는 소녀들 사이에서 조심조심 걸음을 옮겨야 했다.

차물라에서 차를 타고 조금만 더 가면 산 로렌소 시나칸탄San Lorenzo Zinacantan 마을에 닿는다. 도중에 들른 묘지. 황무지와 같은 땅에 그 흔한 묘비명 하나 없이, 작은 나무 십자가가 전부인 공동묘지지만, 거기 의미 없이 존재하는 건 아무것도 없었다. 검은 십자가는 남자의 무덤을, 초록 십자가는 여자의 무덤을, 그리고 하얀 십자가는 아이의 무덤을 뜻한다 했다. 관에는 죽은 자를 위해 마치 우리네 노자처럼 돈을 함께 넣기도 하고, 음식을 함께 넣기도 하며, 심지어 입고 있는 옷이 해지면 꿰매라고 실과 바늘도 함께 넣는다 했다. 그곳에서 죽음은 확실히 모든 것의 끝이 아니라 다만 또 하나의 다른 세상일 뿐이었다.

시나칸탄은 차물라에서 그리 멀지 않은 곳인데도 옷부터 또 확 달라진다. 남자들은 꽃으로 수놓인 분홍빛 겉옷을 입고, 리본 달린 모자까지 썼다. 여자들은 화려한 블라우스에 핑크 숄을 두르고, 한 마디로 차물라보다 화려한 패션이다. 거리에서 보이는 패션보다 더 화려한 패션이 만들어지는 곳을 방문했다. 분명 가정집이긴 한데 완전 가정집은 아니고, 가내수공업이 한창인 곳, 알베르토가 단골로 드나드는 투어 코스인가 보다.

헛간 같은 부엌에선 아주머니가 토르티야를 굽고 있다. 고소한 냄새가

타고난 컬러리스트
혹은 아티스트

배꼽 시계를 자극한다. 마침 출출했는데 고맙게도 먹어보라며 나눠주신다. 갓 구운 따끈따끈한 토르티아에 금방 딴 아보카도와 살사, 치즈를 곁들이니 죽음이다. 마당에는 이제 열네 살이라는 소녀가 러그인지, 카펫인지, 식탁보인지 여하튼 그 형형색색의 천 조각 짜는 데에 꼬박 보름이 걸린다며 열심히 손을 놀리고 있다. 자기가 만든 거라며 자랑하며 보여주는데 예쁘긴 예쁘다. 방문객의 영향이겠지만, 그나마 스페인어가 통한다는 게 어찌나 고마운지 모르겠다. 웬만해선 방문객에게 먼저 말을 걸진 않지만, 물어보면 대답은 상냥하게 해주는 편이다. 심지어 사진도 찍도록 허락해 준다. 소녀는 내가 지구 반대편에 있는 한국이라는 나라에서 혼자 여기까지 여행 왔다는 게 너무나도 놀라운가 보다.
"무섭지 않아요? 엄마가 걱정하지 않아요?"
나라고 왜 겁이 없겠어. 그저 엄마가 걱정할 나이는 지났다는 대답밖에. 서른이 훌쩍 넘었다고 하니 눈을 똥그랗게 뜨고 바라본다.
"아이는요?"
아, 나이는 괜히 말했나 보다. 서른 넘은 여자가 결혼도 안 하고 애도 안 낳고 이 오지에 여행을 오다니. 순식간에 이상한 인간이 되어버렸다.

캐리의 스탠퍼드

오후께 센트로로 돌아와 아르마스 광장부터 리베라시온 광장, 타파티아 광장까지 어슬렁거려본다. 해가 지기 시작하자 거리 곳곳에 오렌지 빛이 열린다. '과달라하라 참 따뜻한 곳입니다' 광고라도 하듯 센트로의 가로수는 죄다 오렌지 나무다. 마치 스페인 안달루시아처럼. 오렌지 나무 사이사이로 오렌지 불빛의 가로등이 하나둘 동화처럼 피어난다. 호스텔 바로 앞 골목과는 사뭇 다른 분위기. 센트로 한복판은 밤이 더 아름답다. 오가는 사람들도 많고, 노천에서 맥주 마시는 사람들도 많다. 이 정도라면 혼자라도 무섭지 않다. 오호, 이런 계산이었군. 밝은 낮에는 센트로에서 떨어진 곳을 방문하고, 어두워지기 전에 센트로로 돌아온다는. 그렇다고 해서 미친 듯이 센트로의 역사적인 건물 순회에 나서는 것은 아니었다. 나도 나지만 기욤도, 스탠퍼드도 도통 역사적인 볼거리에 환장하는 구석이라곤 없었으니. 그저 지금, 이곳을, 즐기는 것이다. 어슬렁어슬렁 느리게 걸으면서. 다리가 아프면 아무 카페나 들어가 시원한 맥주 한잔 마시면 그만이다. 오고 가는 사람들을 바라보며, 이따금 라이브로 연주되는 음악을 들으며, 시원한 바람 한줄기 기대어, 과달라하라 센트로는 역동적이라는 생각을 해본다.

Guadalajara, Morelia, Ixtapa, Zihuatanejo
과달라하라, 모렐리아, 이스타파, 시우아타네호

드디어 우이촐 미술관으로 간다. 찰미타에서 보았던 바로 그 태피스트리를 만든 원조 부족의 미술관으로. 과달라하라 센트로에서 사포판행 버스를 타고 20분을 달린다.

이렇게 자존심이 강한 미술관도 처음이다. 그렇다고 해서 기분이 나쁘다는 건 아니고, 뭐랄까, 어딘가 고마운 느낌이 드는 자존심. 앞으로도 계속 지켜주었으면 하는, 응원하고 싶은 자존심. 정말 작고 아담한 사이즈의 미술관. 사실 뮤지엄이라고 하기에도 뭣한 곳이긴 했지만, 사진 촬영은 당연히 금지, 관람 시간도 특이하다. 1시 30분부터 3시까진 문을 닫는다. 이 시간에 몇 명 되지 않는 직원들이 단체로 점심을 먹으러 나가 버린다. 12시 30분, 애매한 시간에 와서 미처 관람을 마치지 못한 나는 그녀들이 점심을 다 먹고 돌아올 때까지 기다려야 했다. 미술관 안에서 잘 관람하는 중에 "저기, 우리 밥 먹고 와야 하니까 이따가 다시 와"라는 말을 듣는다는 것, 기묘했다. 같은 마당을 쓰고 있는 사포판 대성당 Basilica de Zapopan을 둘러보고, 그래도 시간이 남아 광장 노천 시장까지 기웃거려본다. 멕시코 전역의 공예품, 먹을거리는 다 집합시킨 모양이

다. 그나마 시장이 있어서 다행이다.

자그마한 뮤지엄 안에는 오색찬란한 우이촐 부족의 태피스트리가 가득했다. 예의 그 환각 선인장, 페요테를 먹고 그때 보이는 환상들을 예술 작품으로 옮긴다더니. 그래서인지 작품 하나하나 주술적인 힘이 느껴지는 것도 같다. 어두운 빈 방에서 나 혼자 보면 진짜 무서울 것 같은 그런 그림들. 사실 미술관 내부가 넓어서 시간이 부족한 건 아니었다. 입장료 450원 하는 미술관이 크면 또 얼마나 크겠는가. 영문 설명 하나하나 다 읽어 내려 가기에 한 시간이 너무 짧았을 뿐. 이럴 땐 한글이 미치도록 그립다. 그럼에도 작품 하나하나 담긴 이야기는 어찌나 옹골찬지.
예를 들면 이런 식이다. 모든 것은 어둠에서 시작되었다. 그때에 땅은 바다를 향해 기울어져 있었고, 모든 것은 부드러웠으며, 강도 없고 언덕도 없었다. 현자들은 서로를 볼 수 없는 대신 마음으로 소통했다. 세상이 온통 물바다가 될 것을 안 이들은 배를 만들어 홍수를 피했다. 마치 노아의 방주처럼. 5년이 지나서야 마침내 마른 땅을 찾아 삶을 이어갔다는 그런 이야기. 놀랍게도 많고 많은 부족들이 생겨나고 번성하며 전해져 내려오는 신화들은 어딘가 서로 닮아 있다.

물론 내가 더욱 흥미를 가졌던 건 이들이 죽음을 바라보는 관점. 아니, 더 정확히 말하자면, 그 시선을 그림으로 표현했다는 것. 얼핏 우리네 생각과 크게 다르지 않은 점도 있는데, 우리가 이야기 속에 묻어두었던 생각들을 이들은 빨갛고 노란 알록달록한 그림으로 표현한 것이다.
여기 누군가 죽어 땅에 묻혔다. 죽은 지 5일째 되는 날, 샤먼은 죽은 자의 영혼을 자유롭게 해주기 위해 영혼의 발자국을 따라간다. 영혼의 종소리를 따르는 가이드는 아카시아 나무 막대. 길에는 영혼이 살아 생전 가지고 놀았던 벌레도 나타난다. 벌레가 영혼을 관통한다(완전 윤회다). 영혼은 붉은 땅, 푸른 땅, 노란 땅을 지나 까마귀가 있는 곳에 이른다. 까마귀의 자비를 구하기 위해 옥수수 알갱이를 내어줘야 한다. 그리고 영혼은 까마귀 아래 벌레가 들끓는 더러운 우물을 발견한다. 그가 살아 있을 때엔 분명 깨끗한 물을 길어 마셨던 바로 그 우물인데, 죽음의 세계에서 모든 것은 반대이다.

거기서 영혼은 한 마리의 파리가 되고, 강까지 날아가 검은 개에게 강 건너편으로 가는 걸 도와달라고 하지만, 개는 거절한다. 왜냐, 그 개는 영혼이 살아 있을 때 학대한 개였으니까. 먹이도 주지 않고 때리고 찼던 개였으니까. 그래서 영혼은 땅속에 묻힐 때 함께 묻혔던 토르티야 두 개를 개에게 내어주고 강을 건너는 도움을 받는다(우리가 관 속에 노자를 넣어주듯 이들은 토르티야를 함께 넣어준다는데, 그게 강 건너는 차비였던 셈이다. 지구 반대편에서도 엇비슷한 생각을 하고 있었다는 게 놀랍고도 재미있다).

강을 건넌 영혼은 계속해서 시련을 겪는다. 부딪히는 바위 사이를 피하고, 오만 가지 천벌을 받아야 한다. 끓는 가마솥이며 요부의 처벌 등등. 살아서 저지른 죄가 많을수록 처벌은 가혹하다. 예컨대 피가 섞인 종족과 관계를 가진 적이 있다면 야수의 우리에 갇히는 식이다. 여기서 말하자면 영혼은 두 번째 죽음을 겪는 것이다. 사람들은 얘기했겠지. 착하게 살아라, 지금 못된 짓 하면 죽어서 지옥 불에 빠져 다 되돌려 받는다, 라고.

한편 이승에서 죽은 이의 가족들은 샤먼이 죽은 자의 영혼을 구해낼 것이라 믿고 축제를 준비한다. 유치해 보이지만, 샤먼은 영혼이 끝까지 시련을 딛고 올 수 있도록 술이며 바나나 따위로 영혼의 걸음을 재촉한다. 돌아온 영혼은 악사들 사이에서 먼지바람이 나도록 신나게 춤을 추고, 이때 샤먼이 영혼에게 화살을 겨누어 그가 가지고 가려는 것들을 빼앗고 오직 한 마리 파리로서 대접한 뒤 하늘로 자유롭게 풀어주는 것이다. 참으로 길고도 징한 여정이다. 물론 순결한 영혼을 위한 지름길도 있으나, 그 길은 오직 죽은 아이들만이 갈 수 있다. 아이들은 죽으면 바로 천사가 된다는 믿음, 우이촐 부족의 그림이 말하고 있다.

이런 이야기들이 그림 한 폭에 모조리 담겨 있다. 한 편의 동화 같다. 몸에 그려진 점의 개수가 곧 지혜의 깊이를 나타낸다는 둥, 점 다섯 개면 지혜 만땅이라는 둥, 의미 하나하나 귀엽고도 앙증맞다. 그러니 이걸 뜯어보고 있자면 시간이 절로 갈 수밖에. 내친 김에 화집도 한 권 샀다. 미술관에 와서 이토록 열심히 관람하기도 오랜만이긴 했지만, 그렇다고 해서 내가 우이촐 부족이나 그들의 예술품을 이해했다고 하기엔 턱없이 아쉬운 경험이었다. 내게 여전히 찰미타는 물음표가 더 많은 장소이고, 우이촐 부족의 작품들 또한 미지의 세계이다. 그럼에도 가슴속 어딘가 뭉클해져 오는 건 왜인지. 세상에 많고 많은 삶 중에 또 하나의 삶을 알게 된 반가움일까. 돌아오는 길은 훨씬 따뜻했다.

혼자인 줄 알았더니,
오후 햇살과 가을 바람과
붉은 꽃들도 함께 있었다

나는 왕이로소이다
구두가 닦이는
순간만큼은

4인의 과달라하라

호스텔 과달라하라. 위치로 보나 시설로 보나 백패커에게 더없이 훌륭한 장소다. 무엇보다 서울 부럽지 않게 잘 터지는 공짜 무선 인터넷은 눈물 나도록 고맙기까지 하다. 홀로 떨어져 나와 있으면서도 나를 아는 모두와 연결되어 있는 느낌. 디지털 유목민의 느낌은 아마도 이런 것이겠지. 거실과 부엌이 있는 호스텔. 아늑한 만큼 따뜻하다. 심지어 화장실 문에는 이런 글귀도 붙어 있다.

"여행의 이유 - 우리가 서로 다른 세계를 이해한다면, 이해하려고 노력한다면, 차이를 차이로 인정하고 받아들이게 되면 갈등은 줄어들고 전쟁은 사라질 것이다. 더 나은 세상을 위해 여행이 필요하다고 생각한다. 그래서 당신이 여기 과달라하라를 더 알고 싶어하고 이해하고 싶어할 때, 우리가 도울 수 있다면 그 이상의 기쁨도 없다고 생각한다. 뭐든 물어봐라. 우리가 할 수 있는 한 무엇이든 도와줄 테니."

과연 스태프들 모두 무진장 친절하다. 건강한 잠자리다.

시티에서 가져온 신라면, 요긴하게 잘 먹고 있다. 라면 하나 끓여서 국물까지 깨끗이 먹어보는 것도 참 드문 경험이다. 혼자 먹기엔 많다 싶긴 하지만, 여행이 길어지자 이제는 하루 한 끼 정도는 고향의 맛을 음미하고 싶어졌다. 칼칼한 국물의 맛. 그런 생각을 하며 오늘도 이른 저녁으로 라면을 끓일 요량으로 부엌으로 들어가려다 갑자기 다시 돌아서 나올 뻔했다.

형편없는 몰골을 하고 있는데 식탁에 앉아 있던 꽃미남과 눈이 마주치고 말았던 거다. 정말로 미소년이다. 부드러워 보이는 갈색 머리에 조막만한 얼굴. 고혹적으로 빛나는 갈색 눈동자. 살인 미소에 환상적인 몸매. 불과 3초 만에 이 모든 것이 들어오다니. 스스로의 안테나에 놀랄 따름

이다. 아, 나는 어쩌자고 아줌마 파마를 하고 여기까지 왔는지. 중남미 여행을 거뜬히 마칠 파마를 한 방에 해주겠다며 열심히 말아준 미용실 아줌마가 원망스럽기까지 하다.

그는 내 바로 앞에서 금발의 안경 낀 뽀글머리 청년과 함께 고소한 냄새를 마구 날려가며 파스타를 먹고 있었다. 내 라면이 살짝 불쌍해지는 순간이기도 하다. 뽀글머리는 파스타에 참치, 치즈까지 잔뜩 버무린다. 뭐, 냉정하게 말하자면 느끼해 보이기는 하나, 솔직히 먹어보곤 싶다. 그들 간의 유대가 너무 강해 보여 함부로 끼어들지 못하겠다. "나 한 숟갈 먹어봐도 돼?"라는 말이 목구멍까지 올라왔다가 내려간다. 그렇다고 내 라면이 맛이 없다는 건 아니다. 다만 어떤 맛일지 정말로 정말로 궁금해서 먹어보고 싶다는 생각이 들었을 뿐.

그때 마침 돌팔이 뮤지션이 들어왔다. 웬일인지, 녀석, 오늘은 정통 카우보이 복장이다. 오다가다 눈인사만 나눴을 뿐인데도 그나마 면식을 텄다고 반갑기까지 했다. 나름 멋스럽다고 추켜주었더니 어깨를 으쓱해 보인다. 녀석도 저녁을 요리할 모양이다. 동글동글한 파스타를 버터 잔뜩, 치즈 잔뜩 버무려 낸다. 느끼함의 결정체이긴 했으나, 고소한 냄새는 환상이었다. 맛있는 냄새라고 칭찬해 주었더니 먹어보란다. 그래, 이런 식으로 대화가 풀려야 맛이지. 넉넉히 만들었으니 충분히 들라고. 기특한 녀석. 과연 맛있었다. 아주 찐한 까르보나라 같은 맛이랄까. 한 달에 한두 번쯤은 뜬금없이 땡기는 바로 그 느끼하면서도 고소한 맛. 이걸로 돌팔이 뮤지션과는 확실히 친구가 된 느낌이었다. 서로의 요리를 탐하고, 시도하고, 칭찬하고, 이런 과정을 통해 부엌은 더욱 매력적인 공간으로 익어간다.

어쩌다 얘기가 시작된지 모르겠다. 길고 가는 얼굴에 안경을 낀, 금발의 뽀글머리 청년은 기욤이라 했다. 너무너무 귀엽게 생긴 긴 머리 청년은 대뜸 자기는 이름이 없으니 나에게 하나 지어달란다. 당혹스러워라. 기욤은 재밌어 죽는다. 딱히 적당한 이름이 생각나지 않은 나는 그럼 하루만 시간을 달라고, 유예 기간을 가지기로 했다.

우리는 처음엔 여행자 공통의 불멸의 화제인 여행지에 대해 이야기하다가, 그래서 자연히 내 노트북에 저장되어 있는 나의 지난 여행지 사진들까지 함께 보게 되었다. 무명씨가 내 사진들에 열광했고, 귀여운 그가 좋아해 주어 나도 으쓱해졌다. 내가 잡는 구도들이 마음에 든다나. 사진 찍는 탤런트가 있다는 칭찬도 아끼지 않았다. 표정 관리하기 여간 힘든 게 아니다. 마음은 이미 함박웃음이다. 그때 누군가 한잔하러 나가자고 제안을 했고, 내게도 같이 가겠냐며 고맙게도 물어봐주는 것이었다. 나야 당연 땡큐지. 물론 겉으로는 "너희가 괜찮다면야If you don't mind" 하며 겸손을 떨긴 했지만, 속으론 "예스!"만 한 다섯 번쯤 외쳤던 것 같다. 그렇게 해서 과달라하라의 인연이 시작된 것이다.

과달라하라의 밤거리. 바둑판 같은 검은 거리는 화려함과는 거리가 멀다. 모르긴 해도 혼자였더라면 적잖이 뒤꼭지가 서늘해질 그런 거리. 누군가 "치키티타Chiquitita(소녀야)~!" 외치기라도 하면 등골이 오싹해지기 십상인 시간이긴 했지만, 유쾌한 친구들이 함께 있어 어딘가 짜릿한 기분마저 들었다. 마치 통금 시간 외출 금지 구역을 무단으로 비집고 다니는 기분.

'라 마에스트란사La Maestranza'라는 바. 커다란 문을 밀고 들어가자 소 머리들이 반겨준다. 엄청난 투우 관련 사진, 소품 따위가 내부를 장식하고 있다. 공교롭게도 앉은 자리는 엄청난 크기의 스피커 근처라 바로 옆에 앉은 무명씨에게도 고래고래 소리를 지를 수밖에 없었지만, 즐거웠다. 결국 나는 목이 쉬었고, 목이 쉰 만큼 모두와 더 친해졌다. 무명씨는 기욤의 머리 모양이며 스타일이 심슨 만화의 한 캐릭터인 사이드쇼 밥과 똑같다며 놀려댔고, 그리고 정말 그래 보였으며, 나는 어느새 기분이 좋아져 기욤의 머리를 잡아당기는 못된 장난까지 자행하고 있었다. 어린 무명씨는(그는 스물두 살이었다!) 그 나이에 걸맞게 일렉트로닉 혹은 얼터너티브 뮤직에 빠져 있었다. 내가 그나마 좋아라 하는 일본 시부야계 일렉트로닉 언더그라운드 음악에 대해 이야기하자, 갑자기 녀석 눈빛이 반짝한다. 서로 음악가며 음악 따윌 추천해 주느라 바빠지기 시작했다. 내가 대여섯 뮤지션들을 추천해 주니 크리스마스 선물이라도 받은 듯이 좋아한다. 네가 좋으니 나도 좋구나, 세상에!

나는 거의 엄마의 마음으로 이 귀여운 녀석의 즐거워하는 모습을 즐기고 있다. 녀석, 자기도 내게 소개해 주고 싶은 음악이 있다며 마구 적어준다. 일렉트로닉이라, 흠, 서정적이고 그루브한 것은 좋은데, 정신없는 메탈이면 어쩌지, 내심 살짝 걱정이 되기도. 이왕이면 정말로 같은 취향의 음악을 좋아하면 좋지 않겠는가. 기욤도 합세하여 자신의 이메일과 명함을 건네주며, 서로 좋은 음악을 찾아내면 알려주기로 하자 한다. 나야 고맙지. 아, 내 자신이 자꾸 엉큼하게 느껴지는 건 왜지?

멕시코의 진짜 밤을 보여주겠다는 돌팔이 뮤지션. 2차는 그의 안내로 '피아노 바'로 갔다. 택시를 타고 한참을 달려 도착한 곳은 얼핏 보기에도 백패커가 드나들 장소는 아니었다. 말하자면 이 지역 마피아들이 주무르고 있는 세계. 검은 돈이 오가고 어깨들이 드나드는 어른들의 공간에 감히 발을 들여놓은 것이다. 주위의 시선을 한 몸에 받을까 긴장도 했지만, 그런 일은 일어나지 않았다. 피아노가 있어서 피아노 바인가. 끝내주는 피아노 연주를 기대했는데, 대신 끝내주는 라이브 음악이 쏟아졌다. 바의 한가운데 글래머 여가수가 화끈한 제스처를 하며 노래를 한다. 어찌나 음량이 풍부한지 척추 마디가 저며올 정도다. 대단한 카리스마다.

실내엔 기묘하게 여자들만 앉은 테이블, 남자들만 앉은 테이블이 간간이 눈에 뜨였다. 가수의 노래가 끝나고 신나는 음악이 나오자, 오묘한 부킹이 이어진다. 남자들만 앉은 테이블에 있던 남자가 여자들의 테이블로 가서 손을 내밀고 자연스럽게 이어지는 댄스, 댄스, 댄스. 돌팔이 뮤지션 말이 여긴 작업을 위해 오는 사람들이 꽤 많은데 갈수록 아줌마, 아저씨들뿐이란다. 문득 가본 적도 없는 '돈텔마마'나 '삼정호텔 나이트' 같은 이름들이 머리를 스쳤다. 쑥스러워하지 않을 것 같은 아줌마들이 소녀처럼 수줍어하며 춤을 춘다. 귀여운 장면이었다.

그런가 하면 한쪽 구석엔 귓속말로 수군거리는 정말로 마피아처럼 생긴 남자들, 섹시한 여가수 코앞에 앉아 멍청하게 입을 벌린 채 웃고 있는 대머리 아저씨, 양옆에 여자들을 끼고 과도하게 허리를 제치고 웃는 뚱보, 끊임없이 먹이라도 찾듯 주위를 탐색하는 아줌마. 영화 속 장면으로 미끄러져 들어온 것만 같다.

그 기묘한 풍경에 취해 들떠 있는 동안, 기욤과 무명씨가 보이지 않는다. 화장실 간다고 간 지가 10분이 넘은 것 같은데. 돌팔이 뮤지션에게 얘네들은 어디 갔냐고 왜 안 오냐고 투덜거리자, 녀석, 눈을 동그랗게 뜨고 하는 말이, "알잖아, 사랑하는 사람들만의 시간."

순간 귀를 의심했으나, 그것이 사실이었다. 기욤과 무명씨는 동성애자 커플. 나만 모르고 있었던 거다.

무명씨에게 호감이 있었던 나는 솔직히 처음엔 설마, 아닐 거야, 했지만 시간이 지날수록 놀랍게도, 그래, 나에게도 게이 친구가 생기는 거야. 갑자기 기분이 좋아지는 것이다. 갑자기 〈섹스 앤드 더 시티〉의 캐리가 떠올랐고, 그녀의 게이 친구 스탠퍼드가 떠올랐다. 좋아, 무명씨의 이름을 스탠퍼드라고 지어줘야겠어.

얼마나 지났을까. 무덤덤한 표정으로 기욤이 들어오고, 그 뒤를 하얗게 질린 무명씨가 따라왔다. 나는 눈치 없이 무명씨에게 스탠퍼드라는 이름을 붙여주고 짱, 짱, 짱, 건배 몇 번이 오간 후, 피곤하다며 무명씨가 먼저 일어섰다. 돌팔이 뮤지션이 뽀글머리에게 눈짓을 보내자 뽀글머리는 "말해버렸어 I said." 참으로 함축적인 한 마디만을 던진 채 별 반응이 없다. 술기운에 그 기묘한 공기를 이기고 노래 두어 곡을 더 들은 후 모두 숙소로 돌아왔다.

가이드 북의 두께로 말한다는 게 좀 우습긴 하지만, 실제로 중남미 국가들의 론리 플래닛을 보면 멕시코편이 제일 두껍다. 페루의 한 세 배쯤. 그만큼 볼거리가 많은 나라라는 뜻일지도 모르겠다. 솔직히 가끔은 스스로도 도대체 멕시코의 어디가 마음에 들어 이토록 떠나지 못하는지 알 수 없었지만, 이왕 머무는 거 구석구석 다녀보고 싶다는 욕심도 생겨났다.

반나절이면 섭렵할 수 있는 센트로 순회를 잠시 미루고 센트로에서 조금 떨어진 틀라케파케 Tlaquepaque부터 둘러본다. 멕시코의 예쁜 가게들이 여기 다 모여 있었다. 상점들이 늘어선 길은 보행자 전용이라 더없이 쾌적하다. 한눈에 봐도 아티스틱한 가게들이 줄을 섰다. 품질도 좋아 보이고, 디자인도 훌륭하다. 그래서인지 싸 보이진 않는다. 그리고 정말로 싸진 않았다. 가죽 제품이며 인테리어 소품들, 그림, 액세서리, 조명 등등. 종류도 가지가지다. 도자기로 만든 공예품들은 거의 작품 수준이다. 가게들도 어찌나 앙증맞은지. 결코 겉으로만 봐서는 알 수 없다. 비집고 들어가면 거기 또 신세계처럼 다른 공간이 펼쳐진다. 매력적인 안뜰을 가진 건물들은 그래서 일일이 들어가야 하는 것이다. 보이는 건 그 안에 숨겨져 있는 것에 비하면 아무것도 아니니까. 물론 가장 열광한 건 스탠퍼드. 기욤도 이것저것 구경하는 데 정신이 없다. 얘들은 남녀를 떠나서 쇼핑하면 에너지가 솟아나는 쇼핑 종족임에는 틀림없다.

슬슬 배가 고파진 우리는 제대로 된 타코를 먹으러 '타코 프로비덴시아 Taco Providencia' 라는 타코계의 유명한 원조 식당을 찾아갔다. 체인점도 여럿 냈다는데, 그래도 본점이 제 맛이라며. 기욤의 유창한 스페인어 덕분에 과달라하라에선 걸핏하면 택시를 탄다. 하긴 걷기에는 절대 무리인 거리이다. 어디가 어딘지 나 혼자 다시 찾아가라면 절대 못 찾아갈 그런 곳들. 누군가에 이끌려 가는 여행은 그래서인지 보석을 발견하고도 아쉬울 때가 많다. 보석은 기억이 나는데, 보석을 발견하는 과정이 도통 기억에 남지 않으니. 물론 타코 프로비덴시아는 대만족이다. 여태 그렇게 타코를 먹었건만, 생각해 보니 길거리가 아닌 식당에서 먹기는 처음이다. 식당은 분위기랄 것도 없이 그저 평범한 식당이었지만, 시커먼 멕시칸들 모두 하얀 모자를 쓰고 앞치마를 두른 탓에 한결 청결해 보인다. 게다가 가격도 길거리 타코와 별반 다르지 않다. 무진장 저렴한데도 무진장 맛있다. 토르티야도 얇고, 케사디야도 담백하다. 숯불에 구운 돼지고기. 시원한 생맥주가 생각난다. 거기에 양파보다 작고 쪽파보다 알이 굵은 파 구이까지 곁들이면 끝장이다. 후식은 바로 옆 아이스크림 집에서 아이스크림 한 컵씩. 역시 먹을 땐 여럿이 좋다.

오후께 센트로 돌아와 아르마스 광장부터 리베라시온 광장, 타파티아 광장까지 어슬렁거려본다. 해가 지기 시작하자 거리 곳곳에 오렌지 빛이 열린다. '과달라하라 참 따뜻한 곳입니다' 광고라도 하듯 센트로의 가로수는 죄다 오렌지 나무다. 마치 스페인 안달루시아처럼. 오렌지 나무 사이사이로 오렌지 불빛의 가로등이 하나둘 동화처럼 피어난다. 호스텔 바로 앞 골목과는 사뭇 다른 분위기. 센트로 한복판은 밤이 더 아름답다. 오가는 사람들도 많고, 노천에서 맥주 마시는 사람들도 많다. 이 정도라면 혼자라도 무섭지 않다. 오호, 이런 계산이었군. 밝은 낮에는 센트로에서 떨어진 곳을 방문하고, 어두워지기 전에 센트로로 돌아온다는. 그렇다고 해서 미친 듯이 센트로의 역사적인 건물 순회에 나서는 것은 아니었다. 나도 나지만 기욤도, 스탠퍼드도 도통 역사적인 볼거리에 환장하는 구석이라곤 없었으니. 그저 지금, 이곳을, 즐기는 것이다. 어슬렁어슬렁 느리게 걸으면서. 다리가 아프면 아무 카페나 들어가 시원한 맥주 한잔 마시면 그만이다. 오고 가는 사람들을 바라보며, 이따금 라이브로 연주되는 음악을 들으며, 시원한 바람 한줄기 기대어, 과달라하라 센트로는 역동적이라는 생각을 해본다.

"사람들은 내가 여행 간다고 하면 자신들도 '언젠가' 갈 거라고, 가고 싶다고, 말만 하잖아."
"맞아, 맞아."
"그치만 봐봐. 월요일Monday, 화요일Tuesday, 수요일Wednesday, 목요일Thursday, 금요일Friday, 토요일Saturday, 일요일Sunday. 어디에도 '언젠가Someday'라는 날은 없어."
"정말! 야, 그거 근사한데."
불확실한 미래에 모든 것을 미루지 말고 지금 이 순간에 행동하고 지금 이 순간을 즐기라는 단순하지만, 결코 실천하기 쉽지만은 않은 명제. 취향을 넘어 가치관이 공유되는 순간, 우정에 가속도가 붙는 건 의심할 여지도 없다. 기욤과 스탠퍼드 또한 예외는 아니었다.

누군가 내 뒤에 있다는 느낌
넘어져도 다치지 않게
잡아줄 것 같다는 느낌
오랜만이었어

- 로도 파디야 갤러리

녀석들은 아직 자고 있는 게 틀림없다. 분명 어젯밤 또 어딘가에서 신나게 밤을 불태웠을 것이다. 도무지 아침이라는 것에 욕심이 없는 자들과 아침밥을 먹어야 직성이 풀리는 자가 함께 어울려 다닌다는 게 애초부터 무리긴 했다. 커피까지 다 비우고 노트북을 가지고 놀다가 지루해진 나는 딜레마에 빠졌다. 분명 요 며칠 나는 가욤과 스탠퍼드, 돌팔이 뮤지션과 친해졌다. 함께 술도 마시고, 밥도 먹고, 관광도 다니고. 그렇지만 분명 일행은 아닌 것이다. 서로의 일과를 물어볼 수는 있지만 간섭할 수는 없는 사이. 자연스럽게 같이 밥을 먹을 사이가 되긴 했지만, 그렇다고 혼자 먹으면 안 되는 것도 아닌 그런 사이. 지금 이 시간, 나는 밖으로 나가고 싶은데, 그걸 말을 하고 가야 하는 건지 그냥 나가도 상관이 없는 건지 애매한 사이. 사실 오늘 뭔가를 함께 하자고 약속한 것도 없는데, 이상하게도 보이지 않는 끈 같은 게 있어 자꾸만 발목을 잡는 것만 같다.

아! 몰라, 몰라, 몰라. 결국 나는 나 홀로 호스텔 밖으로 뛰쳐나왔다. 문득 내 피가 A형이라는 사실이 떠올랐기 때문이다. 걔네는 아무렇지 않게 그저 거기 내가 있어서 같이 다닌 것을 나 혼자 멤버 의식을 느끼고 있는지도 모르겠다는 생각이 들었던 것이다. 이건 소심한 건지, 생각이 많은 건지. 참 별걸 다 신경을 쓰고 살고 있군, 나라는 인간.

어딘가에서 본 〈불의 남자 El Hombre de Fuego〉라는 그림, 직접 보고 싶었다. 그래서 한달음에 달려갔다. 호스피시오 카바냐스 Hospicio Cabañas 라는 곳까지. 이곳도 세계문화유산이다. 세계가 인정한 문화유산, 정말 너무 많으시군. 나는 정말로 오로스코의 벽화만 볼 생각이었는데, 막상 돌아보니 건물 전체가 하나의 거대한 매력적인 뮤지엄이라 차마 쉽사리 돌아서 나올 수가 없었다.

〈불의 남자〉, 둥근 돔 천장 안쪽에 활활 타오르는 남자가 서 있다. 30미

많고 많은 과달라하라
벽화 중 간판 스타
불 속을 걷고 있는 남자
참고로 실물이 사진보다
약 2백만 배 더 멋있음

터에 가까운 높이도 높이지만, 저런 곡면에 그린 그림이 왜곡 없이 보인다는 게 놀라웠다. 올려다보는 것만으로도 목이 아플 정도다. 홀 안에는 긴 벤치들이 늘어서 있어 대개의 사람들은 아예 벤치에 드러누워 천장을 바라본다. 〈불의 남자〉 외에도 50여 점은 거뜬히 넘을 그림들이 회랑을 채우고 있다. 누가 나 좀 유모차에 태워서 천장 보기 쉽게 해줬으면 할 정도로 많은 그림이다. 이제 정말 내 머릿속에서 멕시코와 벽화는 떼려야 뗄 수 없이 강력히 결탁한 사이가 되고 말았다.

론니 플래닛은 과달라하라 지역 박물관을 'must-see' 뮤지엄으로 꼽았지만, 나는 호스피시오 카바냐스가 훨씬 마음에 들던걸. 사실 내가 이곳에서 살짝 긴장감마저 느끼게 된 건 그들의 미래에 대한 당찬 설계 때문이었다. 건물 안쪽 크고 작은 전시실 가운데는 과달라하라가 자랑하는 건축물의 모형들이 전시된 공간도 있었는데, 거기서 미래의 과달라하라를 본 것이다. 멀지 않은 미래에 구겐하임 뮤지엄이 세워질 곳. 어쩌다 이탈리아 베니스, 스페인의 빌바오에 이어 뉴욕의 구겐하임까지 보게 된 나로서는 이제 라스베이거스와 베를린만 남았다고 생각했는데, 거기에 과달라하라까지 추가라니. 구겐하임이 뭐 그리 대단하냐면 할 말은 없지만, 왠지 배가 아파온다.

집중해서 무언가를 본다는 건 역시 힘든 일, 이럴 땐 인간의 위가 하나밖에 없다는 게 서운하다. 위가 한 세 개쯤 있으면 한꺼번에 먹어두고 하루 종일 골고루 소화하며 에너지를 쓸 수 있을 텐데. 타파티아 광장 아래 산 후안 데 디오스 San Juan de Dios 시장. 매우 붐비는 고속터미널 지하 상가 열 개는 합쳐놓은 것 같다. 통로는 한 사람이 지나가기에도 빠듯하다. 도대체 이 많은 물건들은 어디에서 오는 걸까. 그래도 살 사람이 있으니

한때 집 없는 사람, 나이 든 사람,
몸 아픈 사람들 돌보는 곳으로
쓰였다 했다
뮤지엄이 된 지금도
여전히 외롭고 지친 마음을
돌보고 있다

- 호스피시오 카바냐스

까 이만큼 갖다 놓고 판다는 말이겠지? 우리 나라 같으면 가방 열 개쯤 진열할 장소에 가방 백 개가 진열되어 있다. 멕시코시티의 시장들과도 별반 다르지 않은 모습이다. 피식. 웃음이 새어나온 건 어느 우산 가게 앞. 나름 비교 광고(?)를 하고 있다. 말짱한 우산과 찢어진 우산의 그림. 말짱한 우산에는 '멕시코산hecho en Mexico', 찢어진 우산에는 '중국산 hecho en China'이라고 적혀 있다. 중남미도 중국산 앞에선 안전지대가 아닌가 보다. 무서운 중국이다. 구경하다 얼떨결에 식당가를 발견하긴 했지만 어수선해서 도저히 먹을 엄두가 나지 않는다. 시장에서 이것저것 먹을거리에 도전해 보고 싶은 순간, 이때야말로 친구의 존재가 빛나는 순간인데, 정작 나는 혼자다. 별 수 있나. 세븐일레븐에서 간단히 도넛과 커피로 때웠지.

혹시나 하는 마음으로 숙소로 들어와봤더니 있었다. 스탠퍼드도, 기욤도, 돌팔이 뮤지션도. 너무 반가워서 하마터면 포옹할 뻔했잖아. 돌팔이 뮤지션이 대뜸 한다는 소리가, "야, 너 정말 운 좋구나Hey, you are a lucky girl."
"왜? 왜? 왜?"
눈이 동그래져서 물어본다. 그렇잖아도 오늘 밤도 밤마실 나가주실 참이었다나. 오우 예! 갑자기 다시 불끈 에너지가 솟아난다.
"어디 가는데? 어디?"

바야르타Vallarta 거리 2221번지의 '까사 바리아치Casa Bariachi'. 과달라하라가 속한 할리스코가 마리아치의 음악이 시작된 곳인 만큼 정통 마리아치의 공연을 봐야 한다나. 돌팔이 뮤지션의 주장이다. 마리아치라면 이미 멕시코시티며 과나후아토에서도 수도 없이 보았지만, 본고장이라는 한 마디에 또 신이 난다. 어딘가 패밀리 레스토랑 분위기가 넘쳐나는 넓은 실내, 꽤 많은 사람들이 가족 단위로 몰려와 앉아 있다. 천장에 매달린 무수한 장식물들이 정신없는 분위기를 더 어수선하게 만든다. 모두들 목소리는 어찌나 쩌렁쩌렁한지. 주문 한번 하려면 목에 핏대를 세워야 한다. 매일 밤 공연을 한다는데, 매일 밤 이 지경으로 사람들이 모여든단다. 수억 긁겠군. 화려하게 빼입은 마리아치들이 무대를 장악했다. 본고장이라고 해서 특별히 다를 건 없었지만, 관람객들은 더없이 흥겨워 보인다. 에이, 시티보다 시시하잖아, 라는 생각을 하고 있는데, 사회자로 보이는 남자가 마이크를 잡는다. 뭐라고 뭐라고 외치자 순식간에 여기저기서 사람들이 무대로 뛰어 나간다. 남녀 쌍쌍이 손에 손을 잡고서. 스탠퍼드가 엉덩이를 살짝 들썩였지만, 기욤이 어깨를 으쓱해 보이는 바람에 다시 자리에 앉는다. 녀석, 아쉬워하는 눈치다.

마리아치의 음악에 맞춰 댄스 경연 대회가 펼쳐진 것이다. 마치 친구 결혼식 피로연장에 온 기분이다. 너무 많은 커플들이 튀어나가는 바람에 춤이란 걸 춘다는 것 자체가 놀라운 무대였지만, 정작 댄서들은 지치지도 않는다. 몇 곡이나 췄을까. 관객들의 박수 소리 크기로 다수의 커플들이 떨어져 나가고 두 커플이 남았다. 한 커플은 누가 봐도 꾼이다 싶은 예사롭지 않은 발군의 실력 커플이었고, 또 한 커플은 안타까울 정도로 엉성한 몸놀림이었지만, 열정만은 높이 살 만한 고령의 노부부였다. 꺄아악! 실력 커플이 환상의 턴을 보여주자 실내가 떠나갈 듯 후끈 달아올랐다. 으하하하! 고령의 노부부가 회심의 카드를 꺼냈다. 가냘픈 할아버지가 통통하신 할머니 허리를 안고 휘두른 것이다. 어머, 할아버지 허리 어째. 박수와 갈채, 눈물 나는 웃음이 여기저기서 터져 나왔다. 승리는 보란 듯이 노부부에게로 돌아갔다. 엄청난 공짜 맥주와 안주가 노부부의 테이블로 향했다. 세련된 맛이라곤 없는 자리였지만 훈훈했다. 아, 나도 나이 들어서 함께 춤출 수 있는 그런 남자와 함께 살고 싶다. 나 혼자 다시 마구마구 핑크빛 상상 속에 잠겨 있을 동안 스탠퍼드, 기욤 커플이 또 자리를 비웠다. 얘네는 꼭 이렇게 사라지더라. 그리고 오늘은 10분이 지나도 둘 다 얼굴을 보이지 않는다. 돌아오는 길엔 돌팔이 뮤지션과 오붓이 택시를 타야 했다.

데낄라 마을 또는 데낄라 나라

나쁜 습관 하나. 뭐라도 먹을 게 앞에 있으면 허기와 관계 없이 습관적으로 계속 먹는다. 마찬가지로 술이 앞에 있으면 취기와 관계 없이 습관적으로 계속 마신다. 그러다 보면 자동 과음이다. 게다가 태어나기를 아무리 술을 마셔도 빨개지지 않는 뻔뻔한 낯빛으로 태어나 과음의 확률은 더욱 높아진다. 지난 밤 까사 바리아치에서 기어이 용량을 초과한 것이다. 아, 머리야.

그런데 하필 오늘 같은 날, 평소 같으면 일어나지도 않았을 기욤과 스탠퍼드, 돌팔이 뮤지션 모두 쌩쌩하다. 데낄라 마을로 가기로 했기 때문에 일어난 거라나 뭐라나. 오늘 데낄라 마을 탐방에는 멕시코 여자 아이 둘도 함께란다. 저희들끼리 어제 낮에 약속을 했단다. 데낄라라면 데낄라 공화국, 정확히 '호세 쿠에르보 공화국'까지 다녀온 나로서는 내키지도 않았지만, 터질 것 같은 머리 때문에라도 휴식이 필요했다. 게다가 얄궂게도 홍일점이었던 그룹에 다른 아낙들이 함께 한다고 하니 괜히 심술이 생기는 것이다. 그렇다고 이 그룹이 나를 홍일점으로 받들어주느냐 하면 그런 것도 아닌데 말이다.

영 삼천포는 아닌, 조금은 관련된 삼천포, 데낄라 이야기.

문득 돌아보니,
어느새 세 친구나 생겼습니다

내 비록 오늘은 데낄라 마을로 가지 않지만, 작년 봄 운수 대박으로 데낄라 투어를 나선 적이 있다. '호세 쿠에르보'라는 우리 나라에선 꽤나 유명한 데낄라 회사에서 여행기를 공모하여 데낄라 나라를 데려가주는 기특한 프로모션을 했는데, 딱 당첨이 된 것이지. 그 데낄라 나라라는 것도 주류 회사의 마케팅의 일환으로 만들어진, 나라라고 하기도 뭣한 나라지만. 나름 국기도 있고 헌법도 있는, 그래서 심지어 UN에도 등록된 국가란다. 말하자면 세계에서 가장 작은 나라. 초청받지 않으면 갈 수도 없는 나라. 눈부시게 푸른 카리브해에 동동 떠 있는 섬나라에서 먹고 죽을 만큼 원 없이 데낄라를 마시며, 데낄라로 만든 마가리타 칵테일을 마시며 하루 종일 뒹굴었던 기억이 파도처럼 밀려온다. 역시 남의 돈으로 하는 여행만 한 게 없다.

상업적인 데낄라 나라가 본토 데낄라 마을만 하겠느냐마는. 데낄라라는 이름 자체가 생산지인 마을 이름에서 유래된 것이니. 그러나 이미 한 번 훑어본 후라서 "데낄라가 뭐지?", "어떻게 만들어지지?", "이것저것 시음해 봐야지" 하며 재탕할 마음 따윈 들지 않았다. 데낄라는 푸른 아가베라는 백합과의 식물을 쪄서 만드는 술. 오로지 멕시코에서만 생산되고 멕시코에서만 병입이 되는 멕시코 독점 술 되시겠다. 그걸 또 멕시코 정부에서 품질 관리의 명목으로 재배 지역까지 엄격히 제한했다. 쿠에르보 공화국을 아니 갔더라면 당연히 데낄라 마을을 들러주었을 것이다.

녀석들이 데낄라 마을 투어를 다녀오는 동안 얌전히 호스텔을 지킨다. 빵빵하게 터지는 무선 랜도 있겠다 심심할 걱정은 없다. 인터넷이나 하고 놀아야지~. 소박한 마음을 품고 앉았는데, 새카만 눈동자와 시선이 마주쳤다. 오옷! 일본인이다. 티셔츠에 히라가나가 쓰여 있다. '유스케 ゆすけ'라고. 그가 유스케였다. 옷에 그림 그리는 남자. 여행 중에도 영감

이 떠오르면 언제든 그림을 그린다 했다. 유스케의 그림은 클림트를 닮은 것 같기도 하고 알퐁스 무하를 닮은 것 같기도 하다. 아니 컬러를 쓰지 않아 더욱 강렬한 것도 같다.
"설마 그림 그리려고 여행하는 거야?"
"응."
멕시코처럼 강렬한 나라에서라면 더 많은 자극을 받을 수 있을 것 같았다고. 진짜로 그림 그리려고 여행 온 거 맞나 보다. 히야, 정말 심플한 이유인걸.
멕시코시티의 산페르난도 이후 오랜만에 쓰는 일본어, 오랜만에 만난 동양인이라 했더니, 자기도 내일이면 산페르난도로 갈 예정이란다. 멕시코시티의 산페르난도는 일본인들 사이에선 집합 장소나 다름없어 보인다. 가면 사토 상에게 안부 좀 전해줘. 벌써 내게도 그리운 고향처럼 되어버렸다.

저녁 무렵 돌아온 스탠퍼드 일당, 유스케와 유스케의 그림을 소개해 주자 무척 흥미 있어 한다. 그러면서 알게 된 사실 하나. 스탠퍼드는 액세서리 디자이너다. 요즘은 거의 은에 미쳐 있다고. 그래서 멕시코로 온 거구나. 어쩐지 특이하다 했더니, 녀석이 끼고 있는 반지도 자체 제작한 거란다. 이런 깜찍한 아티스트들이 있나. 은근히 멋있어 보인다. 유스케와 스탠퍼드의 예술적 취향은 비교적 비슷했고, 둘 다 서로의 작품에 열광했다. 유스케가 스탠퍼드의 성적 취향을 알기 전까지는.
"무서운 건 아니지?"
그런 유스케를 놀리는 쏠쏠한 재미. 나이를 먹을수록 점점 더 고약해진다.

떠난 사람, 남은 사람

기욤이 보이지 않는다. 돌팔이 뮤지션도 보이지 않는다. 스탠퍼드는 잠깐 부엌에서 본 것도 같다. 뭐, 얘네들도 나름 스케줄이 있을 테니. 어딘가에서 나무늘보처럼 늘어져 햇살을 즐기고 있겠지. 그러나 그건 순전히 나의 착각이었다. 둘이 함께 떠난 건지 어떤 건지는 모르겠지만, 기욤과 돌팔이 뮤지션 모두 떠난 것이다. 인사도 못 하고 이렇게 헤어지다니 여간 서운한 게 아니다. 아니, 이건 단순히 서운한 차원이 아니다. 기욤이 떠난 것은 과달라하라가 아닌 스탠퍼드였으니까.

과달라하라에서 한참 남쪽으로 내려오면 바다 같은 호수를 자랑하는 차팔라Chapala에 닿는다. 작은 쪽배 한 척 띄우고 스탠퍼드와 나란히 앉았다. 잘생긴, 그러나 다른 남자와의 실연의 상처를 안은 외로운 남자와 함께 말이다. 끝도 보이지 않는 호수, 이 고즈넉함도 그에게 위로가 되는 것 같지는 않다.
"제니, 우리 여행 갈까?"
"여행?"
"갑자기 진짜 바다가 보고 싶어졌어. 이런 호수 말고, 진짜 바다. 진짜 예쁜 바다."
'예쁜 바다라……'
그러고 보니 바다 본 지도 꽤 된 것 같다.
"좋아, 근데 생각해 둔 곳은 있어?"
"물론이지, 근데 비밀이야."

동성애자 친구가 있다는 거, 생각 이상으로 매력적이다. 둘이서 떠나는 것임에도 불구하고 이토록 마음이 가벼울 수 있다니. 하긴 녀석은 겨우

스물두 살 먹은 애잖아. 나는 괜히 정말로 영화 한 편 찍는 것 같은 기분에 가슴까지 콩닥거렸다. 〈섹스 앤드 더 시티〉에 한 번이라도 빠져봤다면 이 심정을 이해할까. 캐리의 게이 친구 스탠퍼드, 샬럿의 게이 친구 앤서니, 나에게도 그런 게이 친구가 생긴 것이다. 이젠 정말 '친구'라는 말을 쓸 수 있는 사이가 된 것만 같다. 그날 밤 정말로 대책 없이 지도 한 장 펴 들고 대충 루트를 그었다.
"좋아, 일단 모렐리아Morelia로 가서, 거기서 이쪽 바다로 내려갔다가 다시 만사니요를 거쳐서 올라오는 거야."
"흠, 좋아. 가는 거야."
그들은 이별 여행을 왔던 셈이다. 그걸 스탠퍼드만 몰랐던 거고. 뒤늦게 이별을 통보받은 스탠퍼드의 상처는 생각보다 컸다. 다른 애인을 구해 여행을 떠날 수도 있겠지만, 도저히 그럴 기분이 아니라고. 그렇다고 혼자 여행을 떠나기엔 너무 무섭다나. 결국 나 혼자 여행 중인, 아무 사심이 들지 않는 안전한(?) 이성애자인 내가 여행 메이트로 당첨된 것이다.

내 할머니 같은 모렐리아

모렐리아는 한눈에 봐도 고풍스러운, 즉 식민지 시대의 모든 것이 고스란히 남아 있는 곱상한 할머니 같은 도시다. 모렐리아라는 이름부터 사랑스럽다. 생각보다 관광객은 거의 눈에 띄지 않는다. 하루 종일 센트로만 몇 바퀴를 돌았건만, 그럼에도 그 흔한 관광객들, 특히 동양 관광객은 단 한 명도 마주치지 않았으니까. 우리는 괜히 여행 기분이라도 내어볼 겸 시티 투어 버스를 타기로 했다. 햇살은 금방이라도 살갗을 노릇하게 구워낼 것처럼 따가웠지만, 이층버스는 이층에 타야 제 맛이라고 모자도 없이 둘 다 이층 앞쪽에 자리를 잡고 콧노래를 부른다. 시티 투어 버스 따위 좋아하지도 않았는데, 마치 소풍이라도 가듯 설레는 이유는 뭘까.

사실은 파츠쿠아로Patzcuaro 호수에 가고 싶었다. 모렐리아 서쪽 40여 킬로미터쯤이라니까 차를 타면 30~40분쯤 걸릴 터였다. 유명한 사진작가들이 한 번쯤은 카메라에 담고 싶어 한다는 바로 그곳. 어스름한 달빛 혹은 푸른 안개가 자욱한 새벽, 바다 같은 호수 위를 잠길 듯 유영하는 수많은 나비의 날개가 있다. 뫼비우스의 띠를 닮은 것도 같은 나비의 정체는 다름아닌 그물망. 이곳의 어부들은 나비의 날개처럼 생긴 독특한 그물로 고기를 잡는다. 물안개를 가르는 작은 쪽배들, 거기에 날갯짓하는 나비 모양의 그물. 상상하는 것만으로도 충분히 낭만적이다. 낭만은 낭만이고, 현실은 다시 냉정해질 것을 요구했다. 파츠쿠아로행 버스는 하루 한 번밖에 없고, 이미 오늘의 버스는 떠나버렸고, 택시를 타기엔 거리가 멀다는 것. 게다가 그 멋진 풍경을 보려면 이른 새벽이 최적의 시간인데, 그러려면 숙소도 파츠쿠아로에 잡아야 하고, 그러기엔 시간이 빠듯하다는 것. 아쉽지만 그림 엽서 한 장으로 마음을 달랠 수밖에.

좁은 골목 골목 사이를 버스는 잘도 달린다. 로마풍의 멋스런 아치로 늘어선 수도교를 지날 때엔 스페인의 세고비아에 온 듯한 착각마저 들었지만, 역시 멕시코는 멕시코다. 얼핏 봐도 몇 십 년은 공들여 만들었을 교회 건물 따위가 골목마다 적어도 하나씩은 나타나는데, 겉모습도 겉모습이지만, 속으로 들어가면 중남미에 오긴 왔구나 싶다. 화려함의 극치, 성스러움의 극치, 금 세공의 극치, 갸륵한 정성의 극치.

시티 투어 버스의 마지막은 사탕 공장이다. 말이 공장이지 그냥 조그마한 사탕 집. 원재료부터 시작해서 어떻게 사탕을 만드는지 유치원생들 놓고 설명하듯 조곤조곤 알려준다. 그러곤 어김없이 사지 않고는 못 배길 아기자기한 사탕 가게에서 피날레.
"그거 다 먹을 생각이야?"
"글쎄……. 근데 너무 예쁘지 않아?"
"예쁘다고 다 사냐? 그거 특히 여기 애들한테 나눠줄 생각은 마. 너야 자선이지만, 애들은 그거 먹고 충치 생기면 치과 갈 돈도 없어요. 어쩌고저쩌고."
이상하게 얘랑 말만 하면 꼭 내가 잔소리하는 엄마가 된다.

이렇게 고풍스러운 도시라면 고풍스러운 호텔에 묵어줘야 한다며 최대한 클래식해 보이는 숙소를 찾았다. 이그나시오 사라고사Ignacio Zaragoza 거리의 '호텔 라 솔레다드Hotel la Soledad', '고독'이라는 이름의 호텔. 골라도 꼭 이런 식이다. 안뜰 하나는 무진장 마음에 들긴 하다. 숙소라는 느낌보다 박물관에 온 것 같은 느낌이다. 그래서인지 호텔 안뜰 여기저기에서는 사진 찍느라 정신없는 투숙객도 많다. 솔직히 배낭에 침낭까지 끌고 다니는 내게 호텔 라 솔레다드는 한 마디로 사치다. 그리고 그건 스탠퍼드에게도 마찬가지다. 그러나 이번 여행만큼은 둘 다 머리에 총을 맞은 건지 어쩐 건지 예산이 아닌 내키는 대로 가보자 했다. 그래 봤자 3박 4일이다. 지름신이 강림하셔도 감당할 만큼, 딱 그만큼의 호화 여행이 시작된 것이다. 방에 들어선 순간 둘 다 입을 다물지 못했다. 저 아슬아슬해 보이는 샹들리에. 몇 백 년은 버텼을 것 같은 오랜 나무 기둥들. 거기에 프랑스 남부 프로방스에서나 볼 법한 진한 초록빛 세면대. 스탠퍼드는 그런 투박하면서도 담백한 세면대가 너무나 마음에 든다고 좋아 죽는다.
밤, 호텔 안뜰 한쪽 구석에서는 마치 마법사가 아이들에게 이야기를 들려주는 듯한 풍경이 펼쳐지고 있다. 동화에서나 나올 법한 복장을 한 사내가 작은 등 하나를 밝히고 초롱초롱 반짝이는 어린 눈빛들 앞에서 꽤 진지하게 옛날 이야기를 들려주고 있다. 바라보는 것만으로도 흐뭇해지는 풍경. 호텔 입구 쪽 안뜰이 고성의 그것처럼 우거진 넝쿨에 하늘을 향해 활짝 트여 있는 데 반해, 실내 쪽으로 들어간 곳의 작은 안뜰은 앙증맞기 그지없다. 작은 분수대와 빠알간 꽃들이 스페인 안달루시아 어디쯤에 와 있는 것만 같은 착각을 준다. 예쁜 것들에 열광하기는 스탠퍼드도 마찬가지. 어머, 이거 너무 예쁘다. 이 수납장, 나 갖고 싶어. 남자와 이런 것에 호들갑 떨어보는 것도 묘하지만 재미있다. 호텔 내부에는 마치 당장이라도 달려 나갈 것 같은 마차들이 여럿 진열되어 있었는데 스탠퍼드는 하나하나 올라타보고 난리도 아니다.
"제니, 이거 꼭 신데렐라 마차 같지 않아?"
저것이 실연당한 남자의 모습이란 말인가. 방에 처박혀 울고 있는 것보단 백 배 낫지만, 들뜬 모습 또한 적응 안 되긴 마찬가지다.

분위기는 죽였지만 맛은 아니었던 식당 '미라솔레스Mirasoles'에서 절대 소화 안 되는 치즈 범벅을 먹고 소화를 핑계로 밤의 모렐리아를 거닐어본다. 마데로 대로의 저 끝에서 이 끝까지, 아르마스 광장을 돌아 수도교까지. 역시 하이라이트는 밤의 대성당. 왜 이 도시가 세계문화유산으로 지정되었는지 알 것도 같다. 얼핏 보면 그저 오래된 고성 같은 건물들 안에 자세히 보면 카페도 있고, 클럽도 있고, 없는 게 없다. '오닉스Onix'라는 간판 아래에 서자 귀가 멍멍해질 정도로 쩡쩡한 음악이 들려온다. 안트로를 가주시겠다는 스탠퍼드를 자유롭게 놓아 보내고 호텔 '고독'으로 기어 들어왔다.

오늘밤 당신을 위해
마차를 준비했어
- 고독이라는 이름의 호텔에서

곱게 늙어가는 다소곳한 도시
- 모렐리아

로맨틱 블루

바다로 가는 길은 생각만큼 고분고분하지 않았다. 강원도 고갯길 넘어가듯 굽이치는 길은 도무지 끝이란 게 없어 보인다. 게다가 틀어주는 영화는 어찌나 고전인지. 매우 복고적인 흑백 화면과 그에 어울리는 과장된 액션. 마리아치 역사의 초창기 드라마쯤 되는 내용인가 보다. 그 와중에도 스탠퍼드는 잘도 잔다. 하긴 밤마다 유흥을 즐겨주셨으니 어찌 아니 피곤하시겠어. 교통 수단에서는 좀처럼 깊은 잠에 빠지지 못하는 나는, 멍하니 창밖을 바라보며 어서 이 이동의 시간이 끝나주길 바랄 뿐이다. 이따금 스탠퍼드가 실눈을 뜨고, 내가 저의 주스를 마시나 안 마시나 검사를 한다. 쪼잔한 자식, 눈금까지 표시해 놓고, 괜히 생트집이다.

"엇, 1센티미터가 줄어든 거 같아."

"이봐, 자연 증발된 거라구."

말로는 티격태격하지만, 이렇게 티격태격할 사람이 있다는 것도 즐거운 일이다. 다섯 시간쯤 달렸을까. 간간이 바다 같은 호수들이 눈에 띄고, 조금씩 평지로 내려가는 느낌이 들더니, 어둑해져서야 바다 냄새 나는 땅에 도착했다. 드디어 이스타파Ixtapa에 온 거다.

"여기가 이스타파예요?"

후다닥 버스에서 내리고 보니 마치 테마 파크 속으로 들어온 기분이다. 오른쪽으론 호텔들이 병풍처럼 늘어서 있고, 왼쪽으론 관광 안내소 같은 조그마한 오두막들이 5미터가 멀다 하고 진을 치고, 호텔 찾니? 여기 좋은 데 있어, 하는 아줌마 아저씨들이 잡아먹을 것처럼 손짓을 한다. 발음이 좀 재미있긴 했지만, 들리는 말은 하나같이 영어. 얼마나 많은 관광객이 이곳을 찾는지 짐작하고도 남겠다.

스탠퍼드의 능숙한 딜로 호텔 '폰탄 이스타파Fontan Ixtapa'로 결정. 말이 호텔이지 누가 봐도 리조트다. 손목에 빨간 띠까지 채워준다. 이걸 차고 있어야 해변에서 비치 타월도 사용할 수 있고, 출입이 자유롭다나 뭐라나. 정말 리조트군.
"우와, 여기서 바다도 보여."
"냉장고도 있어."
"슈퍼 가서 주스 사다놓자."
호텔에 짐을 내려놓자마자 바로 바다로 뛰어갔다. 바다가 얼마나 파란지 보이진 않았지만, 끊임없이 발목을 적시는 파도의 시원함은 느낄 수 있었다. 해변이 얼마나 고운지 눈으로 확인할 순 없었지만, 발가락 사이사이를 간지럽히는 모래알의 감촉은 충분히 느낄 수 있었다. 내 귀와 코와 피부로 느끼는 바다, 이런 게 밤바다의 매력이겠지.

버스에 앉아만 있어 더부룩해진 배가 쏘옥 고파질 때까지 이쪽 끝에서 저쪽 끝까지 걷다가 뛰다가, 뛰다가 걷다가. 바다에 왔으니까 바다 요리를 먹어야지. 호텔 바로 앞 레스토랑으로 들어갔다. 이왕이면 바다 냄새 물씬 나는 야외 테이블에서. 바다의 노래를 들으며 맛보는 새우 요리. 너무 고소하잖아. 시원한 화이트 와인도 한잔 곁들인다. 짭짤한 바닷바람이 안주가 된다. 여긴 암만 봐도 멕시코 같지 않다.

다음 날 아침, 창문을 열자마자 후두둑 쏟아져오는 파란 하늘. 어쩜 이렇게 하늘이 파랄 수 있을까, 어쩜 이렇게 날씨가 좋을 수 있을까. 마구마구 행복해 하다가도 몹시 질투가 났다. 이 파란 하늘이 카펫이라면 바싹 끌어당겨 돌돌 말아 배낭에 쑤셔 넣고 싶었다. 웬만해선 햇볕에 나앉지 않는데 이곳에선 그조차도 예외가 된다. 신발은 이미 벗어던진 지 오래다. 딱 기분 좋을 만큼 따끔거리는 햇살 아래, 등이며 목덜미, 발이며 종아리, 허벅지까지 골고루 잘 뒤집어가며 그을려본다. 지금 나는 맛있게 구워지고 있는 한 마리 고등어다. 꼬물꼬물 햇살이 내 피부 위에서 노닥거리는 이 느낌이 너무 즐겁다. 물론 더 이상 태울 것도 없이 충분히 까매진 상태긴 했지만 말이다. 뭐랄까, 이스타파 해변의 햇살은 피부 속 깊숙이 숨어 있는 축축한 그늘, 고민, 불안까지 말끔히 말려주는 느낌이다. 나는 마치 갓 말린 이불 홑청처럼 산뜻하게 말려져, 신선한 바람을 가득 머금고 나부끼고 있다. 눈을 감고, 바다에 귀 기울이고 있으면 정말로 팔랑팔랑 날고 있는 것만 같다.

예쁜 바다가 보고 싶다는 이유로 여기까지 왔다. 남들 다 가는 칸쿤이나 아카풀코가 아니라는 게 더욱 마음에 든다. 이스타파도 매력적이지만 마음은 시우아타네호Zihuatanejo에 끌리는 게 사실이다.

바닷가 모래알에 가격표가 붙어 있다면 이스타파는 분명 가장 비싼 해변일 것이다. 모래를 얼마나 실어다 부어야 해변이 될까. 시원스럽게 뻗은 이 찰지고 보드라운 해변은 사실은 모두 사람 손으로 만든 인공 해변이니까. 원래 이스타파는 기껏해야 코코넛 농장이 있는, 한가로운 어촌 마을에 불과했다. 그걸 칸쿤이 잘나가자, 제2의 칸쿤 같은 해변 휴양지 하나 만들어보자 하고 만든 게 오늘의 이스타파다. 그래서인지 스페인어보다 영어가 더 많이 들린다. 멕시코 땅이라기보다는 휴양의 땅이라는 느낌이 들 정도다. 아닌 게 아니라 미국에서, 캐나다에서 돈깨나 있다는 사람들이 알음알음 쉬러 오는 분위기다. 해변엔 고급 호텔들이 병풍처럼 늘어서 있다. 그렇다고 치사하게 칸 해변처럼 호텔 사유지로 막아 놓은 건 아니다. 이쪽 끝에서 저쪽 끝까지 산책하는 사람, 조깅하는 사람, 가끔 고기 잡는 사람. 해변은 행복한 나그네들 차지다.

바다는 하늘을 닮아 푸르고
하늘은 바다를 닮아 푸른 곳
— 이스타파

지극히 휴양 도시다운 이스타파에 시들해진 우리는 살짝 옆 동네로 파도 타기로 넘어갔다. 시우아타네호로. 이스타파와 시우아타네호는 0촌 사이나 다름없이 바싹 붙어 있는 동네지만, 실제로는 전혀 다른 얼굴을 하고 있다. 삐까번쩍한 이스타파와 달리 시우아타네호는 소박하기까지 하다. 아무도 찾아올 것 같지 않은 이 조용한 바닷가도 영화 〈쇼생크 탈출〉 이후 톡톡히 유명세를 치르고 있긴 하다. 하긴, 영화가 아니었다면 나 또한 알지 못했겠지.

영화 후반부에 앤디(팀 로빈슨)와 레드(모건 프리먼)가 교도소 담벼락에 기대 앉아 대화하는 장면이 있다. 그때 앤디가 언젠가 그곳에 살고 싶다며 의미심장한 눈빛을 날리는 곳이 있는데, 바로 이곳, 멕시코의 시우아타네호다. 그가 작은 호텔 하나 열고, 낡은 배나 수리해서 이따금 고기나 잡는 한가로운 삶을 꿈꿨던 곳. 영화 엔딩에서 레드와 재회하는 바로 그곳.

거창한 건 없다. 해변가에 늘어선 관광객 부르는 식당들을 빼고 나면 그저 작고 평화로운 어촌 마을. 남자 아이건 여자 아이건 팬티 바람으로 공 하나에 하루 종일 즐겁게 뛰어노는 걸 보는 것만으로도 마음이 풍요로워지는 그런 마을. 시간도 쉬어 갈 것 같은 노곤한 마을. 이따금 돌고래만 한 황새치를 잡아 올린 관광객들이 자기가 잡아놓고도 이를 어째, 하는 표정으로 호들갑을 떨며 기념 촬영을 한다.

바닷가를 서성이다 들어간 '반디도스Bandido's'라는 레스토랑. '도적'이라는 이름에 걸맞게 통나무 테이블이며 가죽 시트 따위의 인테리어가 서부 영화에서나 볼 법한 장소 같다. 느리게 돌아가는 천장 팬은 시우아타네호의 파도를 닮았다. 맞은편 테이블에는 아버지와 아들이 나란히 앉아 아이스크림을 먹고 있다. 서른은 넘었을 것 같은 아들과 백발이 성성한 아버지가 나란히 앉아서 말이다. 등을 곧추세우고 앉은 아들의, 발목이 다 보이는 짤막한 바지가 자꾸만 시야에 들어온다. 아들은 나의 시선 따위는 아랑곳하지 않고 콧잔등까지 내려온 안경도 잊은 채 아이스크림 먹기에 열심이다. 어딘가 포레스트 검프를 닮은 모습. 그 옆에서 늙은 아버지는 덤덤하게 아이스크림을 베어 문다. 이따금 아들의 입가를 닦아주면서. 장성했지만 조금 모자란 아들과 늙은 아버지의 여행. 딱히 슬플 것도 없는데 이상하게 가슴이 먹먹해졌다. 나의 그런 마음을 읽었는지 스탠퍼드가 조용히 미소를 지어 보인다.
따뜻했다. 풍경도, 바람도, 나를 잡아준 두 손도.

"사실은 기욤이랑 오고 싶었는데. 그치만, 오길 잘한 거 같아. 같이 와줘서 고마워."
"고맙긴……."
"제니, 나 시우아타네호에 좀 더 머무를까 봐."
"어?"
"여기서 몇 달만이라도 살까 싶어. 그러다 여기가 좋아지면 더 오래 있을 수도 있고."
"진심?"
"난 좀 따뜻한 곳에 있어야 할 것 같아."
"응. 여긴, 잘은 모르지만, 따뜻한 곳인 것 같아."
"혼자 잘 갈 수 있지?"
"당연하지. 내가 누구야?"
"오케이, 엠제이MJ."
녀석은 걸핏하면 마이 제니My Jenny의 줄임말이라며, 나를 엠제이로 불러댔다.
모렐리아의 버스 터미널에서의 일이었다. 어중간한 버스 시간을 기다리며 주변을 맴돌다 말고 스탠퍼드가 입을 열었다.
"마이클, 마이클이야."
"뭐가?"
"부모님이 나를 부르는 이름."
"아……."
"근데 난 그 이름이 싫어. 마이클, 미카엘, 성자의 이름이잖아. 난 성자와는 거리가 먼 삶을 살고 있으니까."
"응……."
"스탠퍼드, 나쁘진 않아. 좀 범생 이름 같긴 하지만."
"아니, 그러니깐 스탠퍼드 대학의 스탠퍼드가 아니라, 캐리 친구 스탠퍼드라구."
"그치만 네가 캐리보다 멋져."
얘는 꼭 이런 식으로 말문을 막더라.
모르긴 해도 그가 커밍아웃을 할 즈음, 가족들 또한 적잖이 상처를 입었겠지. 왜 마이클이란 이름을 싫어하게 됐는지 조금은 짐작이 갈 것도 같다. 그렇게 스탠퍼드의 진짜 이름을 알게 됐지만, 한 번도 그 이름을 부르진 않았다. 이름은 이름일 뿐.
"이름이란 뭐지? 장미라 부르는 꽃을 다른 이름으로 불러도 그 아름다운 향기는 변함이 없는 것을."
나 또한 셰익스피어에 동의.

만사니요까진 지도상으론 길어야 네다섯 시간 거리로 보였는데, 무려 열 시간이 넘게 걸린단다. 길이 험해서 그렇다지만, 그래도 이건 너무했다. 어쩔 수 없이 다시 모렐리아로 기어 올라가서 과달라하라로 돌아가야 했다. 과달라하라에 짐을 맡겨두고 떠나왔으니, 찾으러 갈 수밖에. 누군가

공 하나만 있으면
하루가 절로 가는 마을
− 시우아타네호

와 함께 온 길을 다시 혼자 거슬러 가는 거, 별로데. 다시 모렐리아 갈 생각을 하니 여간 꿉꿉한 게 아니다. 그런 나를 염려한 스탠퍼드가 함께 공항까지 가서, 혹시라도 과달라하라까지 가는 비행기가 있다면 그걸 타고 했는데, 없단다. 이곳에서 뜨고 지는 비행기는 모두 멕시코시티로 가는 거라고. 일단 멕시코시티로 간 다음 거기서 다시 과달라하라로 가야 한다고. 우리로 치면 대구에서 부산 갈 때, 일단 서울 갔다가 다시 부산 가는 거나 마찬가지인 루트인 셈이다. 어이없는 멕시코 교통에 이제는 화도 안 난다. 허탈한 웃음 30초. 나 혼자서도 버스 타고 잘 갈 수 있다니깐.
남자에게 좋은 남자 만나라는 인사만은 절대 하고 싶지 않아서 행복하길 바란다는 말로 인사를 대신했다. 녀석은 대답 대신 나를 꼬옥 안아준다. 또 하나의 이별이 지나갔다. 과연 우리가 지구 어느 모퉁이에서 다시 만날 수나 있을까. 다시 만난다면 어떤 모습일까. 우연히 마주친다면 멋질 텐데. 그런 상상을 하고 있는데 문득 드는 생각이, '아, 연락처 하나 주고받지 않았구나.' 커플처럼 붙어 다니면서 정작 그 흔한 이메일 주소 하나 물어보지 않았던 거다. 다시 돌아가 물어볼 수도 없고.
어쩌면 이렇게 구름처럼 헤어지는 게 나을지도 모르겠다.
바람이 우리를 데려다주어 다시 만날 때까지 열심히 살아가는 구름으로 헤어지기.

Keep going

맡겨둔 짐을 찾으러 과달라하라까지 거슬러 오긴 했지만, 다시 혼자가 된 걸음은 그리 유쾌하지만은 않았다. 시내에서 한참 떨어진 버스 터미널에 버려지듯 내려 로컬 버스를 타고 다시 한 시간을 달려 센트로까지 왔는데, 어찌된 영문인지 호스텔 과달라하라엔 오늘 빈 방이 없단다. 벌써 그림자가 길어지기 시작했고, 어쨌건 오늘 밤 잠자리를 마련해야 하는데. 당장 오늘 밤을 어디에서 보내야 하나, 이런 고민을 한다는 거, 참으로 여행자스러운, 바람 냄새 나는 고민이지만, 막상 그 고민 속에 있자니 자신이 처량하게 느껴진다. 이럴 땐 무거운 짐들이 원망스럽다. 서글픈 달팽이의 이동. 천신만고 끝에 찾은 숙소는 제법 으슥한 '포사다 산 파블로Posada San Pablo'. 엄청나게 큰 나무 대문 뒤로 꼬장꼬장하게 생긴 할머니가 위아래로 나를 훑어본다. 요 동양 여자애는 또 뭐야? 딱 그런 눈빛으로. 어떻게 여길 혼자 여행 올 생각을 다 했냐며, 무섭지 않냐며 무진장 신기해 하신다. 내게는 오히려 그 숙소가 신기하게 보이는구먼. 여기에 과연 누가 찾아와서 묵는 걸까. 그렇게 외진 곳도 아닌데 저녁이 되니 사람 사는 동네인가 싶을 만큼 고요하다. 서울의 내 방보다 스무 뼘은 더 높은 천장, 푹신함이 죽어버린 낡은 의자, 까칠한 침대, 더 까칠한 문짝. 너무 높이 매달려 있는 TV는 마치 CCTV 같다. 한 마디로 잠 안 오게 생긴 방이다. 창밖은 마데로 길, 이따금 차들이 오가는 소리가 정적을 깨울 뿐 너무 조용하다. 리모컨도 없는 TV, 의자 위에 올라가 까치발을 하고 전원을 눌렀다. 쫑알쫑알, 둥그렇게 앉은 사람들의 끝도 없는 대화가 흘러나왔다.

새벽 2시, 잠들 것 같지 않은 도시에 어둠이 내린다. 맥주 한 잔에서 시작한 자리가 또 길어졌다.
소주도 마셨나? 아, 마셨구나.
불과 몇 시간 전의 시간들이 벌써부터 아득해진다.
입 안에서 와인 냄새가 올라온다. 아까보다 4차선은 더 넓어진 것 같은 도로. 새파랗게 질린 신호등. 횡단보도 앞에 서 있긴 하지만 감히 건널 수가 없다. 무심한 차들이 바람을 일으키며 달린다. 덜커덩, 덜커덩, 외로운 맨홀 뚜껑들만 울리고선. 덜커덩, 덜커덩, 세상에서 가장 외로운 소리를 내는 도로를 나는 차마 건널 수가 없다.
…… 깨어보면 엄청나게 넓은 침대 한쪽 구석에 괴상한 자세로 누워 있는 내가 있다. 꿈이었구나. 꿈이라고 하기엔 너무나 생생한 느낌. 환청이었나. 분명히 바람 속에 울고 있는 맨홀 소리를 들었는데. 아침이 밝으면 다시 여행을 시작해야겠다. 이제 멕시코는 놓아주고 남미로 가야겠다. 자다 깨서는 문득 그런 결심을 해본다.

그리고
나는 남미로 내려갔다.
페루로 훌쩍 날아가 볼리비아, 칠레,
아르헨티나, 브라질까지.
거친 밤길을 달려, 까마득한 안데스를 넘어,
하루에도 몇 번씩 비행기를 갈아타고,
달리고 또 달렸다.
길은 멀었지만 무섭지 않았고,
사람들은 달랐지만 어렵지 않았다.
아름다운 지구가 숨어 있고,
환하게 웃는 내가 숨어 있었을 뿐.
다시, 여행이 시작된 것이다.

안녕, 멕시코

김재호

카피라이터 7년째, 주말 출근, 야근, 철야, 경쟁PT, 수정, 심의, 리뷰, 보류, 캔슬(Cancel),
처음부터 다시… 삶을 푸석하게 만드는 것들로부터 잠시 떨어져보는 건 어떨까.
자신에게 주는 선물로 긴 휴가를 나섰다. 하나님도 6일 일하고 7일째는 쉬셨다며,
애들도 50분 공부하고 10분은 쉰다며, 7년을 일하면 1년은 쉬어도 된다고.
처녀자리, A형, 토끼띠의 소심함과 꼬장꼬장한 고도(古都) 안동의 고집과
고대(高大) 여자의 당찬 기질을 배낭에 담아.
지구와 한결 친해진 후, 지금은 광고회사 TBWA 코리아에서 다시 카피를 쓰고 있다.
틈틈이 다시 또 지구를 서성일 꿈을 꾸며.

멕시코 일요일 2시

1판 1쇄 발행 2008년 8월 14일
1판 2쇄 발행 2010년 11월 1일

지은이 · 김재호
펴낸이 · 주연선
책임편집 · 이진희
편집 · 김준하 박은경 윤지현 김류미 오가진
책임디자인 · Co•kkiri
디자인 · 정혜욱 홍세연
마케팅 · 장병수 윤우성
관리 · 윤석호 구진아

도서출판 은행나무
121-839 서울특별시 마포구 서교동 384-12
전화 · 02)3143-0651~3 | 팩스 · 02)3143-0654
등록번호 · 제10-1522호(1997. 12. 12)
www.ehbook.co.kr
ehbook@ehbook.co.kr

잘못된 책은 바꿔드립니다.

ISBN 978-89-5660-255-4(03810)